Date Due
Date de Retour

BRODART Cat. No. # 23-233 Printed in U.S.A.

NOUVELLES HISTOIRES EXTRAORDINAIRES

LOUIS PAUWELS
GUY BRETON

NOUVELLES HISTOIRES EXTRAORDINAIRES

Albin Michel

22, rue Huyghens, 75014 Paris

ISBN 2-226-01318-0

Sommaire

1. NOS POUVOIRS INCONNUS

2. DES FANTÔMES PARMI NOUS

3. LES GRANDS ILLUMINÉS

4. LES GRANDS MYSTÈRES

Sommaire

1

Nos pouvoirs inconnus

L'étrange Louis Michel et ses voyages oniriques

GUY BRETON

La première manifestation publique de l'étrangeté du jeune Louis Michel eut lieu un jour de l'automne 1828 au collège de Lorgues, dans le Var. M. Ricord, professeur de français, faisait, ce matin-là, son cours sur *Athalie.*

— Et nous en arrivons, Messieurs, à l'acte II où se trouve la fameuse tirade par laquelle Athalie raconte à Mathan l'horrible songe qui a troublé sa nuit... Je ne vous ferai pas l'injure, Messieurs, de penser que vous ignorez les seize vers qui comptent parmi les plus beaux de notre littérature... Monsieur Michel, voulez-vous nous les réciter ?...

L'élève interpellé — il pouvait avoir douze ans — se leva et commença avec un fort accent provençal :

— *C'était pendant l'horreur...*

Puis il se tut.

— Eh bien ? dit M. Ricord.

Comme le jeune garçon restait muet, le professeur s'impatienta :

— Je vous écoute, Monsieur Michel !... Car je ne veux pas croire que vous ayez oublié le second hémistiche de ce vers universellement connu... Monsieur Michel, je vous parle !

Alors, un élève leva le doigt :

— Il dort, Monsieur !

Le jeune Louis Michel, en effet, s'était subitement endormi au milieu du vers de Racine et demeurait debout, les yeux fermés, oscillant légèrement entre son pupitre et son banc.

M. Ricord hurla :

— Monsieur Michel !

Mais l'élève continuait son somme d'un air paisible, malgré ses voisins qui le tiraient par la manche en disant :

— Hé ! Michel, réveille-toi !

Finalement, le professeur, l'œil étincelant derrière son binocle, descendit de l'estrade et vint se planter devant le coupable :

— Monsieur Michel, cessez immédiatement cette plaisanterie ridicule...

Louis Michel fit alors entendre un léger ronflement qui mit toute la classe en joie.

— Vous l'aurez voulu, cria le professeur en assenant une gifle magistrale au collégien qui tomba assis sur son banc, la tête pendante.

Il y eut un silence. Tous les élèves se demandaient avec effroi si leur camarade n'était pas mort. Un second ronflement les rassura.

Alors, M. Ricord, comprenant enfin qu'il ne s'agissait pas d'une plaisanterie, mais d'un phénomène incompréhensible, considéra le dormeur d'un air stupide :

— C'est effarant ! C'est effarant !

Louis Michel ne se réveilla qu'une heure plus tard.

Cette scène étrange devait être suivie de beaucoup d'autres aussi inexplicables. En effet, Louis Honoré, qui consacra une importante étude à ce curieux personnage, écrit : « La moindre lecture, le simple regard d'un de ses camarades, l'arrivée d'un rayon de soleil dans la salle de classe suffisaient pour plonger Louis Michel dans un irrésistible sommeil. »

Qui était donc cet adolescent bizarre ? Il avait vu le jour le 26 janvier 1816 à Figanières, village situé à quelques kilomètres de Draguignan, dans une famille sans problème. Son père, Antoine Michel, était un petit propriétaire terrien qui vivait paisiblement du revenu de ses vignes, tourmenté seulement par l'arrivée d'un nuage de grêle ou par les gelées de printemps. Sa mère, de son côté, était une âme simple que ne troublait aucun des grands mystères de la vie et dont les rapports avec le surnaturel se bornaient à un signe de croix les jours d'orage.

Placé d'abord à l'école communale de Figanières, le jeune Louis Michel se fit bien vite remarquer de l'instituteur par une indifférence totale à l'égard des matières enseignées. Rien ne parvenait à l'extraire d'une sorte de torpeur dans laquelle il s'installait, l'œil mi-clos, dès qu'il était assis sur son banc. Désolés, ses parents le firent entrer comme pensionnaire au collège de Lorgues où les professeurs, au prix d'efforts surhumains, parvinrent à lui apprendre le « rudiment ». Il fut alors considéré par tout le monde comme un élève peu doué, transparent et complètement dénué d'intérêt, jusqu'au matin de l'automne 1828 où, dans la classe de M. Ricord, il montra pour la première fois un aspect de sa bizarrerie.

Il n'allait pas tarder à en révéler d'autres.

Un jour qu'il se promenait, solitaire et pensif, dans la petite cour du collège (collège dont il n'était pas sorti depuis deux mois), il s'approcha d'un de ses camarades, un nommé Pradel, originaire de Claviers (Var), et lui dit brusquement :

— Écoute, j'ai une bonne nouvelle à t'annoncer. Ton père viendra demain matin te voir au parloir. Il arrivera à onze heures et t'apportera un demi-kilo de porc rôti, autant de caillettes et autant de figues sèches.

L'autre haussa les épaules :

— Qu'est-ce que tu racontes ? Mon père ne viendra pas avant huit jours !

— Non, il viendra demain.

— Qui t'a dit ça ?

— Personne. Mais je le sais. *Je l'ai vu venir demain...*

— Quoi ? ! ?

— Oui, pendant que je dormais...

— Mais tu es fada !...

Et le collégien courut rapporter les propos de Louis Michel aux autres élèves qui jouaient dans la cour. L'instant d'après, tous venaient faire une ronde burlesque autour du pauvre garçon en le traitant de « fadassou »...

Ils rirent moins — en fait, ils ne rirent même plus du tout — lorsque le lendemain matin, à onze heures exactement,

M. Pradel, venant de Claviers, arriva chargé de toutes les victuailles annoncées...

Au cours des mois qui suivirent, dix fois, cinquante fois, le jeune Michel, émergeant de sa somnolence habituelle, annonça des événements qui se réalisèrent.

Alors, on commença à considérer avec un peu d'inquiétude ce collégien qui, non seulement sombrait sans crier gare dans de profonds sommeils, mais pouvait donner d'aussi stupéfiantes informations sur l'avenir.

A quinze ans, il quitta le collège et rentra à Figanières. Il y resta peu de temps. Ses parents l'envoyèrent à Draguignan apprendre le métier de chaisier-ébéniste. « Très sérieux, timide, amoureux de solitude et de silence, nous dit son biographe, il ne sortait jamais le soir avec ses compagnons d'atelier. Il restait dans sa chambre, louée en commun, et se couchait de bonne heure. Très vite endormi, il rêvait souvent à haute voix, mêlant parfois à ses paroles des gestes incompréhensibles ou significatifs. A leur retour, ses camarades, incommodés, tentaient de le réveiller. Rien n'y faisait. Alors, ils lui parlaient. Ce qui les intéressait le plus était de savoir si Michel connaissait le lieu où ils avaient passé leur soirée. A leurs questions, ses réponses étaient si circonstanciées et si précises qu'ils en étaient déconcertés. Aussi le bruit se répandit-il bientôt dans la ville que Michel était somnambule et voyant. »

Naturellement, ces phénomènes rencontraient énormément d'incrédules. Un matin, alors que Michel reposait dans sa chambre, quelques jeunes gens ricaneurs frappèrent à sa porte. Il ouvrit. Ses visiteurs, sans plus d'explication, le prièrent de s'endormir, ce qu'il fit sur-le-champ.

— C'est l'heure du marché, dit l'un d'eux. Que vois-tu ?

— Ah ! *li siou !* (j'y suis !) répondit-il sans s'éveiller. Je vois des hommes et des femmes affairés, des marchands de melons et de pastèques, des bazars... Tiens, tiens, je vois un chien roux emportant un morceau de morue qui trempait dans une bassine d'eau, devant l'épicerie Gravier...

L'un des visiteurs se rendit aussitôt au marché et interrogea M. Gravier qui lui confirma qu'un chien venait de lui voler un morceau de morue...

Cette histoire ayant été colportée, Louis Michel vit sa réputation de « somnambule-voyant » (c'était l'étiquette qui lui avait été donnée par ses camarades) grandir encore dans la région. Des gens vinrent lui demander des « consultations ». Le jeune homme les recevait gentiment, s'endormait avec docilité et décrivait avec une stupéfiante précision des événements qui se déroulaient dans des lieux souvent fort éloignés de Draguignan.

En 1836, il alla s'installer à Marseille où, bien qu'il fût d'une infinie discrétion, sa curieuse faculté ne tarda pas à être connue et utilisée par son entourage. Voici d'ailleurs ce que certifia plus tard un de ses amis, le baron Louis de Bulow, ancien ministre de la police espagnole :

« Sur l'honneur et la foi du serment, je déclare avoir vu M. Louis Michel dans le sommeil magnétique naturel, de nombreuses fois depuis deux ans que je le fréquente. Bien que, dans le principe, je n'aie pu croire à une faculté aussi extraordinaire, je me suis plus tard convaincu, d'après un examen scrupuleux, de l'existence incontestable de cette précieuse faculté. Et à l'appui de cette croyance, qu'il me soit permis de constater un fait : Je l'envoyai, une fois, en sommeil magnétique à Madrid où se trouvait alors mon épouse. Il la vit. Lui ayant demandé ce qu'elle faisait, il me répondit qu'elle était en compagnie d'une autre dame et qu'elle lisait une brochure. Plus tard, mon épouse me répondit dans une lettre qu'au moment où M. Michel l'avait vue, elle était réellement lisant une brochure en compagnie d'une dame de ses amies. »

Cette « vision » incita des étrangers à venir demander au « voyant » de se rendre dans leur pays durant son sommeil. On s'aperçut alors que Louis Michel pouvait faire voyager son esprit dans toutes les parties du monde et assister à des événements se déroulant aussi bien au Canada qu'à Moscou ou à Rio de Janeiro...

De tels faits attirèrent bientôt l'attention de quelques médecins curieux de phénomènes supra-normaux. C'est ainsi que le docteur Garcin, de Draguignan, ayant étudié le cas du voyant, écrivit plusieurs articles pour des revues médicales. Ce qui amena la très sérieuse *Revue britannique* à publier, dans son numéro du 30 décembre 1838, un texte que je crois intéressant de citer in extenso :

« M. Garcin, médecin français, à Draguignan, a constaté, par des expériences multipliées, le don du sommeil magnétique naturellement provoqué dans un jeune homme de vingt-deux ans, avec des circonstances qui ne permettent pas le soupçon et les doutes où s'enveloppent trop souvent les adversaires du sens intime. Cet individu, nommé Michel, natif de Figanières, s'endort positivement à volonté et à toute heure du jour ou de la nuit ; il n'a pas d'autre éducation que celle qu'on acquiert dans les écoles primaires de village. Il suffit de regarder Michel fixement pour l'endormir une fois dans une minute, qu'il soit étendu dans son lit ou assis sur une chaise au milieu d'une société nombreuse. Dès que le sommeil est venu, des coups de fusil, tirés aux oreilles de Michel, ne sauraient troubler son repos. Dans cet état, il passe bientôt, et sans aucune difficulté, à une série de tours de force intellectuels dont nous allons tracer une esquisse rapide en confessant notre profonde humilité vis-à-vis de la puissance supérieure qui a disposé un semblable mécanisme dans la charpente animée de l'homme.

« L'esprit de Michel se transporte, au gré des questionneurs, dans les astres, aux antipodes, sous la croûte du globe terrestre ; il décrit, avec une effrayante rectitude de jugement, les lieux qu'on lui a fait ainsi diaboliquement visiter. Il s'attache d'abord aux masses, les détails dépendant de la fantaisie des interrogateurs. Désignez-lui une personne absente qu'il n'a jamais vue : à l'instant, il décrit son portrait physique et moral ; il en tire l'horoscope, pénètre dans son intérieur, cherche la partie malade ou viciée, indique le remède le plus efficace et prescrit le traitement. On a fait voyager Michel dans des lieux qu'il ne connaissait assurément pas, et ses réponses ont donné la preuve d'une lucidité que les puissances naturelles de l'organisation de l'homme ne semblaient pas admettre.

« Il a parfaitement raconté que la petite ville de Martigues était longue et en trois parties ; que, près de Saint-Chamas et sur la Touloubre, rivière qui se jette dans les étangs de la Camargue, il y avait un pont et, sur ce pont, un arc de triomphe de construction romaine. Dans un château situé au-dessous de Salon, des personnes jouaient aux cartes à dix heures du soir : il les a vues. Les arènes de construction romaine et le nouveau canal d'Arles furent également indiqués avec une précision surprenante. Mais voici quelque chose de plus merveilleux et que M. Garcin livre à la méditation des savants et des philosophes.

« Michel possède la faculté de la rétrospection. Il voit des événements depuis longtemps passés et qu'il n'a pu connaître. On l'a fait descendre à l'année 1833 pour l'envoyer à la recherche de la « Lilloise ». Michel découvre la corvette au moment de son départ de Cherbourg ; il l'arrête, à 103 lieues des côtes de France, à cause du mauvais temps ; il arrive en Islande avec elle en mai 1835, en repart le 13 juin ; il la perd de vue et ne la retrouve qu'en mai 1836, tout à fait dans le nord où règne un froid excessif qui empêche les habitants de se montrer et de lui dire le nom du pays dans lequel il voyage. La corvette part de nouveau : il ne la revoit qu'à la fin de décembre 1837, dans le pays le plus glacial qu'il ait parcouru. Un événement, qu'il ne peut définir à cause du froid qu'il éprouve lui-même dans tous ses membres, menace le navire français du plus grand danger ; il entend les cris de détresse de l'équipage ; le navire est englouti ; tout disparaît, tout périt, pas un homme n'échappe, pas même trois chats qui se trouvent à bord ! ! ! Ce sinistre arriva à 1165 lieues de Londres.

« Voilà assurément l'exaltation mentale la plus inouïe dont il soit parlé dans les annales de la psychologie humaine.

« Quoique cette navigation, au dire de M. Garcin, ait beaucoup fatigué le somnambule par suite des variations de température qu'il ressentait comme s'il eût réellement changé de place, on lui fit faire, dans la même séance, d'autres voyages qu'il accomplit avec la même exactitude et constamment grâce à la simple puissance de l'imagination. Du reste, il vit le siège de Constantine, à l'époque où cette opération militaire fut entreprise, et le général Damrémont recevant le coup mortel, le jour même de la catastrophe. Enfin, pour en revenir à l'instinct des remèdes, interrogé sur la maladie d'une dame du pays, Michel prescrivit une plante à laquelle il donna un nom particulier, la Mila Donna, et qu'on ne connaît ni dans la botanique ni dans la contrée. Il s'agissait de trouver cette plante; Michel déclara qu'elle croissait dans l'intérieur d'une forêt, au pied d'un chêne vert, à 400 mètres d'une cabane dont il désigna même le propriétaire. On conduisit le somnambule à la recherche de cette plante inconnue ; ne la trouvant pas, malgré tous ses efforts, Michel se couche à terre dans la forêt, s'endort et, dans le sommeil magnétique, il indique le même arbre, au nord-est de la cabane et toujours à la distance de 400 mètres ; on mesure la distance et on découvre la plante au pied d'un chêne vert.

« Il paraît, au surplus, que les objets qui constituent la question que l'on adresse au somnambule de Figanières, font en quelque sorte une révolution autour de son corps et que, si Michel ne les saisit pas au premier tour, il les manque rarement aux tours qui suivent. Réveillé, le somnambule n'a souvenance que d'un vaste tableau qui formait circulairement un panorama et auquel il empruntait les faits, les idées et les mots dont se composent ses réponses. »

Cet article, repris par la presse mondiale, eut un immense retentissement et la renommée de Louis Michel s'étendit jusqu'aux États-Unis.

Dès lors, ce fut chez le « voyant de Figanières » un défilé continuel. On venait lui demander les choses les plus étranges : le style de l'ameublement d'une cousine retirée à Limoges; l'état de santé d'une parente vivant en Suisse; la couleur de la robe de fiançailles portée par une jeune fille d'Aubagne; des détails sur le comportement d'un mari voyageant dans la diligence de Marseille à Lyon, etc. Ses consultants — qu'il ne fit jamais payer — le trouvaient toujours disposé à les aider. Il est vrai que, depuis qu'il vivait du revenu des vignes héritées à la mort de son père, il avait abandonné toute espèce d'activité et pouvait se consacrer entièrement au sommeil.

Cette curieuse existence dura un certain nombre d'années. Puis Louis Michel, peu à peu, se transforma; il tint des discours édifiants, parla de sauver l'Humanité souffrante, se dit inspiré par l'Esprit, guérit quelques malades et rédigea des textes de méditation d'une élévation et d'un style qui eussent bien étonné ses anciens professeurs du collège de Lorgues... Naturellement, il ne tarda pas à être entouré de zélateurs fervents et de prêtresses austères parmi lesquels on comptait des écrivains, des poétesses, des philosophes, des avocats, des savants, des hommes politiques et quantité de francs-maçons imbus de théories déistes et de sentiments humanitaires. Tous le considéraient comme le nouveau messie chargé de rénover la morale...

Malgré ses responsabilités nouvelles, l'ancien chaisier-ébéniste, que certains appelaient avec respect « Bien-Aimé » ou « Rédempteur », n'en continuait pas moins ses « voyages oniriques » à la demande de toutes les personnes inquiètes qui venaient frapper à sa porte.

Mais son esprit visitait maintenant des régions qu'il n'avait pas encore explorées. Sous l'influence du climat mystique dans lequel il vivait, ses « voyages » l'entraînaient parfois sur la lune, dans les étoiles, et même jusqu'aux pieds de l'Être Suprême... L'extraordinaire *Journal* qui était tenu religieusement par un adepte, nous donne une idée de l'activité débordante qu'il déploya — en rêve — pendant les trente dernières années de sa vie. En voici un extrait :

Le Muy, 4 septembre 1850, après-midi. Par l'esprit, Michel se transporte à Paris, dans un magasin d'épicerie tenu par un nommé Bluis. Il trouve cet homme en train de compulser de vieux papiers, puis lit, à haute voix, un des documents que ce dernier a dans la main.

Le Muy, même jour, soirée. Il se rend à Francfort où il assiste à une séance donnée par la célèbre somnambule Mlle Joséphine, envoyée précédemment au château Saint-Ange, à Rome.

Figanières, 9 septembre 1850, 9 heures du matin. La Vierge lui apparaît.

Figanières, 12 septembre 1850. Il a une conversation avec l'Être Suprême auquel il demande d'aller soulager, par-dessus les flots, son oncle Jean Géraud, malade en Corse ; l'Être Suprême lui refuse cette faveur.

Figanières, 19 septembre 1850. Il va « au centre du feu de la planète Terre, là où se trouve le moteur ».

Draguignan, 9 février 1851. Il contemple une tourterelle,

un perroquet, un char attelé de quatre pigeons, etc., puis va à Lyon, sur la place Bellecour, où il ne voit que des poules, des canards et des sarcelles.

Bourigaille, 15 décembre 1851. L'Esprit lui dit : « Michel, tu seras précurseur et, quand il sera temps, je te donnerai la clé que tu vois et nous ouvrirons la grande boîte de la Vérité. »

Draguignan, 9 mars 1852. Il va à Londres, à Bruxelles, à Genève, à Nice, à Rome, à Tombouctou, à Alger, à Madrid, à Paris, villes sur lesquelles il formule des remarques politiques.

Marseille, 11 octobre 1852. Il voyage « dans l'immensité de l'espace ».

Marseille, 5 février 1853. Il va en Espagne, à la recherche d'un trésor, lutte contre l'Esprit du Mal, puis se rend en Angleterre, à Paris, sur le Tibre.

Marseille, 23 octobre 1853, 9 h 15 du soir. Il donne des conseils politiques au jeune roi de Piémont.

Marseille, 4 décembre 1853. Il se rend en Espagne, en Italie qui, avec la France, constituent « la trinité des nations ».

Marseille, 20 mai 1854. Il converse avec le Saint-Esprit.

Marseille, 1er juin 1854. Il visite la planète Uranus.

Marseille, 4 juin 1854. Il va « reconnaître les quatre (*sic*) parties du monde ».

Marseille, 11 juin 1854. Il retrace l'histoire de la création du monde.

Figanières, 15 août 1854. Il est emporté « dans les hautes régions » par « le vent enchanteur, régénérateur et lumineux ; il arrive au centre de toutes les perfections des mondes qui tiennent encore aux mondes matériels, mais qui sont voisins des mondes spirituels ; il voit l'horloge des horloges et son grand balancier… »

Paris, 26 mars 1857. Il parcourt « le lointain infini ».

Marseille, 25 juin 1858, 10 heures du soir. Il voyage parmi les planètes qu'il implore de jeter un peu de leurs « purs rayons sur la Terre ».

□

Puis Louis Michel vieillit, en conservant toutefois ses stupéfiantes facultés, ainsi que nous le prouve cette anecdote, rapportée par son biographe : « En 1883, un nommé Joseph Honoré, cultivateur, accomplissait son service militaire dans la 15e section des commis et ouvriers d'administration à Alger. L'expédition du Tonkin était commencée. Le bruit courut que de nombreux soldats, en garnison aux colonies, allaient être envoyés dans ce pays lointain. La mère de Joseph Honoré s'émut. Elle se rendit auprès de Michel afin de savoir si le nom de son fils figurait sur la liste d'embarquement pour le Tonkin. Michel s'endormit et son esprit se transporta à Alger. Là, il vit, à la manutention de la place, Joseph Honoré en train de pétrir du pain aux côtés mêmes d'un autre soldat, également originaire de Figanières, le nommé Marius Maïsse. Il les interrogea tous deux et apprit ainsi qu'Honoré resterait à Alger tandis que Maïsse partirait le surlendemain pour Haï-phong. Ce nouveau cas de vision fut entièrement corroboré par Joseph Honoré qui ne tarda pas à revenir en France, tandis que son camarade Maïsse trouvait la mort au Tonkin. »

Ce fut le dernier « voyage onirique » de Louis Michel. Il mourut, en effet, quelques jours plus tard, le 19 août 1883 à l'âge de soixante-sept ans et fut inhumé à Figanières.

Son cas demeure une énigme absolue.

RÉPONSES A L'INCRÉDULE

— *Étrange personnage, en effet. Où avez-vous trouvé son histoire ?*

— Principalement dans les *Annales de la Société scientifique et littéraire de Cannes* où Louis Honoré, historien, lui-même natif de

Figanières, publia, en 1931, une étude de quatre-vingts pages sur Louis Michel. Mais j'ai consulté aussi la presse de l'époque.

— *Est-on sûr de la réalité des visions que vous rapportez ?*

— Les témoins que j'ai cités sont formels. Sauf, bien entendu, en ce qui concerne les voyages au centre de la terre ou dans les espaces interstellaires, et à fortiori chez la Sainte Vierge ou chez l'Être Suprême...

— *Il semble en effet que votre visionnaire ait eu à certain moment de sa vie, l'esprit un peu troublé par ses élans mystiques. Mais a-t-on des détails sur sa façon d'être pendant ce que vous appelez ses « voyages oniriques » ? D'abord comment s'endormait-il ?*

— En général, il s'asseyait dans un fauteuil et passait sans transition de l'état de veille à l'état de sommeil. Dans certains cas (très rares), il devait faire un petit effort. Alors il disait : « Mes chers et bons amis, je vais essayer, de ma propre volonté, d'aller dans mon quart... dans mon tiers..., dans ma demi... et dans ma pleine extase »... A peine avait-il prononcé ce dernier mot qu'il dormait à poings fermés... Ensuite, après avoir prononcé son rituel *li siou,* il décrivait à haute voix les personnages qu'il voyait en les désignant parfois de l'index, comme s'ils se fussent trouvés dans la pièce où il dormait. Pendant ces visions, sa face, nous dit-on, « s'illuminait ».

— *Combien de temps duraient ses sommes ?*

— De dix minutes à une heure.

— *Et comment en sortait-il ?*

— Le plus souvent de lui-même. Mais il lui arrivait de dire : « Je demande à sortir de ma clairvoyance ; j'ai besoin que vous m'aidiez de vos volontés ; donnez-moi tous la main. » Ses amis obéissaient aussitôt et il réintégrait ce qu'il appelait, soit « sa condition médiocre », soit « son enveloppe compacte ». Après quoi, il embrassait tout le monde.

— *C'était un brave homme !*

— Il aurait voulu que « l'humanité vive dans un climat d'amour universel ». Dans ce but, il avait commencé à constituer des « familles spirituelles » tant en Provence qu'à Paris. Régulièrement, ces gens devaient se réunir, déjeuner ensemble, chanter et dire des prières qu'il avait composées.

— *S'est-il marié ?*

— Oui, avec une jeune adepte nommée Anna Monier et qui prit le titre de « Mère » ou de « Grande Messagère d'Amour ». L'alliance qu'il lui offrit fut baptisée « anneau harmonieux de la concorde humanitaire ». Hélas, malgré ces beaux titres, l'union ne fut pas heureuse. Au bout de huit ans, Anna s'en alla.

— *Peut-être trouvait-elle que son mari dormait trop...*

— C'est possible, car elle prétendit qu'elle n'avait jamais cessé d'être « Mlle Monier »...

— *Louis Michel a-t-il laissé des écrits ?*

— Sur ses « voyages oniriques », non, aucun. En revanche, il a publié quatre ouvrages assez singuliers : *Clé de la Vie,* dont le critique littéraire du *Siècle,* Louis Jourdan, put dire : « C'est le livre le plus étrange, le plus profond, le plus extraordinaire, le plus curieux, le plus naïf et le plus savant qui ait jamais été publié » ; *Vie universelle, Le Réveil des Peuples,* et enfin *Plus de mystères !* qui était dédié à Victor Hugo...

— *Que peut-on penser de ces extraordinaires visions ?*

— Les parapsychologues nous disent que notre esprit, dont les possibilités sont infinies, peut, au cours du sommeil, se déplacer dans le temps et dans l'espace. Des recherches fort sérieuses ont d'ailleurs été faites dans ce domaine par des scientifiques. Lors d'une expérience, le docteur Charles Richet, par exemple, ordonna à une jeune fille mise en état d'hypnose, de se rendre en esprit à Chartres, ville qu'elle ne connaissait pas. Au bout de quelques instants, la jeune fille déclara qu'elle était à Chartres, décrivit des maisons, des magasins, des personnages, une marchande de journaux accompagnée d'un chien *dont elle indiqua la couleur du pelage,* etc. Tout cela fut vérifié et reconnu pour vrai...

— *Alors ?*

— Aujourd'hui les scientifiques — du moins ceux qui n'ont pas d'œillères — se gardent bien de nier la possibilité de telles pérégrinations oniriques. Mais ils n'en donnent aucune explication, attendant prudemment une découverte qui nous éclairera subitement sur la nature de notre esprit... cet inconnu !

SOURCES

Louis Honoré, *Le Voyant Louis Michel, de Figanières,* in *Annales de la Société scientifique et littéraire de Cannes.* Tome III. 1931.
Louis Michel, *Clé de la Vie,* 1857.
Louis Michel, *Vie universelle,* 1859.
Louis Michel, *Le Réveil des Peuples,* 1864.
Louis Michel, *Plus de Mystères !,* 1878.
La Revue britannique, du 30 décembre 1838.

Le plus étonnant des guérisseurs

LOUIS PAUWELS

LE NORD ET LE SUD, L'USINE ET LES CHAMPS, LES TRADITIONS et le progrès sont ici en perpétuel conflit. Ici, c'est le Kentucky, en Amérique, où l'on cultive le coton depuis deux cents ans, mais où les nègres sont délivrés de l'esclavage depuis bien plus longtemps que ceux des colonies françaises. Les généraux Lincoln et Davis, le nordiste et le sudiste, y sont nés tous deux. Mais les Indiens qui luttaient pour leur dignité y ont été massacrés presque jusqu'au dernier. A l'époque, précisément, où est né à Hopkinsville, fruit peut-être de ces contradictions, Edgard Cayce, le plus grand thaumaturge de tous les temps. Celui dont les prophéties et les guérisons, opérées au cours de « sommeils » divinatoires, constituent la plus grande énigme de la parapsychologie moderne...

Un jour du printemps 1887, un petit garçon chemine sur une route bordée de champs de maïs et de coton. Il est pâle et semble marcher avec difficulté. Quand la ferme familiale est en vue, il presse le pas et franchit bientôt le seuil en titubant.

Chez les Cayce, on est très croyant et son grand-père, un sourcier réputé, ne maniait la baguette qu'avec une Bible sur son cœur. Aussi, quand la mère de l'enfant voit qu'il tremble de fièvre, avant même d'appeler le médecin, elle se laisse tomber au bord du lit où elle vient de le porter, pour une courte prière.

Le lendemain, le petit Edgard ne reconnaît plus ses parents. Le médecin, qui l'a longuement examiné, ne lui a rien trouvé de précis. Quand l'enfant se met à prononcer des mots sans suite puis à sombrer dans le coma, on le rappelle en toute hâte, ce médecin. Il dit ne rien comprendre et qu'il n'y a plus rien à faire. Alors, les parents Cayce s'installent autour du lit et pleurent en priant que le Seigneur se montre miséricordieux. L'enfant, hélas ! ne délire même plus. Il repose, le souffle imperceptible, le visage cendré, abandonné même par la fièvre qui ne trouve plus rien à consumer.

Il est dix heures du soir et soudain, de ce petit corps qui dérive doucement vers la mort, s'élève une voix claire et tranquille.

Dans son mortel sommeil, Edgard, bien plus assuré que lorsqu'il rentrait de ses courses à travers champs et de ses refuges en pleine nature, ordonne : « Une pelote de base-ball est venue me frapper sur la colonne vertébrale. Vous devez me faire un cataplasme spécial et me l'appliquer sur la base du cou. »

D'une voix tout aussi assurée, l'enfant énonce ensuite une liste de plantes avec leur nom d'usage et leur nom latin, indique comment il faut les préparer et ajoute : « Dépêchez-vous, car mon cerveau va être atteint. »

Les parents regardent le docteur qui paraît épouvanté. Bouleversés, ils courent dans la nuit réveiller l'herboriste en lui demandant de préparer, à tout hasard, le cataplasme. On le pose comme l'enfant a dit sur les premières vertèbres cervicales.

Edgard a sombré à nouveau dans un sommeil comateux et muet.

Le lendemain matin, alors que ses parents, vaincus par la fatigue, ont un instant délaissé son petit lit, il se lève. Il est frais comme l'œil et ne se souvient absolument pas d'avoir parlé la veille en latin, lui qui a déjà beaucoup de mal à écrire quelques mots en anglais, car il faut bien dire qu'en dépit de sa bonne volonté, il est à l'école un cancre achevé.

C'est ainsi que commence une des histoires les plus étonnantes de la médecine, qui est ici l'art de guérir, ou à tout le moins de ne pas tuer, ce que, à la différence de l'autre souvent, Edgard Cayce réussira des milliers de fois, tout au long de sa longue vie.

Mais l'histoire ne commence pas encore ce jour-là.

Comme beaucoup de grands inspirés, le thaumaturge traverse d'abord une période d'absolue obscurité. Il est maintenant ouvrier agricole dans la ferme d'un de ses oncles, auquel son père, qui est aussi juge de paix, titre envié, l'a confié, désespéré de ne rien pouvoir en tirer.

Cet oncle est un brave homme, parfaitement fruste et ignorant, qui n'est pas du tout disposé à croire que le petit Cayce a des dons singuliers. Pour l'en convaincre, il le plante des jours entiers sur un immense tas de fumier, une fourche à la main. Poliment Edgard demande qu'on le laisse être commis dans un magasin de chaussures. Les austères bottines sombres qu'il passe tous les jours aux pieds de ses clients lui font bientôt voir la vie en noir, et, avec ses économies, il décide de s'acheter un petit magasin de photographie.

C'est comme photographe et seulement comme photographe qu'il veut désormais passer paisiblement ses jours.

Mais on a beau se cacher, comme dit le poète, on finit toujours par aimer. Edgard Cayce aime déjà le Bon Dieu avec une ferveur sincère et il s'emploie activement à l'école du dimanche à porter sa parole. Mais, bien sûr, cela ne suffit pas à rassasier son immense soif d'amour. Il tombe donc follement amoureux d'une jeune fille du voisinage, Gertrude Evans, qui est aussi la plus gracieuse parmi les fidèles qui se pressent à ses prêches. Elle l'encourage à devenir pasteur. Mais comment faire quand on a peu d'aptitudes pour les études universitaires et encore moins d'argent ?

La mère de Cayce est heureuse de l'amour de son fils pour Gertrude qui consent bientôt à l'épouser. Mais elle se souvient aussi de l'incroyable histoire qui s'est produite plus de dix ans auparavant et patiemment elle convainc sa bru d'user de son influence pour que les dons extraordinaires qu'elle prête à Edgard ne restent pas en friche. Mais ceux-ci effraient le jeune homme qui se montre plus que réticent. C'est finalement son propre état de santé qui le décide à essayer de nouveau, quatorze ans après la première expérience. Il souffre à cette époque d'épouvantables maux de tête et, cause ou conséquence, il perd en même temps sa voix.

Pour un commerçant, c'est plus que gênant. Cayce a un

ami d'enfance, qui s'appelle Al Layne et qui est guérisseur. Mais comme les cordonniers sont souvent les plus mal chaussés, Al Layne est un guérisseur que la maladie persécute depuis toujours, et qui est parfaitement incapable de se venir en aide à lui-même. Quant aux médecins d'Hopkinsville, ils ont depuis longtemps renoncé à soulager les inexplicables attaques de faiblesse et d'aphasie qui s'abattent régulièrement sur lui. « Guéris-toi et je me guérirai ! » répète le malheureux Layne.

Après de longues supplications, Cayce, toujours aphone, accepte de s'endormir.

D'une voix de cristal, il dit bientôt :

« Oui, je vois mon corps. Il souffre d'une paralysie des cordes vocales d'origine nerveuse... »

Disposition nouvelle, Cayce est à présent capable de dialoguer pendant son sommeil.

— Ordonne à la circulation sanguine de se concentrer dans la région malade ! demande le guérisseur.

Toute la famille Cayce et Gertrude aussi, qui est maintenant sa femme, ont pris place autour du canapé.

Soudain ils voient avec saisissement le cou de Cayce se congestionner et prendre une couleur lie-de-vin très prononcée.

— Suggère maintenant que la circulation se fasse à nouveau normalement et reviens parmi nous ! dit alors Layne. Quelques instants après, Cayce, qui paraît débarquer d'une autre planète, se frotte les yeux.

— Tu viens de parler comme un spécialiste des maladies circulatoires ! Comme si tu n'avais rien fait d'autre de toute ta vie que de prescrire ! Essaye avec moi, s'il te plaît ! Je souffre depuis tant d'années... Je suis sûr que ça va marcher !...

Comme le « sommeil » de Cayce l'a beaucoup... fatigué, on décide de remettre l'expérience au lendemain. Tous les familiers du futur thaumaturge se réunissent à onze heures du matin. Bientôt, du fond de sa transe, Cayce se met à dicter une page entière que Layne transcrit fiévreusement.

Quand il se réveille et qu'il prend connaissance de ce qu'il vient de dire, il s'écrie bouleversé : « Mais ce n'est pas possible !... J'ignore complètement le sens de la moitié des mots que je t'ai dictés. Ne prends pas les drogues que j'ai indiquées dans mon ordonnance, c'est sûrement dangereux ! Tout cela c'est de la magie... Je ne veux plus jamais le refaire !... »

Al Layne n'a cure des alarmes de son étrange ami. Il court chez le pharmacien qui lui prépare les médications en question. Huit jours après, il ne s'est jamais aussi bien porté.

Toute la ville est aussitôt au courant et chacun veut avoir l'air informé. Ses anciens condisciples racontent que le petit Edgard apprenait aussi ses leçons au cours de ses « sommeils » chaque fois que ses médiocres dispositions intellectuelles lui rendaient l'assimilation des cours trop difficiles.

Un matin, une femme se précipite dans son bureau. Elle tient une petite fille au visage convulsé dans ses bras. On vient de la radiographier sans apprendre quoi que ce soit sur l'origine des spasmes qui bientôt auront raison de sa vie.

Aussitôt Cayce se couche sur son canapé.

Quand il reprend conscience, les parents et l'enfant sont déjà repartis. Dans son sommeil, le guérisseur a révélé qu'un bouton de celluloïd, indécelable aux rayons X, s'est glissé dans l'appareil respiratoire de la fillette. Grâce à cette indication, elle peut être aussitôt soignée et sauvée. Quelques heures plus tard, son père vient se jeter dans les bras de Cayce, et pour lui prouver sa gratitude veut absolument le payer.

Le guérisseur refuse énergiquement.

— Je ne dois tirer aucun profit du don prodigieux qui me vient du Seigneur, dit-il. Mais maintenant je sais que je dois le mettre au service de mon prochain !

Cayce met toutefois trois conditions à l'exercice de sa miraculeuse faculté : Premièrement, il ne veut pas voir les malades. Deuxièmement, il exige que des médecins assistent à chacune de ses séances. Troisièmement, on l'a vu, que ses diagnostics soient entièrement gratuits... De quoi « tuer le métier » comme on dit, de tous les charlatans et médicastres qui, en ce temps-là, opéraient au Kentucky et au-delà !...

La lecture psychique qui achèvera de consacrer les pouvoirs de Cayce a lieu dans le courant de l'été 1902. Le directeur du collège d'Hopkinsville lui téléphone pour lui demander de faire une séance pour sa petite fille qui est très retardée à la suite d'une mystérieuse maladie qu'elle a contractée toute petite.

Dans le salon du directeur qui s'appelle Dietrich, le guérisseur s'endort instantanément et déclare :

— L'épine dorsale est atteinte. En fait de maladie, la petite a glissé de voiture et en heurtant le marchepied, elle s'est blessée au niveau des vertèbres lombaires.

Son ami Layne remet alors en place les vertèbres désignées par Cayce. Trois mois plus tard, l'enfant qui était d'une vive intelligence avait rattrapé ses camarades.

Jusqu'en 1923, le thaumaturge se limite à des lectures de santé et mène une vie besogneuse, misérable même, et bien souvent sa famille doit se priver de l'essentiel.

Plus tard, au moment de la Grande Crise de 1929, et après la mise en place d'une Fondation Cayce, le thaumaturge se laissa convaincre qu'une contribution de vingt dollars pour chacune de ses épuisantes lectures — il ne pouvait en faire que deux par jour et avait besoin ensuite de douze heures de sommeil pour s'en remettre — serait un prix plus que décent.

Entre-temps les profiteurs de tout poil s'y sont mis... Tel cet agent d'affaires new-yorkais qui, prétextant des troubles de santé, l'avait en fait interrogé durant son sommeil sur... l'état de la Bourse de Wall Street, empochant à la sortie des dizaines de milliers de dollars ! Pour prix de sa consultation, le guérisseur eut droit à une terrible migraine qui le tint cloué au lit durant des jours... Une fois de plus il s'était avéré que toute lecture psychique déviée de son objet — la guérison du corps ou de l'esprit — se retournait contre celui qui en assurait la médiumnité.

Cayce n'en élargit pas moins le champ de ses visions et prédictions. Sur l'insistance de ses amis, il se livre maintenant à des « rétrocognitions », c'est-à-dire à l'évocation de faits qui se sont produits durant des vies antérieures qu'il situe dans les quatre continents.

Avec une prédilection pour les temps anhistoriques et les lieux mythiques, telle la Lémurie, continent effondré dans le Pacifique, et l'Atlantide, surtout, dont l'existence et l'effacement le hanteront jusqu'à sa mort.

On sait que Platon a dit des choses très impressionnantes à propos du continent disparu qui a pris place au rang d'un des premiers mythes de l'humanité. Bien mieux que Platon, Cayce décrit avec une richesse de détails incroyables la destruction de l'Atlantide.

Il indique avec précision que le continent disparu s'étendait à la parallèle de la côte Atlantique des États-Unis, il y a environ 10 000 ans. Il affirme que l'Atlantide n'était pas une terre unique, mais plutôt un chapelet d'îles dont la dernière se trouve à 13 000 km environ à l'ouest du Portugal, à hauteur des Açores.

Récemment des géologues ont découvert qu'à un peu plus de 150 km de la côte Est des États-Unis, parallèlement à New England, existaient des pics rocheux enfouis sous des sédiments contenant des fossiles de plantes terrestres. Ce sont les sommets d'une chaîne montagneuse qui court à travers toute une partie de l'Atlantide et qui, selon les calculs actuels, se serait effondrée dans la mer il y a 10 000 ans environ.

Ce sont des bouleversements géologiques d'origine sismique qui ont entraîné les îles de l'Atlantide dans les profondeurs. Ces secousses telluriques ont un caractère cyclique et tout indique que les terres jadis immergées pourraient quelque jour reparaître. En recherchant des câbles de transmission sous-marins, on s'est ainsi aperçu que certains fonds de l'Atlantide se sont soulevés de... 3 000 mètres en vingt-cinq ans !

Cayce, lui, y croyait absolument et ce, depuis une fameuse « lecture vocationnelle », c'est-à-dire traitant d'un cas de réincarnation, qu'il avait produite en novembre 1923.

Avec une précision hallucinante et un luxe de détails inouï, il assure que l'entité dont il s'occupe a déjà vécu dans la belle contrée de l'Alta, sur l'île de Poseïdis qui faisait partie de l'archipel atlantide, et il indique que la catastrophe finale a été provoquée par une inflation des progrès techniques violant les lois naturelles. Cayce raconte avec non moins de précision que le facteur déterminant de cette apocalypse a été une utilisation aberrante... de l'énergie solaire !

La haute technicité atteinte par les Atlantes, « la plus avancée qu'on ait connue sur notre terre », précise-t-il, s'est accompagnée d'une dégradation équivalente de toutes les valeurs morales, ceci, pour le thaumaturge, expliquant cela. Auparavant, il décrit longuement comment les radiations solaires avaient été domestiquées pour toutes les utilisations quotidiennes et c'est un captivant film fantastique, bien plus débridé que les récits d'Orwell ou d'Huxley, qu'il fait dérouler sous nos yeux.

En 1932, il ajoute que les rayonnements en question seront redécouverts dans le prochain quart de siècle, en même temps que les preuves seront administrées de la migration des Atlantes vers Altar qui sera détruite, mais aussi vers l'actuel Yucatan au Mexique. « Une preuve existe au Yucatan ! » ne cessera de redire Cayce qui affirme que, lorsque certaines parties de l'Atlantide ressurgiront, commencera une ère de profonds bouleversements physiques de toute la planète, bouleversements qu'il situe en 1958 et 1998. Après des siècles de tranquillité des éruptions volcaniques ont effectivement commencé dans les années soixante aux Açores et en 1964, une île volcanique a surgi au large de Sao Jorge, une île habitée, qui fut partiellement désagrégée. Un an auparavant, des roches ont émergé venant d'une profondeur de 2 000 mètres et une mission soviétique a déterminé qu'elles se trouvaient déjà à l'air libre, voici environ... 15 000 ans ! Enfin, tout porte à croire que le plancher sous-marin, profond d'une quinzaine de mètres, qui s'est formé aux Bahamas, à 15 km au sud de Bimini, se trouvait autrefois très largement au-dessus du niveau de la mer. A quelle date s'est-il effondré ? Les recherches les plus actuelles indiquent... 8 000 ans !

Et qu'a-t-on trouvé à 10 mètres de profondeur au large de Bimini ? Une superbe colonne de 5 mètres de long, très ancienne, dont l'origine demeure à ce jour un mystère.

Ces prédictions se réaliseront-elles ? Disons qu'elles vont dans le sens de certaines autres, formulées bien avant dans le temps et qu'effectivement, on assiste depuis une vingtaine d'années à une effervescence volcanique ou tellurique qui touche l'ensemble de la planète.

On a notamment découvert en 1960 que les structures sous-jacentes de notre globe sont beaucoup moins stables qu'on pouvait le croire. Que la Californie, par exemple, pourrait bien se détacher progressivement du continent et que les îles Hawaii sont en train de s'enfoncer lentement dans l'Océan. Dès 1934, Cayce annonce pour la fin du siècle, la destruction de San Francisco et il prévoit, au jour près, des tornades et des tremblements de terre qui auront lieu à cette époque à l'est et au sud de cette ville.

Les savants, il est vrai, font également ce genre de prévisions même si c'est avec moins d'assurance. En attendant que les événements donnent raison à Cayce — et tort si possible ! — retenons surtout de lui l'inouï et l'inimitable : voilà un homme qui sait « lire » les maladies avec une sensibilité qui lui permet aussi de sentir bien avant qu'ils ne se produisent les frémissements les plus secrets de la terre. Ses prophéties ou ses visions concernant les convulsions de l'écorce terrestre vont-elles bien dans le sens des prévisions scientifiques ? La question offre sans doute moins d'intérêt que celles que pose le Cayce thaumaturge dont les dons sont aussi irréfutables qu'un corpus de lois scientifiques...

Quelque temps avant le grand krach boursier de 1929 qu'il avait prophétisé en détail, le grand rêve de sa vie est en train de se réaliser. Les « lectures » sont à présent reconnues de tous et l'argent afflue qui permettra de constituer la Fondation de l'hôpital Cayce et de l'Université Atlantic à Virginia Beach. Cayce était pourtant aussi pauvre qu'auparavant et, lorsque le 28 février 1931, il remet au shérif les clés de l'hôpital ruiné par la crise, il n'avait même pas de quoi faire manger sa famille.

Il faut croire que le mal dont souffrait l'Amérique s'insinua aussi dans les âmes des compatriotes du prophète car un beau jour, alors qu'il venait de faire une lecture pour une certaine dame Conwell, celle-ci se leva, sortit une petite plaque argentée et s'écria : « Police ! je vous arrête tous ! »

Les journaux, que la dureté des temps a toujours enrichis, fondent sur lui, croyant reconnaître l'un de ceux, nombreux, que la crise a jetés dans les plus douteux trafics. Un juge est même nommé mais qui abandonnera aussitôt les prétendues charges qui pèsent sur lui et fait classer l'affaire.

Infiniment honnête et sensible, Cayce en est profondément

marqué et se refuse maintenant à entrer en transe. Une fois de plus c'est le défi de la maladie qui vient à son secours. Celle de sa femme bien-aimée, Gertrude, qui se meurt de tuberculose.

« Si vous avez des dons, c'est le moment de le prouver », siffle un des médecins consultés qui prévient que Gertrude ne survivra pas à la prochaine crise.

Au cours de son « sommeil », Cayce prescrit une préparation destinée à arrêter les hémorragies qui minent sa femme.

« C'est le plus magistral commentaire que j'aie jamais entendu sur la tuberculose ! » indique le médecin qui assistait, comme toujours, à la séance. Il se montre pourtant très réservé sur la nature des médicaments prescrits qui sont comme toujours des plantes : des simples, du cola, du café sans aucun adjuvant, de l'eau chaude avec une pincée de sel, de l'alcool de grain pur, de la teinture de benjoin, du baume de Tolu, etc.

Il n'empêche que Gertrude va rapidement mieux et que les hémorragies cessent.

Cayce estime cependant que ce traitement d'attaque ne suffit pas pour assurer une guérison définitive. Pendant toute sa longue convalescence, le thaumaturge lui fait donc respirer tous les jours les vapeurs qui se dégagent d'un tonneau d'eau-de-vie de pomme. Les poumons de Gertrude finissent par guérir complètement. Elle vivra jusqu'à un âge avancé et ne souffrira plus jamais.

A cette époque aussi, son fils, Hugh Lynn, est victime d'un très grave accident. Il s'amusait avec du magnésium que son père utilisait à la place des « flash » d'aujourd'hui. En se grattant, l'enfant fait pénétrer cette substance dans ses deux yeux qui s'infectent aussitôt.

On appelle le médecin qui juge bientôt le cas désespéré : Hugh Lynn va perdre la vue, et pour lui sauver la vie, il faut énucléer d'urgence celui de ses deux yeux qui est le plus atteint.

— Je défends que l'on fasse quoi que ce soit avant que j'aie eu le temps de faire une lecture, dit Cayce. Que l'enfant reste dans l'obscurité la plus complète durant quinze jours, dictet-il. Qu'on lui fasse régulièrement des compresses d'acide tannique concentré...

— Des compresses de cette sorte ne feront que brûler les yeux plus vite ! disent les médecins, les bras au ciel.

— Mais vous assurez que de toute manière les deux yeux sont perdus ! répond Cayce au comble de l'angoisse.

Peut-être n'aurait-il pas osé prendre le risque tout seul. Mais sa réputation de guérisseur est déjà si grande, que c'est un des médecins qui va lui-même préparer la solution d'acide tannique.

Pendant douze jours, les parents Cayce ne vivent plus. Mais quand on enlève les dernières compresses et qu'on réhabitue l'enfant à la lumière, celui-ci s'écrie :

— J'y vois, j'y vois et aussi bien qu'avant !...

Le plus surprenant, pour ce qui est de la pharmacopée de Cayce, n'est pas seulement qu'il fasse usage de substances qui sont parmi les plus répandues sur terre. Un jour après une consultation, il reste endormi et dicte, coup sur coup, quatre ordonnances très précises. Pour qui donc ? Nul ne le sait. Pour la bonne raison que ces prescriptions ont quarante-huit heures d'avance sur quatre malades qui vont se présenter et auxquels elles s'appliquent parfaitement !...

Au cours d'une autre séance, il prescrit un médicament qu'il appelle « Codiron » et il indique l'adresse du laboratoire qui le fabrique à Chicago. On téléphone à ce laboratoire : « Comment pouvez-vous avoir entendu parler du Codiron ? Non seulement il n'est pas encore commercialisé, mais de plus nous venons juste de mettre au point sa formule et plus récemment encore de lui trouver un nom !... » dit le directeur.

Quelque temps après, au tournant des années trente, un magnat des chemins de fer américains, James Andrews, vient le consulter. Cayce lui prescrit, en état d'hypnose, une longue série de médicaments naturels. Plus un autre qu'il appelle « Eau d'Orvale ». Le remède est introuvable, mais le richissime Andrews a les moyens. Pendant des mois il fait publier des annonces dans toutes les revues médicales du monde. Sans le moindre résultat. Au cours d'une seconde lecture, Edgard Cayce dicte la composition, très complexe, de cette solution. Quelque temps plus tard, enfin, Andrews reçoit une lettre d'un médecin français, dont le frère, médecin lui-même, avait mis au point, il y a des années, cette Eau d'Orvale, mais en avait depuis longtemps abandonné l'exploitation. La composition du produit est très exactement celle qui a été « rêvée » par Edgard Cayce !...

A ce point de notre récit, une question se pose tout naturellement à l'esprit. Quelle va être de son vivant l'attitude du corps médical vis-à-vis de celui qui prétendait guérir avec des méthodes que la Faculté d'ordinaire néglige ou réprouve ?

Cayce est mort en 1945. Depuis, 500 spécialistes, ostéopathes, chiropracticiens, physiothérapeutes notamment, se penchent, aux États-Unis surtout, sur sa méthode et ses résultats. Une de ces sommités médicales vient d'écrire que « Cayce avait des centaines d'années d'avance sur son temps » et « qu'un jour nous réécrirons les traités de physiologie et d'anatomie actuels pour les adapter à sa conception de la santé, qui correspond à une harmonisation parfaite du sang, de la lymphe, des glandes et des nerfs ».

Jusqu'à la fin, l'attitude des médecins, même ceux qui avaient à connaître directement de ses expériences, est restée par contre rien moins qu'amicale. Devant les dons exceptionnels dont Cayce fait journellement étalage, les médecins restent de glace, quand ils ne le font pas poursuivre. Tous, à l'exception d'un seul : un tout jeune généraliste qui a longtemps survécu à Cayce et a tenté de développer et de répandre sa méthode. Il s'appelait Wesley H. Ketchum et a fait pendant des années tandem avec lui, s'acquérant la réputation d'un docteur miracle, qui guérissait les cas les plus désespérés, alors que Cayce, lui, ne demandait qu'à rester dans l'ombre.

Le rôle de Ketchum, qui se servait des diagnostics de Cayce sans rien en dire au malade — il savait trop bien à quelles préventions il se heurterait ! — fut cependant infiniment positif. Il a été le premier à faire confiance au thaumaturge et celui-ci lui est redevable de la vaste audience que sa méthode a prise avec le temps.

Ketchum était un « Yankee », c'est-à-dire un Américain

du Nord, que les gens du Kentucky détestaient en souvenir de la guerre de Sécession. Ce fut une raison supplémentaire pour lui de taire ce que Cayce conseillait.

Un jour, le thaumaturge avait suggéré de réduire la fracture très compliquée d'un riche entrepreneur, déjà âgé, en vissant les os et en mettant la jambe à l'extension ; ce qui nous paraît banal aujourd'hui, était tout à fait révolutionnaire à l'époque, et si Ketchum, le Yankee, avait échoué, il est certain qu'on aurait essayé de lui faire un mauvais parti. C'est donc avec un fusil de chasse qu'il doit se déplacer tout le temps de la convalescence. Mais comme dans 97 % des cas dont Cayce eut à s'occuper, tout se passa bien et l'entrepreneur vécut encore près de trente ans.

Cette prescience qu'il a de traitements que l'usage ne ferait accréditer que bien plus tard, se double dès cette époque d'une faculté encore plus surprenante qui consiste, comme nous l'avons vu, à parler des langues étrangères dont il n'a aucune connaissance. Un jour, ainsi, Ketchum lui demande, alors qu'il est en transe, quel est le muscle le plus court du corps humain. Instantanément, Cayce répond : Levator Labu superioris alaeque nesi. Et le plus long ? : Sartorius ! dit le voyant, en alignant toute une série d'expressions techniques du niveau de l'agrégation d'anatomie...

Ketchum eut enfin un dernier mérite. Il défendit le « sudiste » Cayce contre vents et marées et c'est lui qui réussit, après une lutte de dix années, à le convaincre d'accepter un paiement de vingt dollars par séance, le sauvant ainsi de la misère et lui permettant d'exprimer ses dons, chaque fois que la médecine orthodoxe se mobilisera pour le réduire au silence. Pour tenter d'asseoir officiellement la réputation du thaumaturge, Ketchum rédigea aussi un mémoire sur les phénomènes dont il avait été si souvent le témoin privilégié.

A la distinguée Association américaine pour la Recherche clinique qui siégeait au congrès à Boston, cette année-là, sa communication fit sensation. Mais pas dans le sens qu'il aurait pu espérer. L'Association commença par dépêcher sur Hopkinsville une meute de journalistes qui se mirent à fabuler comme seuls des Texans auraient pu le faire. Suivit une réunion des médecins de l'Association à Hopkinsville même, qui se forma en comité dans le but de révoquer la licence du docteur Ketchum pour cause de... « dérangement mental » !

Ketchum se rendit à leur convocation et trouva un système de défense très astucieux. Parcourant des yeux la salle où s'étaient réunis 45 médecins qui lui étaient tous défavorables, il sortit de sa poche deux liasses de billets, et dit d'une voix feutrée :

— Voici 1 000 dollars. J'en ferai don à l'œuvre de charité que vous voudrez, si les diagnostics de Cayce, après que vous-mêmes aurez examiné ses malades, ne sont pas absolument irréfutables.

Et de sa voix douce, il ajouta perfidement :

— Je vous autorise bien sûr à déduire de cette somme le montant de vos honoraires !...

Un silence de mort tombe sur les disciples d'Esculape.

— Allons jusqu'au bout, mes chers confrères, ou alors brisons là, voulez-vous ?

Ketchum paraissait à ce point sûr de lui (et sa réputation de médecin compétent et intègre était si bien établie) que le tribunal de l'Ordre leva assez rapidement la séance et classa l'affaire définitivement.

En examinant les lectures faites par le thaumaturge, on s'aperçoit qu'elles concernent l'ensemble de la pathologie humaine et qu'il n'existe pratiquement pas d'affection que Cayce n'ait évoquée pour la soumettre à l'action le plus souvent inexplicable des mystérieuses thérapeutiques qu'il dicte dans sa transe. Beaucoup concernent des maladies réputées incurables, et ont fait l'objet d'études approfondies de la part des médecins caycistes.

Contre le cancer, il préconise, dès 1925, des irradiations de rayons ultraviolets au mercure, réfractés à travers une plaque de verre de couleur verte et une cure régulière de jus de betterave.

Ce traitement qui peut paraître bizarre sera repris en certains de ses aspects par la science officielle et développé pour devenir un des traitements d'attaque permanents de la terrible maladie.

Le premier aussi, il prescrit contre la sclérose multiple des massages aux huiles nourrissantes : c'est là aussi un des éléments de base qui entrent dans le traitement de cette affection toujours incurable.

Le 17 septembre 1944 Edgard Cayce donne une lecture de plus. Personne dans son entourage ne sait encore que c'est la dernière et que c'est de lui qu'il parle. A son biographe, Sugrue, il dit qu'il vient de faire un rêve. « J'étais dans le train pour retourner en Floride ; j'allais m'y retirer pour y vivre désormais... »

Il n'avait jamais prêté beaucoup d'attention à sa santé et du fait de la guerre, multipliait les lectures en rapport avec des blessés et des disparus. Mortellement fatigué, il se sait atteint d'un cancer incurable, mais refuse de s'appliquer à lui-même un des traitements qu'il a des centaines de fois préconisés.

A Sugrue ce jour-là, qui l'adjure de se reposer, il dit avoir longuement contemplé la mer. Il annonce en toute simplicité qu'il mourra le 3 janvier 1945.

— Le 3 au soir, dit-il, je serai définitivement guéri !

Et avec un sourire las il ajoute :

— Guéri de n'être pas comme tout le monde !

Il est mort au jour et à l'heure dite en emportant avec lui un secret qu'il n'avait jamais percé et qui l'a effrayé toute sa vie.

RÉPONSES À L'INCRÉDULE

— *Tout cela paraît tellement inexplicable...*

— Le cas de Cayce est en effet l'exaltation géniale d'un don qui a été étudié dès la fin du XVIIIe siècle. Notamment par un Français, le marquis de Puységur, qui après Mesmer, poursuit scientifiquement l'étude de l'hypnose, qu'il nomme « le somnambulisme éveillé », à qui le grand physiologue Charles Richet donnera au début de ce siècle ses lettres de noblesse. Puységur, après avoir « magnétisé »[1], comme on disait alors, certains de ses paysans, arrive à dialoguer avec eux et à les guérir, grâce aux révélations qu'ils lui font sous hypnose.

Mais à la différence du cas qui nous occupe, Cayce, lui, n'a besoin de personne pour accéder à la léthargie divinatoire...

— *Au fait, comment opérait-il concrètement ?*

— Son comportement n'avait rien de spectaculaire. Il commençait par se mettre parfaitement à l'aise en retirant sa veste, ses chaussures, et ses boutons de manchette. Puis il ouvrait son col et se couchait sur le dos les mains sous la nuque. D'ordinaire c'est sa femme qui lui servait d'assistante pour les questions à poser sur l'état des malades et la formule rituelle était la suivante :

— Tu as devant toi le corps d'un jeune homme, R. S., de Hopkinsville qui habite au 5 Roadman street. Examine-le soigneusement et indique-nous le traitement à suivre...

— Oh ! oui... je le vois parfaitement, disait Cayce sur son canapé et après un long temps de silence, son cerveau est en feu et si on ne fait rien pour lui, il va devenir fou définitivement !

— Que faut-il faire ?

— Un traitement spécial et à doses massives.

Dans le cas du jeune R. S. qui avait perdu connaissance sur un terrain de football et qui depuis ne parvenait plus qu'à prononcer quelques sons inarticulés, les médecins avaient diagnostiqué une forme de démence précoce, selon eux parfaitement incurable et dangereuse pour l'entourage. Ketchum, sur les indications de Cayce, fait préparer le médicament, administré aussitôt au malade à raison de 30 gouttes par jour. Le premier flacon y passe sans le moindre résultat. Au deuxième flacon, on augmente la dose à 40 gouttes. Comme aucune amélioration ne se fait sentir, on fait tripler la dose puis on reprend tout le traitement avec le dosage initial. L'état du malade demeure inchangé et un mois se passe encore.

Un matin, la mère du jeune homme appelle Ketchum au téléphone. Elle est transportée d'allégresse car, pour la première fois depuis plusieurs mois, son fils a pu se déplacer normalement dans la maison et lui adresser quelques paroles intelligibles.

1. Voir *Histoires magiques de l'Histoire de France,* t. I : « La gloire et l'effacement du docteur Mesmer ».

— *Est-ce que Cayce pouvait analyser ce qui se passait en lui ?*

— Oui et non. En tout cas, pas très clairement. Au réveil de ses sommeils hypnotiques, il ne se souvenait d'absolument rien. On l'a donc interrogé pendant son sommeil. Il répondait qu'il était en mesure d'entrer en contact avec d'autres cerveaux humains, et d'utiliser les informations contenues dans ces cerveaux, pour établir son diagnostic et prescrire les médicaments.

Au fond, rien ne permet d'expliquer le cas Edgard Cayce. Tout ce que l'on sait, c'est qu'un photographe de bourgade, sans curiosité ni culture, pouvait, à volonté, se mettre dans un état où son esprit fonctionnait comme celui de tous les médecins à la fois.

Celui qui a réussi le mieux à analyser le don de Cayce est encore le docteur Ketchum : « Le subconscient du thaumaturge est en communication directe avec tous les autres subconscients et sait les interpréter, écrit-il. C'est un cas limite de paragnosie, ensemble de facultés paranormales qui lui permettent de communiquer avec d'autres esprits. Son subconscient a ainsi accès aux connaissances qu'ont rassemblées des millions de gens... »

— *Comment expliquez-vous ce prodige ?*

— Le cas d'Edgard Cayce est unique en son genre et personne n'a encore compris comment il pouvait diagnostiquer et dans quelle connaissance il puisait pour établir cette sorte de médecine totale, à la fois très ancienne et très moderne, cette « médecine différente » qui lui a fait faire effectivement des prodiges pendant trente ans.

— *Représente-t-il vraiment un cas unique ?*

— On connaît quelques autres cas de fonctionnement supérieur et incompréhensible du cerveau, mais dans des domaines bien différents, plus « rationnels » pourrait-on dire.

Il y a par exemple le cas incroyable d'un jeune hindou de la province de Madras nommé Ramanujan qui, sans études supérieures et tout seul, est devenu le plus grand mathématicien de son temps. Il est mort à 32 ans, membre de la Société royale anglaise des Sciences, après avoir fait progresser formidablement les théories sur les nombres premiers. On n'a jamais pu comprendre comment le génie mathématique l'avait traversé...

— *Quid de la médecine Cayce aujourd'hui ?*

— Si vous voyagez dans le sud des États-Unis, il vous arrivera de rencontrer des gens qui vous diront :

— Vous avez le mal de mer ? Alors un seul système. Prenez des gouttes de Cayce.

— Où achetez-vous ces gouttes ?

— Mais nous les fabriquons nous-mêmes, d'après la formule de Cayce.

— Vous avez des cors aux pieds ? Alors, il n'y a qu'une méthode : l'alcoolat de noix.

— Ah oui, et comment savez-vous cela ?

— C'est Cayce qui l'a dit.

— Vous atteignez la cinquantaine et votre vue baisse ? Écoutez, essayez cela : vous vous asseyez, le dos bien droit. Vous laissez retomber trois fois la tête sur la poitrine, puis trois fois en arrière, puis de même à droite, puis à gauche. Vous faites ensuite rouler la tête trois fois dans un sens et trois fois dans l'autre. Exécutez ces exercices lentement, le matin, et le soir. Au bout de six mois, vous constaterez que vous n'avez plus besoin de lunettes.

— *C'est un exercice de yoga ?*

— Peut-être, mais Cayce ne connaissait pas le yoga. Il ne connaissait d'ailleurs rien, mais il savait tout...

Un refroidissement violent ? Prenez un laxatif, puis un bain turc. Ensuite, frictionnez-vous avec un onguent, puis à l'eau de Cologne. Pas de pain blanc, buvez du jus de citron pour rétablir l'alcalinité. Un peu de café comme tonique. Vous serez remis le lendemain matin !...

Contre l'asthme ? Faites des inhalations avec le mélange suivant : 4 onces d'alcool de grain pur à 85 %, 20 gouttes d'huile d'eucalyptus, 10 gouttes de benzol, 5 gouttes d'huile de térébenthine, 40 gouttes de baume de tolu et 5 gouttes de teinture de benjoin. Mettez ce mélange dans un récipient du double de grandeur, agitez bien la solution et respirez-la profondément, deux ou trois fois par jour. Votre asthme aura cédé pour longtemps.

Ah, j'oubliais !... Pour vous garantir du cancer, croquez donc quelques amandes tous les jours ! Et enfin, n'oubliez jamais que la plupart de nos maladies dépendent de nos attitudes mentales et de nos émotions. Car Edgard Cayce l'a dit : « L'organisme demeurera en bonne santé, tant que l'esprit s'y emploiera. »

— *Mais où trouvez-vous toutes ces recettes ?*

— Dans le *Livre Noir.*

— *Mais encore ?*

— Eh bien, il s'agit du Livre dans lequel on a consigné quelques-unes des dizaines de milliers d'ordonnances dictées par Edgard Cayce en état d'auto-hypnose. Ce *Livre Noir* a été établi par la Fondation Edgard Cayce, à Virginia Beach. Là, il existe aussi cet hôpital Edgard Cayce, appelé l'Éléphant Blanc, où des médecins soignent les malades en consultant 15 000 dossiers de guérisons faites par cet extraordinaire personnage, au cours de 30 années d'un exercice tout à fait incongru de la médecine.

— *Quels sont les documents qui existent sur Edgard Cayce ?*

— Outre la Fondation Edgard Cayce, des médecins adeptes de la méthode y poursuivent l'analyse de toutes les lectures que le thaumaturge a faites dans sa vie. Pour y puiser dans les enseignements d'une médecine plus naturelle où le psychisme du malade a la première place.

Une grande bibliothèque a été constituée qui reclasse tous les domaines dans lesquels Cayce s'est essayé. Pas seulement la maladie, mais aussi les problèmes liés à la réincarnation, l'homosexualité, les prophéties concernant la fin du siècle, l'Atlantide, etc.

L'Éléphant Blanc est aussi devenu un des premiers centres mondiaux de la recherche parapsychologique. Par ailleurs, il existe sur Cayce deux ouvrages américains, l'un de Joseph Millard, l'autre de Thomas Sugrue. Le grand vulgarisateur scientifique John Camphell lui a consacré en 1957 une remarquable étude.

En dépit des nombreux documents et témoignages édités par la Fondation, aucun chercheur ou éditeur français ne s'est encore intéressé au grand thaumaturge. Descartes, quand tu nous tiens !...

SOURCE

Jess STEARN, *Edgard Cayce, le prophète,* Éditions Ariston, Genève, 1975.

Le voyant de Staline

LOUIS PAUWELS

VOICI LA BIÉLORUSSIE, LA TERRE AUX QUATRE MILLE LACS, celle des Russes blancs, qui en ce mois de février 1940 s'attendent une fois de plus à être un des enjeux de la guerre. Pour l'heure on respire encore, car Staline a signé un pacte de non-agression avec Hitler, dont on sait ce qu'il adviendra. Pour l'heure le théâtre de Gomel fait même le plein, alors que le reste de l'Europe est déjà soumis et dépecé.

Et qu'est-ce qui attire tant de monde, dans le petit théâtre baroque de cette ville, dont les nazis bientôt ne laisseront pas pierre sur pierre ? Un « magicien », ni plus ni moins, que la sourcilleuse patrie du marxisme rationaliste curieusement tolère. Il est vrai que l'artiste, qui s'appelle Wolf Messing, n'est pas le premier venu. Il a bluffé Einstein, Freud et Gandhi, et Hitler a mis sa tête à prix pour deux cent mille marks. Pas seulement parce que Messing est juif. Mais surtout parce qu'il a osé prophétiser la mort du Führer... Un autre aurait sans doute pu vaticiner avec moins de risques. Mais Messing est le plus grand télépathe de cette première partie du siècle. Celui qui, sur un ordre mental de Freud, s'était permis d'arracher des poils de la moustache du père de la relativité et qui avait débusqué les bijoux de la famille Czartoryski dans le ventre d'un ours en peluche, où un astucieux voleur les avait cachés...

On comprend que Hitler, qui vivait entouré de mages et de devins, eût aimé en savoir plus sur le petit Juif polonais. D'autant qu'il est capable, fait rarissime même chez les plus grands télépathes, de modifier le cours des pensées d'autrui, et de le contraindre, s'il le veut, aux comportements les plus surprenants.

Alors les Russes se gardent bien de livrer Messing, qui a fui la malheureuse Pologne où les Allemands ont d'ailleurs réussi un instant à lui mettre la main dessus. Enfermé dans un poste de police, il réussit à convaincre télépathiquement ses gardiens de se réunir tous dans la même pièce, puis il réussit à s'esquiver.

— Nous n'avons pas besoin de diseuses de bonne aventure ! lui déclarèrent les autorités russes quand il se présenta aux frontières de l'Est.

Sans doute fit-il une démonstration de ses étranges pouvoirs, car à Moscou, le ministère de la Culture l'engagea sur-le-champ, comme il eût fait d'un chanteur ou d'un montreur de marionnettes. Pour soutenir le moral des populations, en quelque sorte, et c'est ainsi que Messing commence en Russie blanche une tournée dont l'issue, en dépit de ses dons, lui échappe pour l'instant complètement...

Et que sait faire Messing sur une scène ?

Prendre par exemple dans la poche d'un spectateur assis au milieu de la salle une éponge qu'il y a cachée et sur un ordre télépathique d'un autre, la découper en forme de chien avec des ciseaux qu'il a également découverts télépathiquement, quelque part dans la salle. Il sait surtout infléchir, on l'a dit, la volonté de son vis-à-vis, ou se la soumettre complètement, ce qui, on le devine, au pays où furent mis au point, en ces années noires des purges staliniennes, les premiers lavages de cerveau, ne pouvait pas manquer d'intéresser.

Quand dans la salle de spectacle, ce soir-là, un quidam extrait de la poche d'un notable un carnet où il raye une date sur ordre télépathique du paragnoste, date que celui-ci a préalablement communiquée au public, la foule éclate une fois de plus en applaudissements. Messing remonte sur scène, prêt à se surpasser. Mais dans les coulisses deux personnages en manteau mastic et chapeau de loden lui font signe. Messing s'approche.

— Désolés, disent-ils. Mais la représentation est terminée ! Veuillez nous suivre...

Messing se retrouve dans une voiture noire, encadré par les deux policiers qui gardent le silence.

— Et mes affaires ? Et qui va régler mon hôtel ?

— Votre valise est dans le coffre et votre note d'hôtel réglée ! dit un des deux hommes qui lui ordonne ensuite de se taire.

La voiture ne roule que quelques minutes. Bientôt elle s'arrête devant un immeuble qui paraît être à Messing un autre hôtel. On le fait descendre et on l'introduit dans une des chambres. Après une courte attente, on le fait ressortir dans le couloir et un des fonctionnaires frappe timidement à une porte. Sans attendre la réponse, il fait passer Messing devant lui. Derrière une table est assis un homme à moustaches, aux yeux étincelants. C'est Joseph Staline en personne !

A cette époque, le petit Père du peuple concentre déjà tous les pouvoirs entre ses mains, Il ne l'intéresse guère pour l'instant d'assister à une démonstration des talents du télépathe. Il sait que les pensées du Führer sont plus insaisissables que jamais, et que Messing, qui connaît la plupart des dirigeants de sa patrie polonaise, pourrait peut-être l'informer utilement. Il a été un ami personnel de cet autre moustachu de fer, le maréchal Pilsudski, chef incontesté de la Pologne et vainqueur des Soviétiques, et jusqu'à sa fuite, il a eu droit aux confidences de la plupart des membres du gouvernement polonais, aujourd'hui en exil. Longuement, Joseph Djougachvili écoute, en mâchouillant une pipe qui lui donne un air de grand-père affectueux.

Mais quand Messing a terminé son analyse, il se contente de lui dire :

— Bon. Et tes fameux pouvoirs ?

Messing explique qu'il n'y a rien à expliquer.

— Ça va, dit alors Staline en le regardant de côté fixement. Tu peux filer, nous allons vérifier !...

Messing est aussitôt pris en charge par une commission, dans laquelle les savants qui servent la science pour le triomphe du socialisme sont les mieux représentés. Pendant de longues semaines, on le soumet aux tests les plus invraisemblables. Messing s'en sort parfaitement et bientôt les expériences de télépathie scientifique sont relayées par des « travaux pratiques » que Messing est forcé d'accepter.

Sur l'ordre de Staline lui-même, on lui demande d'aller distraire à la caisse de la Gosbank de Moscou, 100 000 roubles en espèces, après avoir conditionné télépathiquement le chef du guichet.

Messing raconte : « Je me suis présenté devant le caissier et je lui ai tendu une feuille de papier blanc, tirée de mon carnet. Derrière le comptoir l'homme a examiné attentivement le " document ". Il était âgé, ce qui a peut-être facilité mon entreprise. Il s'est dirigé lentement vers le coffre et a sorti plusieurs liasses qu'il s'est mis à compter devant moi... »

Messing ressortit de la banque et se présenta aux deux fonctionnaires, chargés de contrôler l'expérience. Puis il retourna devant le caissier éberlué et se mit à recompter les billets. Le papier blanc était resté sur le dessus d'une pile de formulaires et le télépathe dit avec un sourire en désignant les roubles :

— Vous m'avez remis ceci contre cela !

Le caissier s'empara du bout de papier et le retourna furieusement dans tous les sens. Il l'éleva même vers une lampe, comme si un ordre y avait été écrit en filigrane. Puis soudain, il s'écroula, terrassé par une crise cardiaque...

Vivement émoustillé par ces résultats, Staline, qui à sa manière voyait loin lui aussi, joue les fées Morgane et soumet le paragnoste à toute une série de nouvelles épreuves. Grâce à ses facultés Messing arrive à se glisser dans les lieux les plus secrets de l'empire rouge sur pied de guerre, et pour couronner le tout, il se présente un jour devant Staline, qui travaille dans sa datcha, entouré d'un rempart de policiers et de gardes du corps. Non seulement il venait de réussir une entreprise aussi considérable que d'entrer à Fort Knox pour tenter de dérober l'or des États-Unis, mais de plus les gardes civils et militaires s'étaient inclinés sur son passage !...

— Mais enfin comment avez-vous fait, interrogea le dictateur qui commençait à être inquiet.

— C'est bien simple, répondit Messing. J'ai suggéré mentalement à vos domestiques et à vos gardes que... j'étais

Béria ! Dommage que je n'aie pas pu me procurer un pince-nez en acier, comme le chef de votre police ! ajouta en riant le télépathe qui était grand et avait des cheveux bouclés, tout le contraire du petit brun chauve, patron du N.K.V.D...

Dans les hautes sphères du régime, personne ne doute plus des pouvoirs de Messing et chacun se demande s'il n'est pas justiciable d'un petit séjour en Sibérie. Ou alors quelle serait la meilleure manière de l'utiliser... Staline est si impressionné, qu'il accède à sa demande de faire une grande tournée à travers toute l'Union soviétique.

On dit que la fonction crée l'organe. A mesure que le paragnoste multiplie les défis, ses facultés se développent et le voici maintenant qui parvient à piloter une voiture, les yeux bandés, à travers tout Riga et en obéissant seulement aux injonctions télépathiques d'un passager. Le moins stupéfiant n'est pas qu'à l'état normal, Messing est parfaitement incapable de conduire une voiture...

Un peu plus tard, il gagne une partie d'échecs, les yeux bandés également, contre un excellent joueur local. Là non plus, il n'a aucune pratique des échecs et il joue et gagne parce qu'un champion lui tient la main gauche tout au long de la partie. A présent il arrive également à faire trébucher quelqu'un à distance et ses dons prophétiques se confirment, par l'annonce qu'il fait en public, dès cette époque, de la fin de la guerre, dans la première semaine du mois de mai 1945. En quelques mois la réputation du paragnoste grandit au point qu'aucun citoyen soviétique n'ignore plus ses exploits. Il devient même rapidement une sorte de héros national, ce qui s'accompagne d'une conséquence inattendue : comme les foules s'écrasent à chacune de ses représentations le compte en banque du télépathe s'enfle démesurément. Il a une telle popularité qu'il est intouchable et les policiers qui le suivent à chacune de ses sorties ne peuvent que confirmer jour après jours l'ampleur de ce succès. Mais il sait qu'à trop irriter les commissaires du peuple... Comme il a choisi son camp, il fait don à l'aviation russe de deux avions de chasse qu'il finance entièrement de ses deniers. Il existe des photographies qui représentent le Polonais encadré d'officiers en toque de fourrure, très flattés de poser à côté de la vedette du jour, dont on a peint le nom sur le fuselage des deux appareils ! La cérémonie de réception des cadeaux est brillante, et de la mer Noire à l'Oural, la vogue de Messing immense. Le prix Nobel de chimie, Nikolaï Semyonov, écrira un peu plus tard qu'il était capital d'étudier scientifiquement les phénomènes parapsychiques qui se produisent chez les sensitifs tels que Messing.

Les Russes l'ont-ils fait et continuent-ils de s'y intéresser ? En dépit d'une hostilité de façade, qui dénonce là-bas la télépathie comme « idéaliste et antisociale », Leonid Vassiliev, professeur de physiologie à l'université de Leningrad, s'est acquis notamment une notoriété aussi grande que celle de l'Américain Rhine, fondateur de la télépathie scientifique. On ne s'étonnera pas qu'au pays des spoutniks le Russe ait construit une sorte de cabine spatiale, si bien isolée avec du mercure et du plomb, que même les ondes courtes ne peuvent la pénétrer. Il y a installé des percipients qui doivent capter des ordres venus de l'extérieur. Le plus doué d'entre eux a réussi à déchiffrer un message envoyé à 17 000 kilomètres de là !

Qu'est devenu Messing ? On l'ignore. Il a donné signe de vie la dernière fois sous la forme d'un remarquable article, paru dans la célèbre revue soviétique *Science et Religion.* Il y explique que ses dons n'ont rien de mystérieux ni de surnaturel mais qu'il est bien incapable de les expliquer en termes rationnels. Il annonçait la parution imminente d'un livre dans lequel l'ensemble de ses expériences serait relaté avec un chapitre sur l'utilisation concrète qui pourrait en être faite en cas de conflit armé.

Ce livre n'a pas paru ou en tout cas il n'est pas arrivé en Occident. Dans un prochain récit, nous verrons que cela n'est peut-être pas fortuit...

RÉPONSES À L'INCRÉDULE

— *Toute cette histoire se passe de l'autre côté du rideau de fer. Qui vous dit que ce n'est pas du bluff, une tentative de désinformation de plus ?*

— Tous ces faits sont absolument authentiques. La revue *Science et Religion* en a rapporté la plupart, et elle n'est certes pas suspecte de complaisance, puisque sa vocation est de lutter contre la religion et le surnaturel, en démontrant que tout peut être ramené à une explication rationnelle. Aucun télépathe n'a peut-être été autant contrôlé que Messing, car à l'époque de ses plus grands succès, il était formellement interdit d'évoquer des questions touchant aux pouvoirs inconnus de l'esprit. Il existe aussi des textes officiels de ces années noires du stalinisme qui tentent de prouver que la télépathie ne peut pas exister et que ceux qui s'y adonnent sont des farceurs et des « houligans »...

— *Il y a donc une contradiction flagrante entre ce qui s'est fait et ce qu'on en a dit...*

— En apparence seulement. Le génie de ce paragnoste était tel que la propagande officielle a voulu s'en servir et c'est pour cette raison que le ministère de la Culture l'a engagé. En lui demandant d'appeler pudiquement ses tournées, « Expériences psychologiques ». Dans une série d'articles parus dans *Planète* en 1966 j'ai fait connaître en France les souvenirs de Messing. Qu'ils aient pu franchir le mur de la censure plaide forcément en leur faveur. Moins toutefois que tout le mal que les Soviétiques se sont donné pour prouver que les dons de Messing peuvent se ramener à une théorie scientifique qu'ils ont appelée la « théorie idéomotrice ». Le caractère inexplicable des exploits du paragnoste a profondément troublé les autorités de l'époque. Des savants en vue ont donc mis tout leur effort pour se convaincre que le télépathe percevait des messages par le déchiffrement instantané des plus petites contractions musculaires de ceux, par exemple, qui lui tenaient la main pour certaines expériences ou les « lectures » qu'il était capable de faire des jeux de physionomie ou des modifications respiratoires de ses interlocuteurs. Cette théorie matérialiste, « behavioriste », des choses, est bien incapable de répondre à la riche réalité des comportements de Messing. D'une part les savants qui l'ont examiné ont dû reconnaître que ses activités télépathiques étaient plutôt facilitées quand on lui bandait les yeux, car il pouvait se concentrer mieux, et bien sûr, les mouvements idéomoteurs ne peuvent en rien expliquer ses perceptions paranormales à distance ou le fait qu'il peut aussi capter des idées abstraites.

« Je trouve les pensées complexes et originales plus faciles à déchiffrer, sans doute parce qu'elles sont plus intéressantes », écrit-il dans *Science et Religion.* A défaut d'une explication, la règle constante qui veut que le télépathe — c'est aussi le cas des plus doués de ses congénères — discerne mieux les messages fortement visualisés, pourrait nous mettre sur la voie d'une explication. Ainsi, les messages que lui font parvenir des sourds-muets, même s'ils ont une forme très symbolisée, s'imposent le plus facilement à lui, précisément parce que ces infirmes arrivent à mieux s'abstraire du monde extérieur qui vient perturber les « ondes » télépathiques, et à penser d'une manière beaucoup plus visuelle que les autres. Une autre remarque de Messing est importante : ce qui l'intéresse davantage est mieux perçu. C'est une autre constante qui veut que l'élément affectif joue un rôle essentiel pour une bonne perception. Les Américains ont ainsi pu prouver que les meilleurs scores télépathiques étaient le fait de sujets qui éprouvaient une attirance physique ou intellectuelle les uns pour les autres...

— *Pour être bon télépathe, soyez amoureux !*

— C'est plus qu'une boutade. Tout le monde sait que dans la vie courante déjà, les gens qui s'aiment savent s'entourer d'une aura affective qui facilite beaucoup les échanges télépathiques spontanés... Rhine a ainsi pu déterminer que les percipients qui avaient les meilleurs résultats étaient ceux qu'il avait pu mettre en confiance et qui lui vouaient une sympathie immédiate.

— *Wolf Messing a-t-il pu décrire ce qui lui arrivait pendant ses expériences ?*

— Parfaitement. Et toutes ses descriptions se prolongent en réflexions sur la nature de l'espace-temps qui est au cœur de cette faculté paranormale.

« Par un effort de la volonté, je vois soudain le résultat final d'un événement quelconque apparaître en flash devant mes yeux... », dit-il « Le futur se compose des suites du passé et du présent. On trouve des réseaux réguliers de connexion entre eux. Le mécanisme de ces connexions est encore loin d'être élucidé, mais pour ma part je sais clairement qu'il en existe un... C'est seulement parce que nous ne possédons que des idées confuses sur la signification du temps et des relations espace-temps et de ses rapports avec le passé que la précognition, ou connaissance directe de la chaîne qui détermine un événement, nous semble aujourd'hui inexplicable. »

— *Il sait décrire, mais non expliquer...*

— C'est vrai. Mais comme tous les clairvoyants véritables et comme tous les savants qui s'en occupent, il a toujours assuré que ses facultés ne comportent absolument rien de foncièrement insaisissable ou de surnaturel. Que ces forces inexpliquées font partie intégrante de la Nature, qui est infiniment plus vaste et plus déroutante que nous pouvons le concevoir...

— *Staline s'intéressait-il aux phénomènes parapsychologiques ?*

— Il s'intéressait à tout pouvoir qui pouvait lui échapper, à tout surcroît de pouvoir qui pouvait lui revenir. Il est certain que le dogmatisme étroit qui prévalait à l'époque de Staline a interdit au paragnoste en question de donner toute sa mesure. Mais en le recevant, Staline lui a du moins prouvé l'intérêt qu'il attachait à ce que Messing savait faire de mieux, lire dans la pensée d'autrui...

— *Et après la déstalinisation ?*

— Les choses ont profondément changé. Avec des hauts et des bas, comme toujours en U.R.S.S., les Soviétiques sont sans doute allés plus loin dans ce domaine que tous les autres. Vassiliev d'abord et, depuis une dizaine d'années, Naumov se sont plongés avec beaucoup d'autres sommités de la physiologie, de la biologie et de la géologie dans l'étude des phénomènes psychiques paranormaux. En 1960, Vassiliev déclara devant un colloque qui réunissait tous les plus grands savants soviétiques : « Aujourd'hui, les Américains se livrent à des expériences télépathiques poussées sur leurs sous-marins atomiques. Depuis un quart de siècle, nos propres savants ont obtenu des résultats tout à fait concluants dans ce même domaine. Les recherches menées du temps de Staline doivent enfin être publiées ! La découverte de l'énergie représentée par les forces psychiques inconnues sera de même importance que celle de l'énergie nucléaire !... »

Moins de dix ans plus tard, Edward Naumov, un biologiste de Moscou, a repris le flambeau des mains de Vassiliev, et s'attaque avec l'aide des Bulgares et des Tchèques à la télépathie, mais aussi à la baguette de sourcier, à la vision extra-rétinienne, la photographie de l' « aura » humaine...

— *Qu'est-ce à dire ?*

— Vous savez bien que le corps humain, comme celui des animaux et même les plantes émettent des rayonnements dont les médiums rendent compte depuis longtemps. Mais ce sont précisément des chercheurs russes qui ont su les mettre en évidence de manière irréfutable. Dans ce domaine, un nom se détache au firmament des pionniers russes de l'E.S.P. Celui de Kirlian, qui, pendant quarante ans, a photographié les plantes, ou plutôt les formes multicolores et lumineuses qui s'en dégagent et qui persistent et s'impriment sur la pellicule photographique après qu'on a coupé la feuille. Le corps humain émet des rayonnements qui sont particulièrement brillants aux points d'acupuncture. Dans le souci de nier toute transcendance, les chercheurs russes essayent de démontrer que ces luminescences sont à l'origine des guérisons miraculeuses. Surtout, ils veulent progresser dans l'étude du « deuxième corps », le corps-énergie qui, selon eux, n'est pas qu'un simple rayonnement, mais un double qui réfléchit tous les troubles de l'organisme et explique sans doute aussi la télékinésie : quand Kirlian s'énervait lors d'une mise au point, la photo de l'aura était chaque fois brouillée et chaotique... En ce moment même, les Russes étudient « l'effet Kirlian » pour le dépistage des maladies et notamment du cancer.

Mais ce qui les intéresse surtout, à l'heure actuelle, est la psychékinésie qui est la faculté psychique de faire bouger les objets sans l'intervention de forces extérieures.

— *Pourquoi « surtout » ?*

— Il est évident que l'exploration du paranormal constitue d'ores et déjà un enjeu entre l'Est et l'Ouest. Les Russes en tout cas le considèrent ainsi. Souvenez-vous de ce fait divers, qui défraya l'Allemagne de l'Ouest dans les années 70... Annemarie, frêle secrétaire d'un avocat de Rosenheim arrivait à faire valser, simplement en entrant dans un bureau, des armoires-classeurs de 350 kg... Ce cas assez répandu de Poltergeist, ou déplacement d'objets sans contact physique, donna lieu à « l'affaire de Rosenheim », qui a été étudiée scientifiquement comme aucun autre cas de « petite hantise » ne l'avait été.

Annemarie arrivait aussi à déranger les téléphones et à faire éclater des ampoules électriques. Uri Geller, quant à lui, parvint en 1972 à faire sauter par sa seule volonté les amplis de l'enregistreur qui mesurait ses facultés psychékinétiques.

Imaginez un instant que cette faculté paranormale puisse s'apprendre, comme les Russes tentent de le déterminer... Imaginez Annemarie ou bien Uri dans une base de missiles ou tout simplement dans le centre de distribution d'énergie d'une capitale... On comprend mieux dès lors la remarque de ce parapsychologue américain : « La psychékinésie pourrait bien devenir un jour l'arme absolue... »

— *La « der des der » sera donc gagnée par les télépathes !...*

— Je l'ignore, mais ce que je sais, c'est que ceux qui sont en mesure de la déclencher s'occupent activement de savoir comment leur esprit fonctionne et d'une manière plus générale, comment l'esprit peut agir sur la matière...

SOURCES

Hans BENDER, *Étonnante Parapsychologie,* Éd. Retz.
S. OSTRANDER et L. SCHROEDER, *Fantastiques recherches parapsychiques en U.R.S.S.,* Éd. Robert Laffont.
Alain SOTTO, *La Télépathie,* Éd. Retz.
Les Pensées communicantes, Éd. Tchou.
Le Livre des pouvoirs de l'Esprit, Éd. C.A.L., Paris.

La méthode Coué prouve la puissance magique du Verbe

GUY BRETON

IMAGINONS UN CABINET MÉDICAL À NEW YORK, DE NOS JOURS. Ameublement design. Dans un fauteuil blanc, une jeune femme — que j'appellerai Mrs Dickson — explique au médecin — donnons-lui le nom de Nordmann — qu'elle souffre d'un ulcère à l'estomac. Elle montre des radiographies.

— Le gastro-entérologue, dit-elle, ne m'a pas caché que le traitement serait long. Comme j'étais un peu découragée, une amie m'a parlé de vous et m'a dit que vous pourriez me guérir très vite. Est-ce vrai ?

— Votre amie a eu raison de vous envoyer vers moi, dit le docteur Nordmann. Mais elle s'est mal exprimée. Je ne vais pas vous guérir, car si je voulais le faire, il me faudrait avoir recours, tout comme le fait votre gastro-entérologue, à des médicaments spécifiques. Et cela, je ne le veux pas !

Mrs Dickson s'inquiète :

— Alors, qu'allez-vous faire, docteur ?

— Je vais vous donner le moyen de vous guérir vous-même.

— Comment ?

— Par une méthode très simple qui s'appelle l'autosuggestion.

La jeune femme paraît sceptique :

— Vous n'allez pas me dire, docteur, que je vais guérir par la pensée ?

— Non, pas par la pensée, chère Madame, mais par la parole !

— Qui va me parler ?

— Vous !

Cette fois, Mrs Dickson fronce les sourcils. Elle est prête à se lever et à quitter cet étrange médecin.

Le docteur Nordmann lui adresse un grand sourire :

— Ne croyez pas que je plaisante, chère madame. J'ai déjà fait disparaître, par ce procédé, non seulement des ulcères, mais des psoriasis, des scléroses, des gastrites, des asthmes et même des arythmies cardiaques. Voulez-vous essayer ? Je ne vous demanderai des honoraires que si vous êtes guérie. Et je suis sûr que vous le serez. L'ulcère est un mal qui ne résiste pas à notre méthode.

Voyant sa cliente de nouveau intéressée, le médecin poursuit :

— Si vous faites exactement ce que je vous dis, dans quelques jours vous ne souffrirez plus et dans un mois votre ulcère aura disparu !

— Que dois-je faire ? Me répéter cent fois « je n'ai plus d'ulcère » ?...

— Surtout pas ! Il ne faut jamais nommer votre mal. Il ne faut même jamais prononcer de paroles négatives, du genre : « je souffre moins » ou « mon estomac ne me fait plus mal ». Au contraire, il faut affirmer que vous allez mieux. Voici donc votre traitement. Trois ou quatre fois par jour, complètement décontractée, dans une pièce silencieuse et peu éclairée, vous répéterez pendant cinq à six minutes la phrase suivante : « Mon état s'améliore ».

— A haute voix ?

— Vous pouvez prononcer cette phrase à voix basse. L'essentiel est que votre oreille l'entende afin que votre subconscient l'enregistre. Car c'est là le but de l'opération. Vous savez que l'on a pu établir que notre subconscient est crédule et qu'il accepte sans raisonner ce qu'on lui dit. Comme c'est lui qui préside au fonctionnement de tous nos organes par l'intermédiaire du cerveau, il suffit de lui dire — *et par conséquent de lui faire croire* — que tel organe fonctionne bien pour qu'il le fasse effectivement bien fonctionner.

— Et si je ne peux empêcher mon esprit de vagabonder pendant cet exercice ?

— Cela n'a aucune importance. Bien au contraire. Pensez à tout ce que vous voudrez, mais ne cessez pas de répéter votre phrase. Voilà ! Commencez dès ce soir et téléphonez-moi dans trois jours.

La jeune femme s'en va, perplexe. Le soir même cependant elle commence le traitement. Trois jours plus tard, elle appelle le médecin :

— Docteur, c'est extraordinaire, je souffre beaucoup moins !

— Continuez !

Au bout d'un mois, elle appelle le docteur Nordmann pour lui annoncer que les douleurs ont complètement disparu. On lui fait de nouvelles radios : elle n'a plus d'ulcère !...

□

Cette scène, je l'ai dit, est imaginaire. Elle correspond néanmoins à la réalité [1]. Chaque jour, des dialogues semblables ont lieu dans des cabinets médicaux américains. Chaque jour, de nombreux patients viennent voir des médecins qui leur prescrivent des traitements par autosuggestion. Et chaque jour, des malades guérissent grâce à la « cure de paroles » qui est considérée aujourd'hui, aux U.S.A., comme une thérapeutique d'avant-garde.

Or, cette méthode est une vieille connaissance puisqu'il s'agit de la méthode Coué, dont il est de bon ton de sourire dans les milieux scientifiques français...

1. Elle a d'ailleurs été écrite grâce à des informations qui m'ont été fournies par un médecin de New York, le docteur Lehmann.

RÉPONSES À L'INCRÉDULE

— *Quoi ? On ressuscite cette vieille méthode Coué dont nous parlaient nos grands-parents ?*

— Mais oui. De nombreux médecins américains, allemands et russes soignent actuellement selon les principes du célèbre pharmacien de Nancy et obtiennent des résultats stupéfiants. Sans compter les disciples d'un psychiatre suisse, inventeur d'une psychothérapie où l'on retrouve les bases mêmes de la méthode Coué. Je vous en parlerai tout à l'heure.

— *Qui était exactement Coué ?*

— Il s'appelait Émile Coué de la Châtaigneraie. Il était né à Troyes le 26 février 1857 d'une vieille famille bretonne. En 1882, il devint pharmacien dans sa ville natale. C'est là qu'un jour il reçut la visite d'un malade qui lui demanda avec insistance un médicament dont la délivrance sans ordonnance était interdite. Pour s'en débarrasser, Coué finit par donner à son client un flacon d'eau distillée en lui recommandant de ne pas dépasser les doses qu'il avait indiquées sur un papier. Huit jours plus tard, le brave homme revenait pour le remercier : il était guéri !

Cet incident fut déterminant dans la vie d'Émile Coué, car il le conduisit à conclure que l'imagination pouvait avoir une action sur l'organisme. Aussi, dès 1885, entreprit-il des études de psychologie appliquée. Puis il suivit les travaux d'un médecin de Nancy, le docteur Liébault qui pratiquait la suggestion et le traitement des maladies par le sommeil. Enfin, il rencontra le docteur Bernheim, professeur à la faculté de Médecine de Nancy, qui, lui aussi, s'efforçait d'agir sur le subconscient de ses malades.

En 1902, Coué quittait Troyes et abandonnait la pharmacie pour s'installer dans cette ville de Nancy où l'on faisait des recherches si proches des siennes. C'est là qu'il mit au point sa méthode d'autosuggestion. Il mourut en 1926 après avoir suscité des disciples dans les milieux médicaux du monde entier, la France étant le seul pays où ses travaux aient fait ricaner...

— *Rappelez-moi maintenant ses principes que j'ai un peu oubliés...*

— Tout d'abord, ainsi que je l'ai fait dire, au début de ce chapitre, par mon docteur Nordmann, Émile Coué a découvert que notre subconscient était *crédule* et que l'on pouvait, par la parole, l'amener, entre autres, à replacer un organe déficient dans des conditions optima en lui faisant croire que ledit organe fonctionnait bien.

— *Cela semble un peu simpliste.*

— Peut-être. Mais le fait est là : les gens guérissent. Ce qui prouve, une fois de plus, les étranges pouvoirs de notre esprit…

— *Est-ce que d'autres chercheurs — et notamment des médecins — ont confirmé les théories de Coué ?*

— Bien sûr ! Le docteur Joseph Murphy, de Los Angeles, qui prescrit avec succès la méthode couéiste à ses malades et en a étudié les bienfaits, écrit, par exemple, dans *Les Miracles de l'Esprit* :« Le subconscient est constamment docile à la puissance de la suggestion ; de plus, il exerce une domination absolue sur les fonctions, les états et les sensations de notre corps. » Il ajoute : « Notre conscience est le capitaine, maître à notre bord ; le subconscient, l'équipage qui obéit sans discussion… Si vous répétez " Je n'aime pas les champignons ", quand vous en mangez, vous avez une indigestion parce que votre subconscient se dit : le capitaine n'aime pas les champignons !… Si quelqu'un dit : " Lorsque je bois du café le soir, je me réveille à trois heures du matin ", chaque fois qu'il en boit son subconscient, croyant bien faire, le réveille au milieu de la nuit… Mais, en vous gardant de ces paroles imprudentes, vous pouvez utiliser votre subconscient comme un docile serviteur. Par exemple, si vous devez vous réveiller à sept heures du matin et que vous lui en donnez l'ordre, il vous éveillera à sept heures précises. Tout le monde a observé ce phénomène… »

— *Quels sont les autres aspects de la théorie de Coué ?*

— Émile Coué, qui identifiait le subconscient avec l'imagination, avait édicté une loi que le professeur Charles Baudoin, de l'université de Genève, a appelée la *loi de l'effort converti.* Elle s'exprime ainsi : « Chaque fois qu'il y a conflit entre l'imagination et la volonté, c'est toujours l'imagination qui l'emporte et, dans ce cas, non seulement nous ne faisons pas ce que nous voulons, mais nous faisons précisément le contraire de ce que nous voulons ; et plus nous faisons d'efforts volontaires, plus nous faisons le contraire de ce que nous voulons. »

Et André Dumas, président de l'Institut Coué de Paris, qui a préfacé les *Œuvres complètes* d'Émile Coué qui viennent d'être rééditées [1], ajoute : « Dans le conflit entre l'imagination et l'effort volontaire, celui-ci est toujours vaincu et *converti* en impuissance et en contradiction. »

— ***Donnez-moi un exemple qui démontre la supériorité de l'imagination sur la volonté.***

— En voici un. Il est très simple : Si l'on place une planche de dix mètres de long sur vingt-cinq centimètres de large à même le sol, tout le monde sera capable d'aller d'un bout à l'autre sans mettre le pied à côté. Mais si cette planche se trouve à cinquante mètres du sol, il est bien peu de personnes qui seront capables de faire un seul pas au-dessus du vide, et cela, malgré tous leurs efforts de volonté. Pourquoi ? Parce que, nous dit Émile Coué, dans le premier cas, nous *imaginons* qu'il est facile d'aller au bout de la planche, tandis que dans le deuxième cas, nous nous *imaginons* que nous ne le pouvons pas. Le vertige n'a pas d'autre cause que cette image d'une chute possible. Pascal disait déjà : « L'idée d'une chute détermine la chute... »

De même, c'est parce que nous *imaginons* qu'une souffrance est inévitable ou inguérissable que nous ne *pouvons,* malgré les médicaments, l'empêcher ou la faire disparaître. « Craindre une maladie, disait Coué, c'est la déterminer. » Nous imaginons, par exemple, qu'une douleur de dent est normale, donc nous l'acceptons. Pourquoi, dans ce cas, le subconscient ferait-il jouer — alors qu'il le peut — les anesthésiques qui se trouvent en nous ? Si nous ne lui avons pas montré que l'absence de souffrance, dans ce cas précis, est chose naturelle, il n'interviendra pas.

Le rôle de l'autosuggestion est donc de forcer l'imagination — puisque tous nos gestes et tout notre comportement dépendent d'elle — et de mettre le subconscient dans la nécessité de nous faire exécuter certains actes ou de faire cesser certaines douleurs.

— ***Mais comment peut-on forcer l'imagination ?***

— Par le verbe. Les mots ont une action extraordinaire. Et s'il existe pour chaque douleur, chaque action, chaque état, une formule particulière à répéter (*ça passe, je suis guéri, je digère bien, je suis gai, je peux marcher, je n'ai pas de raison d'être timide,* etc.), la phrase clé que l'on doit se redire sans cesse à mi-voix est : « *Tous les jours, à tous les points de vue, je vais de mieux en mieux.* »

Émile Coué affirme que cette phrase suffit pour guérir n'importe quelle lésion, n'importe quelle phobie, n'importe quel mauvais fonctionnement

1. Éd. Astra.

organique, le subconscient sachant discerner lui-même quel genre d'action il doit exercer.

— *Donc, il suffit de dire, par exemple : « je veux dormir », pour sombrer dans le sommeil ?*

— Non. Pas *je veux,* puisque votre volonté, dans ce domaine, n'a aucun pouvoir, mais *je peux* dormir, pour que votre subconscient en soit persuadé.

— *Que peut-on guérir avec la méthode Coué ?*

— La neurasthénie, le bégaiement, les phobies, certaines paralysies, les fibromes, les hémorragies, l'asthme, l'entérite, certaines lésions, la goutte, l'eczéma, les verrues, certaines affections du cœur, les plaies variqueuses, les rhumatismes, les dépressions, le mal de Pott, etc. Certaines de ces maladies, d'après les disciples d'Émile Coué, sont d'ailleurs dues, la plupart du temps, à l'action d'une *autosuggestion inconsciente.* Dire ou croire qu'on est malade, je le répète, *rend effectivement malade.* Et, selon Émile Coué lui-même : « *Chacune de nos pensées, bonne ou mauvaise, se concrétise, se matérialise, devient, en un mot, une réalité dans le domaine de la possibilité.* »

Se dire : « Pourvu que je n'aie pas la migraine », c'est dire : « J'aurai la migraine ! » Toute chose crainte est immédiatement imaginée, donc présentée comme acceptable au subconscient.

— *La méthode Coué peut-elle être utilisée dans un domaine autre que la pathologie ?*

— Bien sûr. Elle peut aider à faire disparaître des défauts et des vices comme l'alcoolisme, la paresse, la gourmandise, la timidité, la kleptomanie, la violence, la toxicomanie, etc. Dans ce cas, les disciples d'Émile Coué utilisent la *suggestion* sous hypnose. Elle peut d'ailleurs être pratiquée par n'importe qui, pendant le sommeil naturel. C'est très simple : On pénètre dans la chambre où dort la personne que l'on veut suggestionner, en prenant bien garde de ne pas l'éveiller. Puis, se plaçant à un mètre de son lit, on répète quinze ou vingt fois, *en murmurant,* toutes les choses que l'on désire pour elle. On peut, par exemple, aider un enfant dans son travail scolaire, agir sur son application, sur sa conduite, etc. Les résultats extraordinaires obtenus par la suggestion pendant le sommeil sont assez faciles à comprendre. A ce moment, le corps et la partie consciente de l'individu se reposent : ils sont en quelque sorte annihilés ; mais le subconscient veille. C'est donc à ce dernier *seul* que l'on s'adresse et, comme on sait qu'il est très crédule, il accepte tout ce qu'on lui dit.

Les Américains utilisent même avec succès la suggestion enregistrée sur disques ou sur cassettes. Naturellement, la personne que l'on traite ainsi *doit tout ignorer,* afin que sa volonté ne vienne pas gêner l'action de son subconscient.

— *Mais, dites-moi, ce procédé est très dangereux, car il est à double tranchant. Si l'on peut supprimer des vices, on doit pouvoir en donner et rendre un être méchant, avare, morphinomane, naïf, amoureux... C'est terrible !*

— Vous avez raison. Les mots ont une puissance extraordinaire, mystérieuse et terrifiante. Une puissance redoutée des moines qui font vœu de silence, connue des Anciens qui pratiquaient la magie et l'incantation, domestiquée par quelques hommes auxquels on donne le titre de prophète ou de saint, exploitée par ces apprentis sorciers que sont les hommes politiques et les agents de publicité radiophonique, utilisée, bien maladroitement encore, par les hypnotistes, les psychothérapeutes, les couéistes et les sophrologues, une puissance si grande, enfin, qu'il a suffi, un jour, d'une parole pour que Lazare sorte de son tombeau et que, surgissant de l'incréé, la lumière soit...

— *Vous m'avez dit, tout à l'heure, que vous me parleriez d'un psychiatre qui a inventé un traitement inspiré de la méthode Coué.*

— Oui. Il s'agit du célèbre docteur Schultz, psychiatre suisse créateur de la fameuse méthode d'auto-hypnose appelée training autogène, et qui est appliquée aujourd'hui dans le monde entier.

— *N'est-ce pas plutôt un traitement par autodécontraction concentrative ?*

— Si. Mais pour parvenir à la relaxation musculaire désirée, le patient doit se répéter des formules telles que : « Je suis calme, je suis tout à fait calme. » De même que, pour combattre des arythmies cardiaques ou des crises de tachycardie, il est recommandé au malade de répéter : « Mon cœur bat calmement, mon cœur bat calmement. » Cette méthode psychothérapeutique à base de formules et de détente euphorique est utilisée avec succès dans des cas de troubles vasculaires, de troubles cardiaques, d'hypertension artérielle, d'asthme bronchique, de perturbations fonctionnelles de l'appareil digestif, de dépression, d'angoisse, de névrose, etc. Dans les pays de l'Europe de l'Est, principalement l'U.R.S.S., on utilise également le training autogène pour former des champions... Les résultats des Jeux Olympiques nous prouvent régulièrement l'efficacité de cette méthode.

— *Pourquoi ne l'utilise-t-on pas en France au lieu de pleurer sur nos médailles envolées ?*

— Parce qu'en France, mon cher, nous continuons à raisonner avec Descartes et à ricaner avec Voltaire...

SOURCES

Charles BAUDOIN et Frank ABAUZIT, *Émile Coué, sa méthode, son esprit, son influence,* 1928.

Émile COUÉ, *La Maîtrise de soi-même par l'autosuggestion consciente. Œuvres complètes* (préfacées par André Dumas), 1976, Éd. Astra.

Dr GRASSET, *L'Hypnotisme et la suggestion.*

Paul C. JAGOT, *Méthode pratique d'autosuggestion.*

W. LUTH, *Autogenic Training,* New York, 1965.

Dr Joseph MURPHY, *Les Miracles de l'esprit* (traduit par le Dr Mary Sterling).

Sheila OSTRANDER et Lynn SCHROEDER, *Les Fantastiques Facultés du cerveau,* R. Laffont, 1980.

Philippe RÉMY, *La Technique de Coué,* 1957.

J.-H. SCHULTZ, *Le Training autogène,* P.U.F., 1979.

Uri Geller

LOUIS PAUWELS

NOUS SOMMES EN 1972 DANS LA RÉSERVE NATURELLE DE Baylands près de San Francisco. Dans la cafeteria du Muséum d'histoire naturelle de Palo Alto, cinq hommes sont réunis autour d'une table, où s'amoncellent des bagues métalliques, des montres, des bracelets et quelques autres bijoux. Dehors, le jour baisse et dissout l'ombre des passerelles qui enjambent, comme autant de *Golden Gates* miniature, les marécages de la baie. Un des hommes ramasse les bijoux et les dépose dans la paume ouverte de son vis-à-vis. Puis il place sa main sur le poing qui serre tous ces objets et se concentre profondément...

— Quelque chose a plié ! dit l'homme, en secouant une épaisse tignasse de cheveux bruns.

Son compagnon ouvre alors la main et montre une bague, à présent tordue en forme d'ellipse. Les quatre hommes qui l'entourent poussent des exclamations...

Sans doute, est-ce là une réunion d'étudiants, dont l'un s'essaye à la prestidigitation ou alors, une séance spirite, comme du temps d'Allan Kardec ? En aucune manière. Les hommes qui sont là sont des physiciens éminents du célèbre *Stanford Research Institute,* spécialisé dans les recherches sur les plasmas, les lasers et l'électronique quantique. Pour deux d'entre eux, en tout cas. Un autre, le docteur Puharitch, étant un des grands spécialistes mondiaux du paranormal, et le dernier, Edgar Mitchell, l'astronaute des premiers vols habités vers la Lune.

— Pas mal, pas mal..., dit « Hall » Puthoff, un des physiciens. Mais permettez-moi d'être sceptique ! Voilà... Pouvez-vous tordre ceci, mais *sans* le mélanger à toute cette bimbeloterie ?

— Pourquoi pas ! dit le jeune homme brun dont le beau visage est à présent inondé de sueur.

Il saisit délicatement entre le pouce et l'index la grosse gourmette en argent de Puthoff, la pose bien à plat sur la table et l'effleure d'un doigt léger. Il se concentre à nouveau, ses traits se contractent et assez vite il déclare :

— C'est trop épais ! Je n'y arriverai jamais...

Il ôte alors son doigt de la gourmette. Ses compagnons n'en croient pas leurs yeux : le lourd bijou d'argent du chercheur est cassé net en deux endroits !...

Pour étonnant qu'il soit, l'exploit du jeune homme ne convainc pas les hommes de science qui l'entourent. Ce sont des douteurs de métier, qui se méfient autant de leurs sens que des prestiges de celui qui n'est peut-être qu'un habile illusionniste...

Mitchell vient d'obtenir d'importants crédits pour la recherche paranormale et ils sont réunis ce soir pour approcher d'une manière scientifique les facultés PSI d'un jeune Israélien que le docteur Puharitch leur a amené. Il s'appelle Uri Geller et vient tout droit de Tel-Aviv où le docteur l'a vu tordre par la seule force, semble-t-il, de sa volonté, toutes sortes d'objets métalliques, qu'il fait aussi disparaître et réapparaître dans les endroits les plus surprenants. La veille, dès son arrivée sur l'aéroport de San Francisco, Uri Geller a donné un petit aperçu de ses talents. Malgré les réticences de ses hôtes, il s'est installé au volant de la voiture de l'autre physicien de l'équipe, Russel Targ, et les yeux bandés s'est lancé à toute vitesse à travers le quartier résidentiel de Palo Alto. Décrivant au passage la forme et la couleur des voitures qu'il croise et faisant le décompte des panneaux de signalisation...

— Accepteriez-vous de prendre place dans une cabine spatiale... un peu spéciale, pour y poursuivre nos expériences ? lui demande Mitchell au cours de cette première soirée...

— Bien entendu ! répond l'Israélien. Ceci et aussi autre chose. Tout ce que vous voudrez ! Si vous saviez combien je voudrais savoir, moi aussi, pourquoi je suis différent !

— Tenez... il faut bien que la caméra de Puharitch serve à quelque chose ! dit alors Puthoff.

Le physicien tire de sa poche un jeu de cartes tout neuf encore enveloppé dans de la Cellophane.

— Il paraît que vous avez réussi des dématérialisations ?

Sous l'œil de la caméra, Uri se met à battre les cartes, assez maladroitement. Quelques-unes lui échappent, qui tombent sur la table. Ses compagnons se demandent alors s'ils ne sont pas victimes d'une hallucination. Ils ont la très nette impression que certaines cartes se sont dissoutes dans le plateau de la table...

Puthoff se jette sur les bouts de carton. Ils s'y trouvent encore tous, mais à cinq d'entre eux, manquent des morceaux. C'est pour cela que les assistants ont cru voir les cartes fondre dans la table. Or, c'est un bon quart qui manque à chacune de ces cartes... Impossible, en plus, de remettre la main sur les bouts manquants !

Ce phénomène s'est-il produit parce que nos savants viennent de parler à Geller de dématérialisations ? Perplexes, ils mettent alors fin à la séance. Mais ils sont loin d'être au bout de leurs surprises. Durant les six semaines qu'Uri Geller passa au *Stanford Research Institute,* Puthoff écrit qu'ils furent quotidiennement témoins de « choses insensées et merveilleuses ». Ce soir-là, cela recommença dès qu'ils furent dehors. Au bout de l'avenue il y avait un panneau « stop ». Le poteau métallique qui le soutenait n'avait plus du tout l'air d'un poteau. Ce qu'il était devenu se trouvait maintenant à ras du sol : un objet absurde formé de trois boucles complètes, comme si un géant l'avait enroulé trois fois autour de son doigt. Les physiciens se renseignèrent et apprirent qu'avant l'arrivée de Geller, en fin d'après-midi, il ressemblait encore à tous les panneaux « stop » du monde...

Mais Russel Targ et Harold Puthoff attendaient Uri dans un tout autre domaine. Celui de l'expérience de laboratoire, où la nudité de cobaye et le froid dépouillement des appareils de mesure rendraient toute supercherie éventuelle impossible. Quelques jours après, voici donc Uri en jean et tee-shirt, face à un magnétomètre du laboratoire central du S.R.I. A proximité de cette installation, se trouve une sonde sensible, permettant de déterminer que le médium ne cache aucun aimant sur lui. Une bande vidéo va enregistrer toute la scène. Sur un signal, Uri avance, bras écartés et mains ouvertes, vers la sonde... Il fait dévier si largement l'aiguille du magnétomètre, que celui-ci indique une mesure proche du champ magnétique de la terre...

Il y a mieux. L'appareil comporte deux plumes qui permettent de consigner sur un graphique les variations de mesure. Or ces plumes en acier se sont retournées et ont largement égratigné le support du graphique ! Toute l'équipe décide de fêter ce premier succès par un déjeuner. Pour Uri, les effets de psychokinèse [1] qui s'étaient produits en laboratoire ne devaient bien sûr pas s'arrêter en si bon chemin. Tous ceux qui prennent place, ce jour-là, autour de la table, ont le privilège de délayer le sucre de leur café avec un objet complètement biscornu, qui rappelle très vaguement une petite cuillère ! Après le coup du panneau « stop », ce ne sont plus là que broutilles, et Uri a à cœur d'aller plus loin. Il avise un groupe de personnes qui travaillent dans un laboratoire voisin, près d'un téléviseur testant une visualisation par les ultra-sons. Système qui permet de voir à l'intérieur des corps, sans le recours aux dangereux rayons X...

— Le déjeuner était excellent ! dit Uri en se levant. J'aimerais vous remercier avec un petit tour... Mais je ne suis pas sûr de le réussir !...

Suivi de toute l'équipe, il arrive à quatre mètres environ de l'écran de télévision et se concentre en se mettant en garde comme un boxeur.

— En haut ! en bas !... Haut ! bas !... hurle-t-il devant les chercheurs médusés. Qui le sont encore bien plus en voyant que, sur l'écran, l'image monte et descend, obéissant docilement aux ordres du paragnoste...

Pour ne rien laisser au hasard ou... aux stratagèmes

1. Déplacement de choses matérielles, sans l'intervention de causes extérieures visibles

toujours possibles d'Uri, on lui fait répéter son « numéro » dans l'après-midi, mais avec cette fois un dispositif de contrôle ultra-perfectionné : il envoie balader l'image, exactement dans les mêmes conditions... Mais va-t-il sauter l'obstacle suivant qui paraît aux savants bien redoutable dans sa simplicité ? Il s'agit d'influencer à distance une balance électrique, sur le plateau de laquelle est posé un poids d'un gramme. Ce poids est recouvert d'une boîte en aluminium et le tout placé sous une cloche de verre, pour éliminer les effets d'un éventuel courant d'air. Uri se concentre longuement et intensément. Sur les appareils de mesure, pas de doute : il est parvenu à susciter des gains et des pertes de poids de l'ordre d'un gramme, précisément. Mais surtout il a émis des signaux sonores, sous forme de vibrations de 1/5 de seconde, qu'un aimant a pu recueillir. Le troublant, c'est que pendant des semaines on essayera d'imiter par divers moyens, et notamment par des décharges d'électricité statique, les vibrations obtenues par Geller. Non seulement on n'y parvient pas, mais nul jusqu'ici, au S.R.I. ou ailleurs, lors d'expériences semblables, n'a pu expliquer la nature exacte de ces signaux, ni comment Uri peut les produire...

Cette émission d'ondes ou de signaux nous ramène tout droit à la télépathie. Uri ne la tient pas en très haute estime, car « tout le monde peut être télépathe » dit-il, ce qui est vrai d'une certaine manière. Mais ceux qui parviennent à lire des messages visuels complexes sont très rares et nos physiciens savent bien que la télépathie est le seul domaine de la parapsychologie où des expériences systématiques ont débouché sur des certitudes scientifiques. Alors pour lui faire plaisir, ils lui proposent encore quelques tests destinés à exorciser son *poltergeist.* Mais avec l'espoir de l'enfermer bien vite dans leur fameuse capsule. Ils l'affrontent tout d'abord à un rayon laser, dont la position est contrôlée au centième de millimètre par des détecteurs photographiques. S'il parvient un tant soit peu à faire dévier le rayon, le résultat s'inscrira là aussi sur un graphique.

— Pigé ! dit Geller en se mettant en garde. Le truc c'est de faire bouger cette petite plume... Eh bien, allons-y !...

Il tend le poing et au bout d'une dizaine de secondes

d'extraordinaire tension, la plume transperce la feuille de papier du graphique et la lacère sur toute sa largeur. Et comme chez Uri un prodige ne vient jamais seul, les amplis des deux canaux enregistreurs partent en fumée !

Tout au long de ces six semaines, les dérèglements et les destructions d'appareils de toutes sortes seront monnaie courante. Un jour on filme Uri en train de faire des huit avec des bagues enfermées dans une boîte. Tout d'un coup une détonation secoue la caméra. L'opérateur l'ouvre et constate qu'un rouage a sauté, emmêlant cent vingt mètres de pellicule. L'homme jure qu'un tel incident est impossible et qu'en tout cas c'est la première fois de sa carrière qu'il voit ça... Le lendemain on retrouve le rouage. Il a été projeté derrière le chevalet d'agrandissement d'une chambre noire... Dans la foulée, Uri parvient encore à dévier l'aiguille d'une boussole et au prix d'un effort terrible, qui le met plusieurs jours à plat, à faire tourner un gros roulement à billes...

Devant toutes ces merveilles, les savants s'extasient... Mais ils n'oublient pas qu'ils sont hommes de science et que, pour donner un sens à ces prodiges, ils doivent les plier aux austères nécessités de la méthode expérimentale. Car dans les manifestations si spectaculaires et si poétiques de la psychokinésie, les phénomènes pourraient aussi provenir d'une défaillance du matériel, c'est-à-dire d'une *coïncidence.* Si improbable qu'elle soit dans le cas de Geller, cette possibilité ne peut pas être exclue par un scientifique digne de ce nom, et pour l'équipe Targ-Puthoff, le temps des hors-d'œuvre et des récréations se termine...

Non sans réticences, l'Israélien consent pour finir à entrer dans la « chambre à messages », une pièce aux parois métalliques, garnies d'un épais revêtement isolant, et d'une porte du type de celles qu'utilisent les studios d'enregistrement. Dans un bâtiment voisin, un chercheur choisit au hasard, dans un gros dictionnaire, un certain nombre d'images-cibles qui sont reproduites par un dessinateur. Le chercheur « émet » ensuite ces images vers Uri Geller, enfermé dans sa cabine, sous la surveillance de Hall.

Les résultats sont impressionnants. Uri n'a que de faibles dons pour le dessin. Mais il arrive à reproduire d'une manière qui ne doit absolument rien au hasard les images-cibles qu'on lui envoie. Quand il s'agit de représentations simples, tels un oiseau, un cheval, il y arrive à la perfection. Le peintre Jean Mayo dessine pour lui une grappe de raisin de vingt-six grains. Uri en reproduit vingt-quatre... Les images qui ont un contenu symbolique donnent lieu à des réponses particulièrement intéressantes : comme Mayo lui dessine un petit diable, Geller répond par des dessins symboliques, où figurent la terre, une pomme véreuse, un serpent et... les Tables de la loi. Seule la fourche du diable est perçue concrètement...

— Ne me faites plus jamais ce coup-là, dit Geller sans rire. Vous savez bien que dans mon pays il est interdit de dessiner l'image du diable !

Par la suite il parvient aussi à capter des images envoyées à partir d'un écran T.V. ou de la mémoire d'une calculatrice. La personne qui a chargé les appareils ignore ce que le dessin représente. Uri parvient tout de même à capter les images, quoique avec moins de netteté. C'est là une innovation troublante : il n'aurait donc pas besoin d'un intermédiaire humain pour lire l'image ? On pousse l'expérience dans ce sens. Un chercheur dépose dans une des dix boîtes à film disposées sur une table, un objet. Uri doit identifier la boîte qui le contient, sans rien toucher. Que l'objet soit un aimant, un roulement à billes, du sucre ou de l'eau, il désigne douze fois sur douze la bonne boîte. On place ensuite un dé dans un classeur en métal, que quelqu'un secoue énergiquement. Comme pour les autres expériences de télépathie, Geller a le droit de « passer » un certain nombre de fois. Sur dix réponses à donner, il passe deux fois et devine huit fois le chiffre inscrit sur le dé. Probabilité du hasard dans cette expérience : une chance sur un million. En d'autres circonstances, une bonne chance de deviner à coup sûr la plupart des chiffres du Loto !... A condition toutefois de se trouver tout près de l'appareil qui choisit les sept boules. Et malheureusement trop tard pour gagner !

Parce que l'équipe du S.R.I. ne se composait que de gens sérieux et compétents, qui jouaient leur réputation avec ce genre d'expérimentation, leurs conclusions furent plus que prudentes. Hormis les expériences tout à fait incontestables de télépathie, ils ne parlèrent à propos d'Uri Geller que d'une « chaîne de coïncidences ». D'autres hommes de science qui ont travaillé avec l'Israélien parlent dans les mêmes termes des phénomènes qu'il déclenche, parce que l'état de la science et son langage sont encore incapables d'en rendre vraiment compte. Targ et Puthoff en ont encore fait une fois l'expérience, plusieurs années après avoir rencontré Geller.

Un soir d'avril 1975, alors qu'ils sont de passage à Washington, un de leurs collègues de la Côte Est, leur demande de le rencontrer toutes affaires cessantes. Bien qu'il soit déjà très tard les deux hommes acceptent de le recevoir dans leur chambre d'hôtel. Le savant arrive tout essoufflé et leur montre une série de photos récentes sur lesquelles Uri essaye de plier une barre de fer. Or sur plusieurs de ces clichés, on distingue nettement au-dessus de sa tête... un bras, pris dans une manche de tissu clair.

— Je fais moi aussi une étude sur Geller... que dites-vous de ça ?

Très impressionnés, Targ et Puthoff essayent de s'en tirer par l'humour.

— Voyons, ça doit être le fameux bras qui vient toujours donner, quand il faut, un coup de pouce à Uri !

Leur collègue, lui, n'a pas du tout le cœur à rire. Il raconte que quelques jours après avoir pris ces clichés le photographe s'était réveillé en pleine nuit. Un bras flottait au-dessus de son lit. Il paraissait terriblement réel, ce bras, habillé d'une manche en tissu gris clair. Et en plus, il se terminait... par un crochet !

— Alors ! qu'en pensez-vous ?

— Un extra-terrestre, peut-être, ou le bras de la Vénus de Milo ? plaisante Hall en regardant sa montre. Il était près de minuit. Soudain les trois hommes entendent distinctement le bruit d'une clé dans la serrure. La porte s'ouvre et un homme entre dans la chambre. Et cet homme, qui porte un costume gris clair, est... manchot !

Un simple client de l'hôtel, en fait, qui avait précédemment occupé cette chambre, et qui croyait que ses bagages s'y trouvaient encore. Une simple coïncidence donc, un hasard de plus, qui a pris, ce soir-là, un tour un peu poétique. D'une poésie, qui selon Eddington, l'ami d'Einstein, est particulièrement adaptée à la compréhension de la physique d'aujourd'hui. Une physique qui obéit beaucoup moins à la conception rationnelle, préétablie, que nous en avions, qu'à une série de hasards, justement, qui rendent aujourd'hui possibles les phénomènes, en apparence, les plus inattendus...

RÉPONSES À L'INCRÉDULE

— *On n'entend plus guère parler d'Uri Geller. Certains disent que c'était un génial mystificateur des années 70...*

— Ils ont tout à fait tort. Il est possible que ses dons se soient un jour envolés, aussi vite qu'ils sont venus, la télékinésie notamment. Cette faculté est en effet intimement liée aux époques de la vie : elle culmine à l'adolescence et s'éteint totalement à l'âge mûr. Les maladies, un mauvais fonctionnement des glandes sexuelles ou de la thyroïde peuvent la perturber aussi. En 1972, quand Targ et Puthoff testent Uri, celui-ci a vingt-cinq ans. Il impressionne tellement les deux physiciens, que ceux-ci tournent complètement le dos à leur spécialité, l'électronique quantique, pour se consacrer à l'étude de la parapsychologie. Au *Stanford Research Institute,* personne ne les prend pour des fous. Bien au contraire. L'État leur alloue même une importante subvention pour leurs recherches.

— *Ils ont tout de même raison de se méfier de l'habileté de Geller, autant que du hasard. Dans l'exemple des cartes à jouer, il peut très bien s'agir d'un défaut de fabrication !*

— C'est vrai. Ce genre de coïncidences, pour improbable qu'il soit, donne énormément de soucis aux scientifiques qui s'intéressent à la parapsychologie. Arthur Koestler, l'auteur du *Zéro et l'Infini,* en parle longuement. Mais pour lui, il est bien aventureux dans le cas des cartes déchirées de conclure à la seule intervention du hasard. Pour lui, cet incident, si modeste soit-il, rappelle qu'un ordre universel recouvre toute activité et que ce sont les limites actuelles et provisoires de notre esprit qui nous empêchent de trouver le lien entre l'homme et l'événement, le jeu de cartes abîmé et le fait que ce soit *justement* dans les mains d'Uri que cet étrange jeu de cartes ait abouti ce soir-là...

— ***Il y a pourtant un tel côté exhibitionniste chez Geller...***

— Vous posez un problème moral qui n'a rien à voir avec ses dons paranormaux. Tous les grands paragnostes sont exhibitionnistes et la plupart trichent aussi, parfois. Parce qu'ils s'imposent de telles tensions de la volonté, qu'il faut absolument que le phénomène attendu se produise. Dans le cas contraire, les conséquences peuvent être dramatiques pour leur psychisme, déjà très éprouvé. Pour ce qui est des expériences qui se sont poursuivies durant six semaines au S.R.I., Targ et Puthoff ont utilisé les instruments de contrôle les plus sophistiqués, pour traquer les pouvoirs télékinésiques d'Uri, et ils possédent des kilomètres de films qui prouvent leur réalité. Ils n'ont pas pu, pour l'instant, en tirer de lois scientifiques. Mais ils sont convaincus que ces phénomènes obéissent à des harmonies cachées. Qu'il est bon que l'esprit ne découvre que lentement les gouffres vertigineux qu'ils recouvrent. Parce que la raison s'y engloutirait...

— ***Vous parlez pourtant de la télépathie comme d'une science...***

— L'approche scientifique de la télépathie a près de cent ans maintenant. Le grand ancêtre est le Français Richet, premier président de l'Union métaphysique internationale. Dès le début du siècle, il mène inlassablement l'enquête auprès de tous ceux qui manifestent des dons de clairvoyance et analyse les divers cas avec le souci de dégager d'une manière rigoureuse les mécanismes de la transmission de pensée, du « sixième sens », comme on disait alors. Mais il donne aussi une explication globale, par une compréhension poétique de la matière, respirant à l'unisson de la conscience. Une conscience qui est en expansion permanente dans l'univers et qui transmet aux êtres pensants « toutes les vibrations du réel ». Il ouvre aussi la voie à l'Américain Rhine qui prouve que la distance n'altère pas le message télépathique, et que c'est au contraire à 500 km et plus que la perception est la meilleure. Si la télépathie n'est pas soumise à l'espace, l'est-elle au temps ? se demande alors Rhine. Il prouve que non et que certains messages sont reçus... avant même d'être émis ! C'est le cas d'Uri Geller, percevant directement des images qui apparaissent sur un écran de télévision. Il ne s'agit plus là de télépathie, mais de clairvoyance.

— *La différence ?*

— L'information paranormale arrive sans qu'il soit besoin de passer par une personne qui émette cette information.

— *Mais alors, comment savoir quand l'expérience commence et quand elle finit ?*

— Question cruciale qui nous fait achopper sur le déroutant problème de la précognition. Jusque-là, on peut tenter d'expliquer la télépathie par le schéma de fonctionnement des ondes radio. Schéma des plus limités d'ailleurs car tout échange télépathique est tôt ou tard infiltré de clairvoyance : quand Rhine donne à « lire » à ses télépathes des cartes qui portent des symboles tels qu'une croix, un cercle ou une étoile, il arrive fréquemment que le sujet perçoive la carte qui précède ou celle... qui va suivre ! Comme personne à cet instant ne regarde ces cartes, il s'agit d'une espèce de divination qui, pour l'instant, est tout à fait inexplicable...

— *Vous avez bien une petite idée...*

— Les plus avancés dans ce domaine semblent être les Russes. Ils ont beaucoup travaillé sur la précognition, notamment pour essayer d'apprendre aux pilotes des vaisseaux spatiaux à détecter par précognition les obstacles du vide sidéral, ou... les fusées ennemies !

— *Et les Américains ?*

— Ils ont multiplié les expériences, mais ils n'en sont qu'au stade des hypothèses. Targ et Puthoff, notamment, ont travaillé avec des clairvoyants extraordinairement doués.

— *Plus que Geller ?*

— Certainement. Le plus prodigieux était certainement Ingo Swann, un artiste new-yorkais. Il arrivait à décrire des endroits qu'il n'avait jamais vus...

— *Comment cela ?*

— Targ et Puthoff lui indiquaient des latitudes et des longitudes géographiques, Ingo s'installait confortablement dans un sofa et commençait aussitôt : « 2° sud, 34° est..., je suis au-dessus d'une grande étendue d'eau, c'est un lac, l'altitude est élevée... » Ces coordonnées sont celles du lac Victoria. « 64° nord, 19° ouest..., je suis au-dessus de l'océan, je vois un volcan au sud-ouest... » Ces coordonnées indiquent un point au-dessus de l'Atlantique à 20 milles du volcan Hekla. « 60° nord, 90° ouest, je suis en pleine mer mais je vois des pins au nord. » (Coordonnées de la baie d'Hudson.)

— *Cela paraît incroyable... à moins qu'on ramène ces merveilles à une simple expérience de télépathie. Une de plus...*

— Vous avez raison d'être blasé... Mais les chercheurs se sont dit la même chose et ils ont trouvé que la télépathie n'y était pour rien...

Ils ont mis au point un projet fabuleux qu'ils ont baptisé SCANATE, ce qui veut dire en gros « exploration par coordonnées ». Leur objectif principal était précisément de brouiller toutes les influences télépathiques possibles et voilà comment ils ont procédé : tout d'abord, toutes les cibles choisies autour du globe l'ont été par le petit personnel du S.R.I. et par des chercheurs appartenant à d'autres laboratoires. Jusqu'au bout, ceux qui participaient à l'expérience ont été tenus dans l'ignorance des coordonnées choisies. Enfin les chercheurs se sont fait décrire des détails qui ne se trouvaient sur aucune carte, tels des maisons, des pylônes, des ponts...

Un beau jour, on a demandé à un physicien fixé à l'autre bout des États-Unis, et de plus totalement sceptique quant aux éventuels résultats du projet, de téléphoner les coordonnées suivantes : 49° 20′ sud, 70° 14′ est. Dans son sofa orange — une couleur qui l'inspire — Ingo Swann commence aussitôt.

— Je vois une île et une montagne se dressant à travers une couche de nuages. Le terrain est rocailleux, il y pousse de petites plantes... Il y a beaucoup de nuages et il fait très froid... Je vois des bâtiments disposés symétriquement. L'un est orange, il est dominé par une antenne radar et un disque rond...

Ingo se met alors à dessiner une carte, qu'il commente ainsi :

— Il va faire nuit. Il règne une lumière orangée vers l'ouest où je vois des collines. Au nord, je vois un terrain d'atterrissage et à l'est, très au loin l'océan. Me voici maintenant sur le littoral... des brisants déferlent sur les rochers et maintenant m'apparaît une cuvette de sable traversée par une rivière et survolée par de nombreux oiseaux. Tiens ! une haute falaise, et un promontoire... Là-bas, un phare peut-être... Mais je n'ai vraiment plus le courage de survoler cette zone rocheuse, d'ailleurs très indistincte !

— Va pour aujourd'hui, monsieur Ingo Swann, vous êtes vraiment fantastiquement doué !

La carte que le paragnoste a dessinée est celle de l'île française de Kerguelen, dans le sud de l'Océan Indien, et son dessin est bien plus précis que le relevé fait il y a deux siècles par Cook, ou par Trémarec, découvreur de l'île... Bien sûr, tous les détails qu'il évoque sont exacts, comme une enquête minutieuse a pu le déterminer par la suite...

— *Stupéfiant en effet. Mais quelle explication a-t-on pu donner ?*

— Absolument aucune. On sait toutefois depuis cette étude, que cette forme de vision à distance est suscitée par l'hémisphère droit du cerveau...

— *C'est maigre...*

— Pas tant que ça, peut-être... On savait déjà que les deux hémisphères du cerveau ont des fonctions et des aptitudes bien différenciées. Le gauche s'est spécialisé dans les démarches analytiques et logiques, le droit, dans l'intuition et la compréhension globale et poétique des choses. Et, surtout, l'hémisphère gauche mesure mieux l'espace, le droit, le temps. L'espace et le temps sont des données fondamentales de la conscience et le cerveau a également besoin de leur appliquer l'une et l'autre de ses parties. Cela prouve bien que, pour les problèmes les plus difficiles qui se posent à l'espèce humaine, le scientifique a besoin de l'artiste et qu'aucune œuvre créatrice n'est possible sans la complémentarité du rationnel et de l'intuitif. Le génie de Charles Richet a été de comprendre dès 1908 que ses hypothèses resteraient pour l'essentiel « enfouies dans les ténèbres », si à partir de l'expérience scientifique il n'arrivait pas à embrasser cette « intelligence immense, à la surface de laquelle nous vivons ». Il est vrai que le prix Nobel de médecine avait commencé sa carrière par un excellent recueil de poèmes !

— *En fait nous tournons en rond et pas plus pour la précognition que pour la télépathie, vous n'avez d'explication rationnelle à proposer...*

— Les Américains et plus encore les Russes cherchent la solution dans les paradoxes du temps. Personne encore n'a pu donner de définition satisfaisante de ce concept. Quelle est sa nature ? A-t-il une réalité objective ? Pour Kant, le temps n'a aucune réalité en dehors de l'expérience. Bergson distingue entre le temps « véritable » qui est une succession de moments psychologiques, libres et créateurs et le temps « mathématique » qui est soumis au déterminisme... Tous croient cependant que le flux du temps est irréversible, c'est-à-dire qu'il coule d'une manière incessante d'un point alpha vers un point oméga. C'est là que les physiciens contemporains ne sont plus du tout d'accord...

— *Accrochons-nous !...*

— Targ et Puthoff montrent très bien que cette irréversibilité est davantage un fait, une constatation subjective, qu'une loi scientifique. La physique moderne a fait des découvertes où l'information s'est en effet propagée non pas du présent vers le futur, mais bel et bien en sens inverse : c'est l'Anglais Dirac, par exemple, dont les équations relatives à l'électron fournissent en 1920 *deux* solutions. L'une décrit une particule à charge négative, qui convient effectivement à l'électron, l'autre dont la charge est mystérieusement positive. Ce n'est qu'en 1932 que cette deuxième solution se révèle également exacte, avec la découverte du positron. Pour Targ et Puthoff, il s'agit là d'un cas typique de précognition, l'émergence du positron ne s'étant pas encore produite, alors qu'il a déjà provoqué une perception dans le présent...

— *Je suis sûr que les Russes ont une explication plus matérialiste de la perception...*

— Effectivement. « Le temps est l'élément le plus important et le plus énigmatique de l'univers », dit le physicien russe Kozyrev, passionné de paranormal. Il ne se propage pas comme les ondes lumineuses, il se manifeste partout instantanément. C'est le temps qui nous relie aux autres et qui relie toutes choses dans l'univers. Ce temps, dit Kozyrev, nous, les Russes, savons l'étudier en laboratoire. A partir d'un pendule asymétrique, constitué d'un gyroscope perfectionné et d'un élastique soumis à une tension, Kozyrev est parvenu à démontrer qu'entre le pôle de traction de l'élastique, qu'il appelle « cause » et le pôle d'extension, « effet », il y a un effet de « déflexion » ou de déviation, très important qui révèle *une augmentation de la densité temporelle.* « La densité est plus forte au pôle de traction, dit Kozyrev, ce qui me permet d'émettre le postulat suivant : le temps possède une densité faible autour de la cause, forte autour de l'effet. » Kozyrev constate une chose confondante : les réactions chimiques, la combustion du sucre, par exemple, agissent à distance sur le gyroscope. Sans aucun recours à un type d'énergie connu !

— *Un corps matériel peut-être, mais la pensée ?*

— Patience ! Kozyrev a pu prouver qu'elle affecte également son appareil et singulièrement plus quand il pense à une poésie, que quand il ressasse un calcul mathématique !

— *Qu'est-ce qu'il en conclut ?*

— Que la télépathie dépend toujours de la densité du temps... Faible près de l'émetteur, elle est plus forte près du récepteur, comme dans le cas de l'élastique. « Nous avons bon espoir de pouvoir modifier bientôt la densité temporelle en laboratoire, dit-il. Quand nous serons en mesure de le faire à volonté, nous pourrons produire de la télépathie sur commande avec n'importe quel sujet. »

— *Qu'en pensent les Américains ?*

— Ils sont d'accord. « Je suis sûr que dans dix ou vingt ans, les physiciens auront élaboré une théorie très proche de celle de Kozyrev », pense le docteur Wilson, des Douglas Laboratories de Californie. L'éminent physicien américain Carles A. Muses assure, lui aussi, qu'il est possible d'évaluer quantitativement le temps. Comme Richet il pense que l'énergie qu'il produit est de nature vibratoire. « Quand nous aurons acquis une autre conception du temps, conclut le docteur Murphy, président de la Société américaine de Recherches psychiques, nous comprendrons d'un coup tous les problèmes liés à la clairvoyance et tous les morceaux du puzzle tomberont en place »...

— ***Et selon vous, qui maîtrisera le premier, de l'Est ou de l'Ouest, l'arme paranormale ?***

— Les Russes, comme les Américains, ont beaucoup travaillé sur l'E.S.P. [1] et depuis longtemps. A preuve le nombre d'hypothèses qui ont été émises pour expliquer les différentes formes de clairvoyance. Il y a près d'un siècle déjà E. Houston exprimait une hypothèse hardie, qui rapprochait la télépathie des ondes électromagnétiques qui venaient d'être découvertes par Hertz. Très vite à l'Ouest, les thèses matérialistes (chaînes de causes et d'effets physiques) sont abandonnées, au profit des thèses ***subliminales.*** De quoi s'agit-il ? Par subliminal, il faut comprendre tout ce qui se situe au-dessus du seuil de la conscience. Le docteur Alexis Carrel l'explique d'une manière très poétique : « L'esprit n'est pas entièrement inscrit dans les quatre dimensions. Il se trouve à la fois dans l'univers matériel et ailleurs. Il se prolonge hors de l'espace et du temps comme une algue qui se fixe à un rocher et laisse flotter sa chevelure dans le mystère de l'océan... »

Par convictions idéologiques, les Russes n'ont jamais voulu croire aux hypothèses transcendantes, qui attribuent la clairvoyance à des entités extra-humaines, de nature spirituelle. Cela leur a permis d'aller très loin dans le domaine expérimental et appliqué. La recherche paranormale est considérée là-bas comme une science entre d'autres et mon ami Jacques Bergier a pu prouver que durant tout le règne de Staline déjà, l'Institut Pavlov de Moscou a effectué des recherches clandestines sur l'influence que les champs magnétiques à haute fréquence exercent sur les facultés extra-sensorielles.

Leurs résultats les plus spectaculaires concernent la vision extra-rétinienne, qui permet de voir avec l'épiderme, la baguette du sourcier pour la détection des mines, et la radiesthésie, la télépathie à très longue distance (plus de 5 000 km) en vue de l'espionnage, notamment vers la

1. Perception extrasensorielle, terme international le plus usité pour désigner les facultés paranormales.

Chine, et la parapsychologie appliquée aux plantes, aux animaux et à la santé. Sur ce dernier point, vous avez pu lire comme moi dans la presse que Brejnev recourait aux soins d'une guérisseuse extrêmement douée, Jewgenija Juwasjewna Dawitascwili, surnommée Dschuna, ce qui veut dire « démon ». En 1979, elle aurait réussi à « ressusciter » le maître du Kremlin d'une simple passe magnétique. Dschuna est aujourd'hui au cœur de l'offensive soviétique pour la conquête de tous les domaines de la parapsychologie, et notamment ceux qui permettraient de s'attaquer aux maladies jusqu'ici incurables.

— *C'est très louable. La guerre du paranormal entre Russes et Américains n'est donc pas pour demain ?*

— Les uns et les autres fourbissent leurs armes, mais avec des difficultés énormes, dès qu'il s'agit de faire la synthèse des vastes acquis de la parapsychologie. Science au berceau, qui ne progressera réellement que quand la « superphysique » qu'elle implique sera elle-même fondée. Les Russes y arriveront sans doute les premiers, parce qu'ils sont très au fait des moindres travaux occidentaux, alors qu'ils pratiquent, eux, la politique du secret. Cette année, ils ont encore consacré quelque 25 millions de roubles à ce type de recherches...

— *Et les Occidentaux ?*

— Aucun budget, nulle part, n'est officiellement prévu. Lors des voyages sur la Lune, les Américains auraient pu faire opérer à la parapsychologie un bond considérable. Edgar D. Mitchell, qui a fait partie en 1971 de l'expédition lunaire Apollo 14, a réalisé des expériences télépathiques avec quatre personnes qui se trouvaient à terre. Elles ont été pleines d'enseignements, mais n'ont bénéficié d'aucun soutien, Mitchell n'ayant même pas osé en parler à la N.A.S.A., de crainte de les voir interdites...

— *Et les Russes ?*

— Ils se livrent certainement à ce genre d'expériences dans l'espace.

— *Quelle preuve en avez-vous ?*

— Une preuve indirecte seulement. Depuis qu'ils savent que des chercheurs comme Targ et Puthoff disposent de quelques moyens pour détecter et former des télépathes, ils ont mis en place une unité de recherches spéciale...

— *Destinée à quoi ?*

— A former des télépathes capables de brouiller les échanges télépathiques des Américains !...

SOURCES

S. OSTRANDER et L. SCHROEDER, *Fantastiques Recherches parapsychiques en U.R.S.S.,* Éd. Robert Laffont.
Charles RICHET, *Traité de métapsychique,* Éd. Alcan.
Russel TARG et Harold PUTHOFF, *Aux confins de l'esprit,* Éd. Albin Michel.
Robert TOCQUET, *Les Pouvoirs secrets de l'homme,* Les Productions de Paris
L.-L. VASSILIEV, *La Suggestion à distance,* Éd. Vigot.

Anne-Catherine Emmerich
la stigmatisée visionnaire

LOUIS PAUWELS

PAR UNE CLAIRE MATINÉE DU PRINTEMPS 1796, UNE FRÊLE silhouette féminine file le long du château des princes évêques de Münster en Westphalie. Tête baissée et encapuchonnée de gris, elle passe bientôt le porche de la très vieille cathédrale gothique. Quand elle en ressort, une heure plus tard, sa démarche est toute changée et elle semble avoir rapetissé aussi. Hésitante, chancelante, il lui arrive de prendre appui aux murs et de soutenir d'une main sa tête, qui semble la faire souffrir horriblement.

Est-ce là le prix de sa dévotion ? Alors qu'elle était agenouillée tout à l'heure à la gauche du chœur, devant un tableau du Christ en croix, la jeune fille, qui a 22 ans et se nomme Anne-Catherine Emmerich, a vu apparaître, en effet, un jeune homme à la rayonnante beauté, qui lui a fait l'offre de deux couronnes, l'une de fleurs, l'autre d'épines. Sans hésiter, Anne-Catherine a tendu la main vers les épines. Son fiancé céleste a élevé alors les mains et a posé la couronne sur les cheveux blonds, en l'enfonçant des deux mains. L'instant de l'extase passé, Anne-Catherine, qui aime à se recueillir dans la belle église du diocèse, ressent une très vive douleur. Elle va s'amplifier au cours de la journée et de la nuit, et quand la petite paysanne se lève le matin sans avoir pu prendre un instant de repos, elle s'aperçoit que son bonnet est taché de sang…

Les voies insolites où la grâce parfois s'incarne vont mettre seize ans à se frayer. Seize années au cours desquelles Anne-

Catherine vivra avec des douleurs à la tête, sourdes ou terribles, jusqu'à ce 29 décembre 1812 où au cours d'une autre vision, elles se concentrent subitement sur les pieds, les mains et le côté. Horrifiée et ravie, elle voit s'élever de ses membres un faisceau de rayons pourpres, flèches acérées qui lui percent la peau et les os. Comme s'il avait été longtemps comprimé, un flot de sang en jaillit. La stigmatisée souffre atrocement et s'abîme dans une extase proche du coma. Elle a 38 ans et jamais plus elle ne pourra sortir de son lit, une sorte de berceau étroit, en osier tressé.

Comme sa tête saigne plusieurs fois par semaine, elle renonce à la coiffe des Augustines, chez qui elle a pris le voile, et, telle que l'imagerie populaire la représente, garde désormais la tête bandée.

Au royaume de Westphalie, le prodige a mis des années à se savoir. C'est que dans ce bastion de la catholicité assiégée en pays réformé, les « miracles » sont encore plus suspects qu'ailleurs... Le 28 mars 1813, débarque au chevet de la stigmatisée une commission d'enquête conduite par le futur archevêque de Cologne, Droste-Vischering. Jusqu'à la fin de cette année-là, les vicaires généraux succèdent aux doyens du chapitre, flanqués de toutes sortes d'éminences apostoliques et patriciennes. Derrière eux, la foule se presse, qui veut avoir sa part du phénomène et l'affaire s'enfle au point que le commissaire général du royaume, le comte Garnier (l'ère napoléonienne finit tout juste) se porte lui-même vers la miraculée. Il prévient que la Westphalie catholique ne sera pas la risée des parpaillots alentour et charge le conseiller médical Druffel de faire un compte rendu complet de l'affaire. Puis il dépêche huit chirurgiens et médecins de l'armée, avec ordre de... guérir coûte que coûte les plaies d'Anne-Catherine !

Depuis les guerres napoléoniennes la médecine a fait de gros progrès et dans la foulée de Messmer, certains médecins comme Justinus Kerner commencent à s'intéresser à la psychosomatique. On sait déjà que, sous certaines influences, des sujets dotés d'une sensibilité particulière sont victimes de convulsions, de crises cataleptiques ou d'hémorragies. Ils sont donc huit à se relayer pendant des semaines autour de la jeune femme. Mais ils ont beau travailler les stigmates avec des caustiques, des emplâtres et des bandages scellés avec des cachets pour prévenir toute fraude, chaque jeudi, un peu après minuit, les plaies se remettent à saigner avec abondance, puis à se cicatriser tout aussi vite, sans jamais se mettre à suppurer.

Confondus, les médecins finissent par se retirer et établissent des certificats où ils concluent au caractère inexplicable des phénomènes...

A cette époque, début septembre 1818, paraît à Dülmen un homme à la tête fière et hâlée, vêtu d'une cape de soie puce et portant canne à pommeau d'ivoire. Ce voyageur, muni d'un léger bagage, peut avoir quarante ans et connaît dans toutes les cours d'Europe une faveur extraordinaire. Goethe, qui est son ami, lui trouve du génie et l'Anglais Longfellow et Henri Heine disent que son verbe a fait pousser les plus belles fleurs du romantisme allemand.

Ce poète que la rumeur du miracle attire là un peu par hasard, c'est Clemens Brentano, le père de *L'Enfant au cor merveilleux,* dont tous les Allemands connaissent quelques strophes par cœur.

Parvenu devant la masure des parents d'Anne-Catherine, il marque un temps d'arrêt. Puis il ramène sa cape sur lui, et après avoir enjambé, dans une grange, un vieux four écroulé, pénètre dans la cellule où Anne-Catherine vit en recluse. L'entrevue, peut-on penser, sera brève et devant cette petite forme palpitante et le plus souvent inconsciente, l'homme des cours et des cœurs — ceux de ses innombrables conquêtes ! — ne pourra pas longtemps réprimer son dégoût...

En fait, ce dandy, volontiers cynique et sauteur, ne sortira plus de cet antre malcommode, qui lui tiendra lieu, lui aussi, de logis, pendant six longues années. Jusqu'à la mort d'Anne-Catherine. Ne prenant le temps que de retourner un instant à Berlin, pour y vendre sa magnifique bibliothèque et se donner aussi les moyens de lever le mystère de la petite nonne crucifiée...

On croît rêver. Celui dont Goethe aussi apprécie le scepticisme élevé, ce nomade, qui de duchés en royaumes sait éblouir les plus beaux esprits, va donc consumer ce qui lui reste de jeunesse au chevet de cette morte-vivante ? Son singulier projet ne doit rien, pourtant, à une conversion subite. Encore moins à une attirance morbide pour cette chair que le souvenir de la Passion sculpte jour après jour... Ce qui séduit à l'instant ce trouvère, c'est le merveilleux visage d'Anne-Catherine, empreint, certes, de pureté et d'innocence, mais aussi d'une vivacité et d'une intelligence qui se retrouvent dans sa conversation et dans ses manières qui sont d'un charme indicible. Car dans les jours où la douleur n'anéantit pas la stigmatisée, il n'est pas en Westphalie de compagnie plus attrayante, et tout ce qu'elle dit, écrit Brentano, est « vif, bref, uni, et plein de profondeur et de vie »...

D'entrée de jeu, elle lui a tenu un langage digne de piquer sa curiosité d'homme de plume blasé. Au moment où il passe la porte du taudis, elle lui dit avec une douceur enjouée : « Je vous connaissais bien avant que vous ne vinssiez me voir !... Souvent dans des visions, où des événements futurs de ma vie me sont livrés, j'ai vu un homme au teint très brun, écrivant près de moi, et qui vous ressemblait... »

Anne-Catherine serait-elle donc aussi une voyante ? Peut-être. Mais alors la plus grande des temps modernes, comme le pensait Huysmans. Une voyante et bien plutôt une visionnaire géniale, qui arrive à fondre dans des tableaux d'un lyrisme et d'une précision inouïs, les moindres détails de la vie quotidienne et les heures grandioses de la Galilée, au temps de la Passion du Christ. A décrire avec minutie des sites archéologiques ou naturels, que les savants ne découvriront sur place qu'un siècle plus tard.

Dès qu'elle ferme les yeux, le poète fasciné voit s'ouvrir devant lui des paysages inconnus et pourtant bien réels, ceux de la Palestine au temps d'Élie, par exemple. Décrits par un savant géographe, mais transposés comme par la bouche d'un barde au pouvoir d'évocation surhumain. Clemens Maria Brentano se met à croire de toute son âme aux révélations de la sœur Emmerich, et pendant des années il note avec furie. Des milliers de feuillets qu'il met au propre dès qu'il est revenu dans sa chambre. Le 13 juillet 1819, ainsi, elle raconte une sédition qui se déroule à Jérusalem à l'époque de Jésus-Christ. On entre sur ses pas dans le Temple et on voit se déployer les rouleaux où les docteurs de la Loi écrivent leurs sentences en hébreu, avec les noms et les qualités de tous les protagonistes de la scène.

Parfois l'action se déroule trop vite devant les yeux de la sœur et Brentano est obligé de la questionner quand elle sort de son extase. Parfois aussi elle reste tétanisée par l'horreur, quand elle entend « les cris doux et sonores » du Christ flagellé, qu'elle le voit « se tordre comme un ver » sous les fouets et se réveiller dans une geôle qu'elle décrit ensuite, tout comme la matinée qui suit, avec la rigueur d'un policier ou d'un journaliste chargé de témoigner au procès de Jésus.

Brentano sait que sans lui ces merveilles seront à jamais perdues. Il se tue à la tâche malgré l'incompréhension de tous et se brûle avec ravissement à ces soleils d'un autre temps. Cent mille fois plus éclatants que celui qui passe par sa lucarne qu'il ne prend plus la peine de barricader par les hivers sans feu. En quelques années « le bel éphèbe aux mille boucles noires » est devenu un vieil homme chauve, lassé des représentations terrestres, mais dont l'œil s'est ouvert pour toujours sur l'infini.

A la mort, en 1824, de celle qui avait l'étrange faculté de tout voir à travers tout sans jamais sortir de sa prison, il se remit à errer. Accoutré comme un pénitent et portant un énorme rosaire, définitivement dépris du rêve romantique qui l'a rendu immortel. Uniquement occupé à scruter les réalités que la visionnaire avait dévoilées pour lui dans son miroir surnaturel...

RÉPONSES À L'INCRÉDULE

— *C'est une bien belle histoire... La stigmatisation par contre est vraiment un phénomène trouble, s'il en fut...*

— Mais parfaitement étudié ! Tout d'abord la stigmatisation ne commence pas avec le christianisme. Épiménide de Cnossos, un saint ermite du IIIe siècle av. J.-C., dont les « miracles » étaient célèbres dans tout le monde antique, portait des stigmates, localisés, bien sûr, ailleurs que les plaies christiques.

— *Quand apparaissent les premiers stigmatisés chrétiens ?*

— Aux XIIe et XIIIe siècles. Le plus grand stigmatisé du Moyen Age, et peut-être de tous les temps, est saint François d'Assise dont les stigmates étaient tout à fait extraordinaires : sur les blessures on pouvait distinguer très nettement des têtes de clous formées par des excroissances de chair. De telle sorte que si on pressait d'un côté, la tête du « clou » faisait saillie de l'autre.

— *Détail qui ne fait qu'ajouter à l'ambiguïté du phénomène.*

— Phénomène qui fait partie de la sensibilité d'une époque, mais dont l'authenticité ne peut être mise en doute...

— *Pourquoi ?*

— Parce que l'Église a horreur de ce genre de manifestations et qu'elle s'efforce dans tous les cas de prouver qu'elles sont mensongères ou dues à des causes naturelles, le plus souvent pathologiques.

— *Qu'est-ce qui prouve qu'elles ne sont pas* toujours *pathologiques ?*

— La vie même de ceux qui en sont atteints. Dans le cas de saint François, les stigmates ne font qu'ajouter un élément singulier à l'histoire d'une personnalité hors du commun qui a profondément influencé son temps. Non seulement il est le fondateur d'un très grand ordre religieux, dont la règle et l'esprit ont suscité toute une kyrielle de mystiques et de penseurs éminents, mais c'est aussi un héros de l'esprit et un très grand artiste, auteur du *Cantique des créatures,* première œuvre importante de la littérature italienne. On pourrait dire la même chose de Catherine de Sienne, premier diplomate de son époque et très grand poète du *Dialogue de la divine Providence...* Anne-Catherine Emmerich entre tout à fait dans la catégorie des « vrais » stigmatisés. Non seulement pour la chrétienté mais aussi pour toute l'humanité dont elle a enrichi le patrimoine spirituel, alors que les « faux » stigmatisés sont incapables d'échapper aux contraintes physiologiques de leur maladie pour s'élever à une forme de vie supérieure...

— *On a donc observé scientifiquement la stigmatisation...*

— Effectivement. Le cas le mieux étudié, à ce jour, est celui de la Belge Louise Lateau, à la fin du siècle dernier. Entre 1860 et 1870, tout ce que l'Europe compte de grands professeurs de pathologie, d'anatomie et de dermatologie défile au chevet de cette petite gardeuse de vaches, stigmatisée à l'âge de vingt ans. L'Académie royale de médecine établit par la suite un énorme rapport, modèle de rigueur scientifique. Le professeur Lefèvre de la faculté de médecine de Louvain se rend le premier au village de Bois d'Hainaut, où Louise, qui est aimée de tout le monde, s'impose, entre ses extases et ses visions, les plus rebutants travaux de la ferme.

Le médecin constate que tous les jeudis, vers midi, se forme au-dessus des cicatrices rosées que la jeune fille porte aux mains et aux pieds une ampoule qui grossit assez rapidement. Le soir à minuit, l'épiderme relativement résistant des paumes et de la plante des pieds est tellement gonflé qu'il se déchire, selon une division cruciale ou triangulaire « qui rappelle la piqûre d'une sangsue », note Lefèvre, ce qui occasionne de grandes souffrances. Du derme mis à nu, le sang se met à couler. Ensuite c'est le côté qui se met à saigner, par trois points « à peine perceptibles et disposés au trépied à un centimètre l'un de l'autre ». Sur le front, le sang sourd par douze à quinze points minuscules là aussi, plaies nettement moins douloureuses que les autres, mais entraînant d'épouvantables maux de tête...

— *Des points minuscules... des coups d'épingle, peut-être ?*

— Vous me rappelez Virchow déclarant, à propos de cette histoire, qu'elle était « soit un miracle, soit une imposture ». Avec une belle logique de douteur professionnel, le créateur de la pathologie cellulaire ajoutait : « Or, le miracle n'existe pas, c'est donc une imposture ! »

— *Les médecins belges ont-ils pu du moins se faire une conviction ?*

— Oui et assez proche de celle des médecins allemands, qui, un demi-siècle auparavant, avaient examiné la sœur Emmerich. Sauf qu'ils vont bien plus loin que la simple observation. Tout d'abord ils constatent au microscope que les capillaires et les vaisseaux subissent, lors des saignements, « une amplification » considérable, qui prend l'apparence, au-dehors, d'une sorte de bourgeon de chair, très proéminent.

— *Ce qui pourrait expliquer les « clous » de saint François...*

— Peut-être. Encore qu'on insiste beaucoup, dans les *Acta Sancto-*

rum, sur l'absolue ressemblance de ces morceaux de chair avec de vrais clous de forgeron... Les médecins belges, en tout cas, ne se contentent pas de regarder. Ils traitent la malheureuse Louise comme un animal de laboratoire, excisant les plaies et les aspergeant d'ammoniaque liquide, pour voir si les stigmates ne sont pas frauduleusement provoqués par des substances irritantes !

Pour finir on enferme le bras de la malheureuse dans un manchon qui se termine par un globe de cristal, on ligature le tout et on va jusqu'à coudre ses vêtements à cet appareil de torture, qu'on scelle avec des cachets de cire. Bien entendu les plaies se remettent à saigner comme auparavant.

Interrogé, le grand Pierre Janet lui-même se contente de dire que les plaies proviennent certainement d'une irritation des paumes par un ongle du médius... un peu long !

— Janet arrive aussi à provoquer des ecchymoses, des brûlures et même des hémorragies par la suggestion de certains malades placés sous hypnose...

— C'est vrai. Et il est non moins vrai que la plupart des stigmatisés s'autosuggestionnent, consciemment ou non. Mais d'une part, si l'on peut facilement observer le résultat, on ignore encore presque tout du processus physiologique qui sous-tend le phénomène, et d'autre part des forces qui arrivent à le déclencher. En somme on voit très bien les conséquences, presque pas du tout les causes.

— On a quand même une petite idée...

— On croit savoir en effet que presque tous ces phénomènes pourraient trouver leur explication naturelle : les mystiques ne font qu'utiliser, au terme d'une ascèse plus ou moins longue et intense, les ressources de la physiologie humaine, dont l'ordre ultime nous est pour l'instant caché. On sait ainsi que les prodigieuses « hyperthermies » du padre Pio (au cours de ses extases, la chaleur qui émanait de son corps faisait éclater les thermomètres et brûlait littéralement les témoins) sont en relation avec une stimulation anormale de l'hypothalamus. L'inédie, cette extraordinaire faculté des mystiques de pouvoir se passer de nourriture (sainte Lidwine pendant 28 ans, Thérèse Neumann pendant 36 ans) pourrait sans doute s'expliquer en partie par le contrôle qu'ils acquièrent du « nucléus ventromédial », du centre de satiété, situé lui aussi dans l'hypothalamus... Quant à la possibilité de survivre sans nourriture, elle s'expliquerait, pour des chercheurs comme le Français Costa de Beauregard, par des métabolismes particuliers. Pour survivre, le corps a besoin de nourriture et d'air. Costa de Beauregard pense que les mystiques pourraient user d'un processus comparable à celui qui est à l'œuvre dans les métabolismes nucléaires, réalisant des transmutations d'éléments chimiques qui leur permettraient de se nourrir d'air et d'amour... divin !

— *Au hasard de l'ascèse, les mystiques auraient donc découvert la fameuse* fusion *de l'air et de l'eau, qui donnera à l'humanité des années 2030 des sources d'énergie illimitées et gratuites...*

— ... Énergie qui expliquerait également tout ou partie de leurs autres pouvoirs, la lévitation, la bilocation, la voyance, l'absence de décomposition après la mort et même ces autres prouesses, les élongations, qui permettaient à sainte Stefana Quinzani de mimer la crucifixion en étirant son corps, visage compris, du double de sa taille normale, ou à sainte Marie-Madeleine de Pazzi, de se déplacer, au cours de ses « extases agiles », à une vitesse incroyable, de sauter, comme ce 3 mai 1592 sur une corniche de son église à 15 mètres du sol pour y embrasser un crucifix...

— *Mais quel sens faut-il donc donner à des comportements aussi étranges ?*

— Il est vrai que le « prodigieux saugrenu » abonde dans la vie de certains mystiques. Il est vrai que de tels comportements peuvent paraître choquants et insensés. Mais à la différence de certains malades, les hystériques notamment, ils ne sont chez les mystiques, chrétiens ou autres, qu'une simple confirmation accessoire, latérale, de l'action divine. Qui ne les empêche nullement, par ailleurs, de vivre, d'agir, de créer dans la plus stricte rationalité et le respect de l'orthodoxie et des grandes vérités de l'Église. Généralement servis par une volonté exceptionnelle, qui les fait parvenir sans encombre sur cette « voie du cœur » à des hauteurs où l'affranchissement à l'égard de la matière, mais aussi du temps et de l'espace, est total.

Prodiges qui ne seraient plus alors que les scories de cet amour divin qui, lorsqu'il éclate dans le cœur, comme dit Joseph de Copertino, le moine volant, est « comme quand la poudre, s'enflammant dans l'arquebuse, éclate avec grand bruit »...

— *La vie moderne, le matérialisme de notre époque, est fatal aux médiums comme aux mystiques, paraît-il... Qu'en est-il de la stigmatisation aujourd'hui ?*

— Celle qui fut peut-être la plus grande stigmatisée de toute la chrétienté est morte assez récemment, en 1962. Thérèse Neumann, née en 1898 à Konnersreuth en Bavière, avait en effet tous les charismes. Pendant quarante ans elle opère sur elle-même et sur les autres les guérisons les plus fabuleuses et pendant tout ce temps n'absorbe pas la moindre goutte de liquide. L'hostie consacrée — si elle ne l'est pas, elle le sent et la refuse — constitue, du 30 septembre 1927 à sa mort, sa seule nourriture solide. Quand on tarde à la lui présenter, elle parvient à la matérialiser sur sa langue, prodige qui a été filmé. A l'instar des chamans, elle peut prendre sur elle, comme la sœur Emmerich, les maladies des autres, et, cas absolument unique, ses stigmates sont la réplique de toutes les blessures infligées au Christ, y compris celles de la flagellation et du port de la croix. C'est enfin une voyante et une visionnaire exceptionnelle, douée de glossolalie, c'est-à-dire qu'elle peut parler des langues qu'elle n'a jamais apprises : au cours d'une extase, elle rapporte les dernières paroles du Christ, en araméen local, et décrit la Vierge de Lourdes, en patois pyrénéen...

— *Le chapitre de la stigmatisation s'est donc refermé en 1962 ?...*

— Nullement. La stigmatisation est de tous les temps et de toutes les cultures. En 1981, les Français ont découvert une très grande stigmatisée, Marthe Robin, qui depuis 53 ans souffrait chaque vendredi la Passion du Christ. Elle ne se nourrissait plus depuis 1928 et quand elle est morte, en février de cette même année, cinq prélats, deux cents prêtres venus du monde entier et dix mille fidèles se pressaient autour de la chapelle qu'elle avait fait édifier à Châteauneuf dans la Drôme.

De son vivant déjà, celle qui a fondé plus de cinquante communautés charitables à travers le monde était visitée par des pouvoirs extraordinaires et par des milliers de pèlerins, venus « pour se contaminer aux entreprises de l'Esprit », comme dit le père Bruckberger, qui a très bien connu Marthe Robin. Esprits qui se détournent aujourd'hui comme hier des biens et pouvoirs de ce monde, pour conquérir des trésors qui sont au-delà du monde...

SOURCES

Jeanne DANEMARIE, *Le Mystère des stigmatisés,* Éd. Grasset.
Anna-Catherine EMMERICH, *Jésus parmi les siens,* Éd. Téqui.
Aimé MICHEL, *Le Mysticisme,* Éd. C.A.L.

Les six roses en argent

GUY BRETON

LE 22 NOVEMBRE 1871, LE DOCTEUR HARRY DAVIDSON ET son épouse recevaient des amis dans leur somptueuse maison de la Nouvelle-Orléans. Il y avait là, entre autres, une jeune femme très entourée que les invités harcelaient d'étranges questions. On entendait :

— Avez-vous rêvé de moi, Mrs Thilton ? Dites-moi la vérité. N'étais-je pas dans un incendie ou un tremblement de terre ? J'ai si peur !

Ou bien :

— Ne m'auriez-vous pas vu, chère amie, dans le train de Patterson, en compagnie d'une dame blonde ?

Ou encore :

— Et moi, n'étais-je pas avec Cary sur un bateau qui remontait le Mississippi ? C'est très important.

Et Mrs Thilton, qui avait la réputation de faire des rêves prémonitoires, répondait à tous avec un sourire aimable.

— Non, rassurez-vous, disait-elle, pas d'incendie, pas de tremblement de terre pour vous, Madame. Quant à vous, Monsieur, hélas, je ne vous ai pas vu dans le train de Patterson en galante compagnie. Rien non plus pour vous, chère amie, sur le Mississippi... En revanche, je vous ai vue tomber dans un escalier. Faites attention !... Vous, Jimmy, je vous ai vu, il y a deux nuits, en train de pêcher sur le lac... Tout à coup, votre barque a chaviré et vous avez coulé ; mais un grand garçon roux qui était avec vous est venu vous sauver in extremis. Si vous allez pêcher, un bon conseil : emmenez un ami !

— Ce garçon roux est mon cousin, dit le jeune homme. Je vais à la pêche sur le lac, dimanche. Il m'accompagnera...

— Alors, il vous sauvera la vie, dit simplement Mrs Thilton.

A ce moment, le maître de maison s'approcha du groupe.

— En tout cas, dit-il en riant, moi, je vous défends de faire des rêves à mon sujet.

— Trop tard, cher docteur ! Hier soir, j'ai fait un rêve qui vous touche de près...

On pria la jeune femme de donner des détails.

— Eh bien, j'ai rêvé que le docteur Davidson m'ayant très gentiment invitée, je venais passer la journée ici.

Le médecin éclata de rire.

— Permettez-moi de vous dire, chère amie, que ce rêve n'a rien que de très naturel, puisque vous saviez que vous alliez venir aujourd'hui.

— Cela ne se passait pas aujourd'hui, mais dans six semaines exactement.

— Eh bien, voilà un rêve qui se réalisera facilement, dit le docteur Davidson. Car je vous prie, chère Madame, de venir passer la journée ici dans six semaines... Ainsi que vous tous, mes amis, bien entendu. Quel jour serons-nous ?

Un invité consulta son agenda :

— Le mercredi 3 janvier 1872.

— Parfait, dit le médecin en riant, voilà comment on fait d'un simple rêve, un rêve dont tout le monde pourra dire qu'il a été prémonitoire...

— Attendez, ajouta Mrs Thilton, ce n'est pas tout. J'ai rêvé qu'en arrivant ici, je trouvais la maison vide. Après vous avoir cherché en vain, j'ai fini par apercevoir un grand cercueil métallique placé au milieu du second salon. Le couvercle était fermé, mais je *savais* que vous étiez dedans...

Un grand silence s'était fait tout à coup et personne ne souriait plus. Seul, le docteur Davidson continuait à plaisanter :

— Vous avez vraiment des rêves très intéressants ! dit-il.

Puis il se tourna vers sa femme :

— En tout cas, chérie, je ne veux pas de cercueil métallique. J'ai horreur de cela ! Promettez-moi de me donner un cercueil en palissandre !...

Mrs Davidson ne semblait pas avoir le cœur à rire. Pourtant elle s'efforça de prendre un ton léger pour répondre à son mari.

— Si je suis encore de ce monde au moment de votre mort, dit-elle, je suivrai vos volontés...

— Que se passait-il encore dans votre rêve ? demanda le médecin.

— Rien, mais je me souviens d'un détail. Dans le salon, il n'y avait qu'une seule personne, vous, Miss Sarah Dawson, dit-elle en désignant une jeune fille. Vous vous trouviez à côté du cercueil, immobile. Alors, je me suis approchée et j'ai constaté qu'il y avait six roses en argent sur chacun des bords du couvercle.

Le docteur Davidson éclata de rire de nouveau.

— Curieux ornements pour un cercueil ! dit-il.

— Je me souviens que cela m'a fort impressionnée dans mon rêve, ajouta Mrs Thilton. Et je me vois montrant ces roses avec étonnement à Miss Sarah Dawson...

— Allons, dit brusquement le docteur Davidson, assez de propos sinistres. Nous allons passer à table et oublier les cauchemars de notre chère Mrs Thilton. Néanmoins, je maintiens, bien entendu, mon invitation. Vous êtes tous conviés ici dans six semaines ; mais, n'ayez crainte, je n'aurai pas le mauvais goût de faire installer un cercueil dans le salon...

Et tout le monde se dirigea vers la salle à manger où, durant le dîner, le malaise causé par le récit de Mrs Thilton se dissipa peu à peu. Au dessert, le maître de maison réussit même à faire pleurer de rire tous les convives avec des histoires de carabin.

A minuit, on se sépara en se donnant joyeusement rendez-vous pour le mercredi 3 janvier et, pendant six semaines, le docteur Davidson ne cessa de faire des plaisanteries au sujet du rêve de Mrs Thilton.

Or, le 2 janvier au soir, il fut appelé d'urgence à la gare maritime où un employé des chemins de fer avait été blessé.

Il s'y rendit aussitôt, abandonna son cocher et son fiacre près des docks, traversa les voies en courant et fut écrasé par une locomotive...

Lorsqu'elle apprit la nouvelle, Mrs Davidson tomba dans un tel état de prostration qu'un médecin la fit transporter dans une clinique. Là, elle chargea un cousin, Jimmy Crane, de s'occuper de l'organisation des obsèques. Le lendemain matin, de bonne heure, ce qui restait du corps fut mis en bière et, pour que personne ne pût voir le visage affreusement mutilé, le couvercle fut refermé immédiatement. Après quoi, Jimmy Crane demanda à Miss Sarah Dawson, amie de la famille, d'assurer la veillée funèbre.

La jeune fille vint immédiatement et prit place à côté du cercueil. Jimmy Crane et tous les domestiques s'en allèrent alors en ville porter des cartes de faire-part aux amis du médecin. Vers dix heures, on sonna à la porte. C'était Mrs Thilton que personne n'avait encore informée de la mort du docteur Davidson et qui venait pour répondre à l'invitation lancée six semaines plus tôt.

Miss Sarah Dawson, pensant que la cuisinière était là, ne se dérangea pas. Mrs Thilton sonna de nouveau. Finalement, comme la porte était entrouverte, elle entra et fut très étonnée de trouver la maison vide et silencieuse. Elle traversa le hall, pénétra dans le grand salon et parvint au petit salon. Là, elle s'arrêta, figée, sur le pas de la porte en voyant comme dans son rêve *Miss Sarah Dawson à côté d'un cercueil métallique.* Une seconde, elle pensa à une atroce plaisanterie organisée par le docteur Davidson. Mais le visage bouleversé de Miss Sarah Dawson suffit à la persuader qu'il ne s'agissait pas d'une mise en scène.

Elle s'approcha et la jeune fille lui murmura :

— Il est mort hier soir, écrasé par un train.

Mrs Thilton jeta alors un coup d'œil sur le cercueil et blêmit en constatant qu'*il était orné, sur les deux bords du couvercle, de six roses en argent.* Elle prit le bras de Miss Sarah Dawson :

— Regardez : les six roses en argent que j'avais vues dans mon rêve !...

Et, *comme dans le rêve,* elle les désigna à la jeune fille...

Quelques jours après les obsèques, Miss Sarah Dawson rendit visite à Mrs Davidson qui se trouvait toujours à la clinique. La jeune veuve lui dit :

— Vous souvenez-vous de ce rêve extraordinaire que nous avait raconté Mrs Thilton ? Tout s'est réalisé avec une stupéfiante exactitude. Sauf, toutefois, le cercueil... Dieu merci, malgré ma douleur, je me suis souvenue de la volonté de Harry. Il a eu son cercueil de palissandre...

La jeune fille baissa la tête :

— Je vous dois la vérité, Madame, Mr Crane a cherché en vain le cercueil en palissandre que vous aviez demandé. Or les pompes funèbres n'en avaient qu'un aux dimensions voulues, et il était en métal... Comme il fallait faire vite, nous avons dû le prendre...

— Ne me dites pas qu'en outre, ce cercueil était décoré de roses en argent, ce serait hallucinant !...

— Si, Madame. Le seul cercueil correspondant à la taille du docteur avait deux rangées de roses. Tout s'est passé comme Mrs Thilton l'avait décrit...

RÉPONSES À L'INCRÉDULE

— Encore un cercueil !... Avouez que vous n'êtes pas gai !... N'y a-t-il jamais de rêves prémonitoires concernant des événements heureux ?

— Pratiquement jamais. Et — je vous l'ai déjà dit [1] — cela constitue un des aspects troublants de ce phénomène. Le docteur Geley, qui dirigea l'Institut métapsychique international, disait : « Pourquoi, à travers le brouillard opaque qui nous voile l'avenir, les visionnaires ne voient-ils apparaître que l'image des catastrophes ? Ces événements tragiques

1. Voir *Nouvelles Histoires magiques :* « Un cercueil dans le magasin ».

émettent-ils des vibrations plus fortes que les autres qui leur permettent de traverser le temps et d'être vus par les percipients ? »

— *Revenons au rêve de votre Américaine. Comment le connaissez-vous ?*

— Par Miss Sarah Dawson qui, devenue Mrs Morgan-Dawson, en fit le récit détaillé à de nombreuses personnes, notamment à Camille Flammarion qui le rapporta dans son ouvrage *L'Inconnu et les problèmes psychiques.* Ce récit fut d'ailleurs confirmé à l'astronome par la propre fille du docteur Davidson et par Mrs Thilton elle-même.

— *Très souvent les rêves prémonitoires sont un peu « arrangés », parfois inconsciemment, par ceux qui les racontent. En connaît-on dont l'authenticité ne fait aucun doute ?*

— Je ne vous en citerai qu'un qui est rapporté par un témoin au-dessus de tout soupçon puisqu'il s'agit de Schopenhauer. Je lui laisse la parole : « Un matin, écrit-il, j'étais dans mon cabinet de travail de Francfort et je rédigeais une lettre d'affaires en anglais. Arrivé à la troisième page, je pris, au lieu du sablier, l'encrier, et je le versai sur la lettre ; l'encre coula de mon bureau sur le plancher. La servante venue à mon coup de sonnette prit un seau d'eau et se mit à nettoyer. Tout en faisant cette opération, elle me dit : “ J'ai rêvé cette nuit que j'enlevais *ici* des taches d'encre en frottant sur le plancher. ” “ Ce n'est pas vrai ! ” lui répliquai-je. “ C'est vrai, reprit-elle, et je l'ai raconté à l'autre servante qui couche avec moi. ”

« Alors arrive *par hasard* cette autre servante, âgée de dix-sept ans peut-être, pour appeler celle qui lavait. Je m'avance vers elle et lui demande : “ Qu'a-telle rêvé cette nuit ? ” Réponse : “ Je ne sais pas. ” Moi, de nouveau : “ Cependant, elle te l'a raconté à son réveil .” La jeune fille alors : “ Ah ! oui, elle avait rêvé qu'*elle enlèverait d'ici une tache d'encre sur le plancher.* ”

« Cette histoire, dont je garantis l'authenticité absolue, ajoute Schopenhauer, met hors de doute la réalité de ces sortes de rêves. Elle n'est pas moins remarquable par ce fait qu'il s'agissait d'un acte que l'on peut qualifier d'involontaire puisqu'il se produisit tout à fait contre ma volonté, résultat d'une très insignifiante méprise de ma main. Et cependant cet acte était tellement *nécessaire* et si inévitablement déterminé que son effet, plusieurs heures d'avance, *existait* à l'état de rêve dans la conscience d'un autre. C'est ici qu'apparaît de la manière la plus claire la vérité de ma proposition : “ *Tout ce qui arrive, arrive nécessairement.* ” »

— *C'est très troublant, et, malgré mon scepticisme, je suis obligé d'avouer que cela donne quelque crédit aux théories selon lesquelles le futur existe déjà.*

— En attendant que la science parvienne à démontrer la coexistence du passé, du présent et du futur, le devoir des chercheurs est d'accumuler les témoignages. En voici deux, extrêmement importants en raison de la personnalité des « témoins ». Le premier, qui concerne le fameux général Daumesnil, le héros à la jambe de bois, est rapporté par le docteur Foissac qui l'a publié en 1876. Écoutons-le : « Madame la baronne Daumesnil, écrit-il, m'a raconté qu'étant adjudant aux guides, caserné au petit Luxembourg, Pierre Daumesnil (le célèbre défenseur du château de Vincennes) avait eu la fantaisie de consulter Mlle Lenormand, qui était alors dans sa plus grande vogue. A peine la devineresse eut-elle étalé son jeu de cartes, qu'elle s'écria : " *Ah ! mon Dieu quel malheur ! Aujourd'hui même vous allez vous battre en duel et tuer un homme !* " Daumesnil, n'ayant aucune affaire d'honneur engagée, ne fit que rire de l'invraisemblance de cette prédiction ; mais Mlle Lenormand persista à soutenir qu'elle ne se trompait pas et que ce funeste événement allait s'accomplir.

« Le jeune adjudant la quitta, parfaitement incrédule, et, entendant sonner l'appel, partit pour le petit Luxembourg.

« C'était en pleine nuit. Arrivé au milieu de la rue Garancière, un officier de la ligne, qui était violemment jaloux des corps d'élite, lui barre le passage et le provoque à se battre avec lui sur l'heure.

« Le courage à toute épreuve de Daumesnil était connu. En Égypte on l'appelait *le Brave;* Napoléon disait de lui : " Quel soldat ! " Mais, songeant à la prédiction de Mlle Lenormand, il prétexte qu'il ne peut se battre aujourd'hui, que l'appel étant sonné, il faut qu'il rentre au Corps. L'officier n'accepte ni excuse ni délai. " Malheureux ! lui crie Daumesnil, si je me bats, je te tuerai ! " L'officier, l'injuriant, lui déclare qu'il ne passera pas sans se battre. Daumesnil est obligé de se défendre, de mettre l'épée à la main, *et malgré toutes les précautions, il tue son adversaire. »*

Le second « témoignage » concerne un ministre de la troisième République. Voici l'histoire. Le 21 mai 1911, M. Berteaux, ministre de la Guerre, présidait sur le terrain d'Issy-les-Moulineaux le départ de la course d'aéroplanes Paris-Madrid. Cinquième partant, l'aviateur Train décolla. A ce moment, un peloton de cuirassiers traversa la piste. L'aviateur, voulant éviter les cavaliers, vint se jeter sur la tribune officielle et s'écrasa sur M. Berteaux qui fut tué sur le coup.

Or, huit jours plus tard, un hebdomadaire de Saint-Étienne, *La Révolution sociale,* publiait la lettre suivante envoyée par un lecteur :

« L'accident survenu à Issy-les-Moulineaux m'oblige à faire les déclarations suivantes : J'étais, au quartier Latin, l'un des camarades du jeune Berteaux alors commis chez l'agent de change Lambert, tandis qu'il poursuivait ses études de droit. Un soir, au sortir de notre dîner habituel, chez Laveur, l'un de nous propose d'aller faire un tour à la fête de Neuilly. Va pour la fête à Neu-Neu !... Là, on échoue dans la baraque d'une cartomancienne qui, venant à Berteaux, lui prédit : " Tu vas devenir riche. Mais tu mourras, assez tard, comme *chef d'armée* (*sic*), *écrasé par un char volant* (*sic*). " Tel est mon témoignage. Nos études finies, Berteaux ayant épousé Mlle Lambert et bientôt succédé à son beau-père comme agent de change, inutile de dire que nous n'eûmes jamais plus l'occasion ni même le désir de nous fréquenter. Je ne l'ai jamais revu. »

Le docteur Osty de l'Institut métapsychique ayant eu connaissance de cet article, résolut de faire une enquête et s'adressa à la famille de M. Berteaux pour savoir si tout cela était vrai. La veuve du ministre fut formelle : « Dès nos fiançailles, mon mari me raconta son histoire de *char volant,* qui devait *l'écraser* alors qu'il serait *chef d'armée...* »

— *Pour des esprits rationalistes, avouez-le, tous ces phénomènes de voyance, toutes ces visions du futur paraissent invraisemblables. Croyez-vous réellement tout cela possible ?*

— Je vous répondrai ce qu'a dit un jour, à propos des phénomènes psychiques, le grand physicien William Crookes : « Je ne dis pas que cela est possible. Je dis que cela est ! »...

SOURCES

Camille FLAMMARION *L'Inconnu et les problèmes psychiques.*
Docteur FOISSAC, *La Chance et la destinée.*
Henry FORMAN, *Les Prophéties à travers les siècles.*
Jean LABADIÉ, *Peut-on dire l'avenir ?*
SCHOPENHAUER, *Mémoires sur les sciences occultes.*

Les trois rêves de l'auteur de « Quo vadis ? »

GUY BRETON

EN JUILLET 1901, LES FAMILLES EN VILLÉGIATURE A BIARRITZ pouvaient voir, chaque jour vers midi, un élégant quinquagénaire promener, au milieu des cabines de baigneurs, un regard profond, une barbiche soignée et une mélancolie venue de toute évidence du nord de l'Europe.

Les dames et les demoiselles, sous leurs ombrelles, le considéraient avec une curiosité insistante. Non qu'elles eussent à son endroit quelque idée déshonnête ou matrimoniale ; mais parce que le personnage les fascinait. N'avaient-elles point là, devant les yeux, à portée de la main même, le célèbre romancier polonais Henryk Sienkiewicz, auteur de *Quo vadis ?*, roman traduit en vingt-deux langues et dont l'adaptation française, sortie en librairie un an plus tôt, en juin 1900, atteignait déjà le tirage de cent mille exemplaires, chiffre extraordinaire pour l'époque ?

Le prestige dont jouissait l'écrivain était si grand qu'aucune de ses ferventes admiratrices n'aurait eu l'audace de lui adresser la parole, même pour lui bredouiller le plus insipide compliment.

Or ce que les Françaises, à leur grand regret, n'avaient pas le courage de faire, une Anglaise l'osa. C'était une charmante jeune fille blonde aux yeux myosotis. Un soir, dans le hall de l'hôtel où il était descendu, elle l'aborda et lui dit qu'elle avait lu *Quo vadis ?* et en avait été bouleversée.

Sienkiewicz, ravi et un peu troublé, l'invita à boire une

tasse de thé. Ils se revirent le lendemain, puis tous les jours suivants et prirent l'habitude de se promener ensemble.

Un matin, le romancier dit à la jeune Miss :

— Je n'ai pas l'habitude d'attacher de l'importance aux songes, mais j'ai fait cette nuit un rêve étrange qui me laisse une impression de malaise dont je ne peux me débarrasser… Je me trouvais dans une rue où il y avait un corbillard derrière lequel se tenait un jeune homme blond aux yeux très clairs, vêtu d'un costume bleu à boutons de métal. Je le revois très distinctement…

— Vous parlait-il ?

— Non. Il me souriait en me regardant fixement et m'invitait d'un geste à monter dans cette voiture des morts… Je me suis réveillé très oppressé…

La jeune Anglaise s'intéressait aux sciences métaphysiques. Il lui arrivait même, lorsqu'elle était à Londres, d'aller écouter les conférences faites par des membres de la Society for Psychical Research. Elle conseilla au romancier de noter son rêve sans en omettre le moindre détail.

— Peut-être, dit-elle, a-t-il une signification que vous découvrirez un jour…

Docilement, Sienkiewicz suivit le conseil de son amie.

Le lendemain matin, lorsqu'ils se retrouvèrent sur la plage, la jeune Miss remarqua que l'écrivain paraissait préoccupé. Elle le questionna.

— Vous n'allez pas me croire, dit-il, mais j'ai fait cette nuit le même rêve qu'hier. Le jeune homme que je vous ai décrit, vêtu de façon identique, m'invitait en souriant à monter dans un corbillard. Je reculais, mais il avançait vers moi et tendait la main pour m'agripper… C'était horrible ! Je me suis réveillé en sueur. Croyez-vous que cela annonce que je cours un danger ?

La jeune fille le rassura, disant qu'il était bien difficile de savoir quand on avait affaire à un rêve prémonitoire et que les spécialistes eux-mêmes étaient incapables de se prononcer. Puis ils parlèrent d'autre chose.

Mais le lendemain matin, lorsque la petite Anglaise sortit de son hôtel, elle trouva Sienkiewicz encore plus déprimé que la veille.

— Que vous arrive-t-il ? Ne me dites pas que vous avez encore fait le même rêve ?

— Si ! Exactement le même ! C'est épouvantable et ce corbillard me hante. Je sais que je vais y penser toute la journée, comme hier et comme avant-hier.

La petite Anglaise lui prit le bras.

— Aujourd'hui, je ne vous quitte pas. Ce matin, nous allons nous promener, à midi, vous m'inviterez à déjeuner, cet après-midi, nous irons marcher sur la plage des Basques, et ce soir, nous dînerons ensemble...

A minuit, lorsqu'ils se quittèrent, Sienkiewicz souriait :

— Merci ! Grâce à vous, je crois que je vais passer une nuit sans cauchemar...

Le lendemain, à huit heures, la jeune fille était devant la porte de l'hôtel du romancier, un peu anxieuse.

— Alors ?

— Fini ! J'ai rêvé de vous !...

Sienkiewicz resta encore quelque temps à Biarritz sans que son étrange rêve revînt le tourmenter. Puis un soir, il fit de tendres adieux à la petite Anglaise et prit le train pour Paris où l'on préparait une adaptation théâtrale de *Quo vadis ?*

Là, il s'installa dans un hôtel de la rue de Rivoli. Vers midi, il voulut aller déjeuner, quitta sa chambre et se dirigea vers l'ascenseur. La cabine était justement à l'étage et le liftier tenait la grille ouverte. Sienkiewicz s'arrêta, horrifié, car le garçon, un adolescent blond aux yeux clairs qui le regardait fixement en l'invitant à entrer dans l'ascenseur *était le personnage qu'il avait vu en rêve.* Même costume bleu, mêmes boutons de métal, même sourire étrange, même geste de la main...

Epouvanté, l'écrivain fit demi-tour et se précipita vers l'escalier qu'il descendit en courant. Arrivé au rez-de-chaussée, il entra dans la salle de lecture et se laissa choir dans un fauteuil.

A peine s'y trouvait-il qu'il entendit un fracas si épouvantable qu'il perdit connaissance. Quand il revint à lui, des gens couraient dans le hall et un employé lui apprit que l'ascenseur venait de s'écraser sur le sol.

Il se leva, se fraya un passage dans la foule et vit des corps étendus sur le tapis. Au milieu d'eux, il reconnut tout de suite celui du liftier blond au costume bleu orné de boutons de métal...

RÉPONSES A L'INCRÉDULE

— *Comment connaît-on cette histoire ?*

— Par Henryk Sienkiewicz lui-même qui l'a écrite sans en omettre un détail, et par Anton Niederleier qui l'a publiée dans ses *Souvenirs*.

— *Peut-on expliquer ce genre de rêve prémonitoire ?*

— Il ne s'agit pas ici d'un rêve prémonitoire, mais de ce qu'on pourrait appeler un « rêve avertissement ». Dans un rêve purement prémonitoire, Sienkiewicz aurait vu l'ascenseur s'écraser sur le sol et des cadavres dans le hall de l'hôtel. Ici, rien de semblable. Il voit seulement ce qui symbolise la mort : le corbillard. Mais en revanche, le jeune homme blond, avec son costume aux détails caractéristiques, est d'une précision photographique afin d'être reconnu dans la réalité. Car son rôle est d'alarmer le sujet pour empêcher celui-ci d'être victime d'un accident mortel. Et pour que Sienkiewicz n'oublie ni son visage ni son aspect, le rêve revient trois fois !

— *Envoyé par qui ?*

— C'est toute la question. Selon certains, comme Myers, c'est notre esprit lui-même qui, voyageant dans le temps pendant notre sommeil, transformerait en symboles des visions du futur.

— *Nos rêves nous entraîneraient hors de notre temps et hors de notre monde ?*

— Deux spécialistes, Steven et Monfang, répondent à votre question : « Nos rêves, disent-ils, explorent pratiquement toutes les nuits des dimensions de l'univers où la science élaborée par la pensée vigile n'a pas encore atteint... Au-delà du rêve lui-même commence un nouveau monde de la pensée tellement hors de notre expérience usuelle que ceux-là à qui il est familier ne trouvent aucun mot pour nous le décrire... »

— *Mais comment notre esprit transforme-t-il des événements en symboles ?*

— On l'ignore totalement.

— *Et ces symboles, sait-on toujours les traduire ?*

— Non, car les chercheurs sérieux ont abandonné aujourd'hui le symbolisme puéril et délirant de Freud où, souvenez-vous, un parapluie était considéré comme un symbole phallique « à cause de ses possibilités de développement », et une gare un symbole sexuel, sous prétexte « que les trains y entrent et en sortent »...

— *Alors ?*

— Il faut être patient. Actuellement, en France aussi bien qu'en Angleterre, qu'en Allemagne, qu'aux Etats-Unis ou qu'en U.R.S.S., des biologistes se penchent sur notre cerveau pour tenter de découvrir les secrets de notre activité onirique, de décoder les symboles qui peuplent nos songes et de savoir dans quelle mesure nous pourrons cesser d'être de simples spectateurs... Car peut-être un jour saurons-nous diriger nos rêves vers un point précis du futur pour connaître notre avenir...

SOURCES

HERVEY DE SAINT-DENYS, *Les Rêves et les moyens de les diriger, Éd.* Tchou.

Aimé MICHEL, « Naissance de la science des rêves », in *Le Mystère des rêves,* Éd. Planète.

Anton NIEDERMEIER, *Souvenirs.*

STEVEN et MONFANG, « Le dossier fantastique du rêve », in *Le Mystère des rêves,* Éd. Planète.

2

Des fantômes parmi nous

Quand des soldats tués à la guerre portent témoignage sur l'au-delà

GUY BRETON

CAMILLE FLAMMARION, QUI A ENQUÊTÉ AUPRÈS DE MILLIERS de personnes sur les phénomènes *post mortem,* écrivait : « Les guerres sont des champs d'expérience, hélas privilégiés, pour ceux qui se penchent sur les problèmes de l'immédiate après-vie. Au cours de ces massacres, en effet, la plupart des gens qui sont tués — civils ou militaires — entrent dans la mort de façon brutale et sans y être préparés. Aussi les messages que l'on a pu obtenir de ces défunts soit par l'écriture automatique, soit par les tables, font-ils généralement état du profond étonnement que ceux-ci éprouvent en comprenant qu'ils sont morts. Le passage est si subit que certains " sujets " croient fermement qu'ils continuent à vivre. Il y a donc là pour le chercheur un terrain d'étude tout à fait exceptionnel. »

De son côté, Maurice Maeterlinck écrivait : « Les victimes de mort violente (due à un accident ou à une guerre) qui se trouvent projetées brusquement de la vie dans l'au-delà où elles ont quelque peine à s'habituer à leur nouvel état, semblent, d'après des témoignages dignes de foi, plus disposées et plus aptes que d'autres à entrer en communication avec les vivants. Des liens les unissent encore à ce côté-ci du réel, ce qui paraît faciliter le dialogue. »

Pendant la Seconde Guerre mondiale, de nombreux centres spirites entrèrent en contact avec des soldats morts au combat. Le plus important fut celui qu'avait créé jadis le colonel Gascoigne. Cet officier britannique, héros de la bataille de Khartoum et ancien compagnon de Cecil Rhodes durant les premières années de la Rhodésie, était passionné de spiritisme. Il avait étudié tout ce qui touchait aux relations entre morts et vivants dans les civilisations anciennes, possédait sur ces sujets une bibliothèque d'une extraordinaire richesse et était l'inventeur d'un moyen de communiquer avec les défunts.

Après sa mort, sa veuve et sa fille, utilisant la méthode qu'il leur avait enseignée, dialoguèrent régulièrement avec lui. Vint 1940. Lorsque Hitler commença à attaquer l'Angleterre, les deux femmes reçurent du colonel des messages les incitant à « appeler » des soldats tués par l'ennemi et à les interroger. Elles obéirent. Les réponses qu'elles obtinrent alors — et pendant cinq ans — furent stupéfiantes. En voici quelques-unes [1] :

Message d'un marin

« J'étais sur un pétrolier. Lorsque notre bateau fut coulé, nous nous sommes tous noyés très vite. Je n'ai pas souffert, mais j'ai été extrêmement surpris de me trouver en possession d'une force merveilleuse qui me permit de repousser toutes sortes d'épaves. J'ai avancé ainsi parmi les débris et au bout d'un moment, je me suis rendu compte que nous étions en eau profonde. Tout était immobile comme dans un rêve. Je me souviens de la grande facilité avec laquelle nous bougions et respirions (si tant est que nous respirions, car, en y repensant, je crois que c'était un autre type de respiration). De toute façon, je me suis libéré, tout comme quelques-uns de mes amis, et nous nous sommes éloignés, sans savoir très bien ce que nous faisions. Puis nous avons découvert qu'il y avait un inconnu parmi nous. Ses vêtements étaient tout à fait secs et il marchait comme si l'eau qui nous entourait n'existait pas. Peu après avoir observé ce phénomène, je le lui fis remarquer.

« Tout cela était si étrange. Après avoir marché droit devant nous pendant un temps infini, je vis que nous nous

1. Avant de livrer ces textes au lecteur, je tiens à préciser que Mme Gascoigne et sa fille étaient fort honorablement connues dans la haute société londonienne et qu'elles appartenaient à un milieu sérieux où l'idée même d'une supercherie était impensable...

dirigions vers ce qui me semblait être un lever de soleil ; je n'en avais jamais vu de plus beau. Je regardai en arrière, dans la direction d'où nous étions venus, quand l'inconnu mit sa main sur mon épaule et dit : “ Pas encore, vous devez continuer jusqu'à la Vallée de l'Ombre de la Mort. Là seulement, vous pourrez vous en retourner, si vous le désirez. ” A quoi je répondis : “ Oh, ça m'est bien égal ”, et continuai mon chemin, un peu ahuri, jusqu'à ce que nous arrivions à une sorte de jardin. Je dis une sorte, car il n'était ni fermé ni bien délimité. A flanc de colline, il était rempli de fleurs, de fleurs merveilleuses. Avant même d'avoir gagné cet endroit, j'avais réalisé que nous ne nous déplacions plus dans l'eau. J'étais fatigué, je tombais de sommeil et mes pieds refusaient de me porter. L'inconnu nous proposa de nous reposer. Je m'assis par terre sur l'herbe et m'endormis immédiatement.

« Vous ne pouvez imaginer ma surprise lorsque, au réveil, je me retrouvai dans un endroit inconnu. Tout d'abord, je ne pus me souvenir comment j'étais arrivé là ; mais, petit à petit, tout me revint en mémoire. Avec l'aide des camarades qui étaient encore près de moi, je pus reconstituer toute l'histoire. Pendant tout ce temps, l'inconnu était resté avec nous écoutant sans mot dire. Finalement, je lui demandai d'où il venait, et pourquoi il nous avait amenés ici. Il répondit : “ Oh, je suis un simple marin, comme vous, mais ayant accosté depuis quelque temps maintenant, j'ai pensé que je pouvais vous aider. ”

« Il nous fallut un certain temps pour admettre que nous étions “ morts ” ; mais tout était si différent de ce à quoi je m'attendais que je ne pouvais y croire.

« C'est magnifique, vraiment magnifique. Si ma mère savait ! Cette “ terre ” est bien meilleure que celle que nous avons quittée, et tout va bien. J'aimerais qu'elle puisse la voir. Papa est venu me rejoindre peu après cette prise de conscience ; et nous avons passé de merveilleux moments ensemble. L'appeler Papa me fait drôle car il est plus jeune que moi maintenant ; il en a tout l'air en tout cas. Nous allons bientôt travailler ensemble, mais je ne suis pas pressé. »

Message d'un Néo-Zélandais

« Vous ne connaissez pas ma famille, elle est loin et ne pourrait jamais comprendre. J'appartiens aux troupes coloniales et mon nom est Simson. Je suis venu de la Nouvelle-Zélande. Je compte parmi les pertes subies en Grèce. Je devrais rentrer chez moi maintenant, mais je ne peux pas abandonner mes camarades. Je pourrais y aller aussi vite que la pensée elle-même, et revenir tout aussi rapidement, mais le temps n'importe plus maintenant. Et si je laisse se défaire le contact que j'ai avec nos gars, il va être difficile à retrouver. J'ai l'impression que nous pouvons faire quelque chose ici et maintenant, et si cette impression est juste, il faut continuer la lutte.

« Qui est " vivant ", qui est " mort " ? Je ne m'en rends pas très bien compte. Tous se ressemblent tant. Sauf que les " morts " sont bien plus énergiques et ne se fatiguent pas. Mes parents ne comprendraient pas combien je me sens plus vivant maintenant. Ce n'est donc pas la peine d'essayer de le leur dire.

« Je poursuis le même travail, sous les ordres du même officier, et avec beaucoup de mes anciens camarades ; nous travaillons pour les autres, surtout lorsqu'ils dorment. Il nous arrive de mener des raids contre des régiments ennemis " morts ", en utilisant les armes de la pensée ! C'est un jeu fantastique. Nous pouvons presque tout faire maintenant. Ce qui est le plus extraordinaire, c'est que nous sommes tous heureux. Sur terre, je n'étais pas particulièrement doué pour le bonheur. Plus que les autres, j'étais soucieux, tourmenté et enclin à l'ennui. Ici, en revanche, il règne une atmosphère d'insouciance, et on n'a plus le temps de s'ennuyer. Avoir quitté mon corps ne peut donc faire naître chez moi aucune nostalgie. Je reste ici tout simplement. Nos gars, tous nos gars sont heureux, eux aussi. Et les autres connaissent tant de difficultés que c'est notre devoir de les soutenir.

« *Question :* Peut-on vous aider ? Avez-vous besoin de notre aide ?

« Oui, nous en avons besoin. Ça m'aide considérablement, ça me donne plus d'énergie pour me rapprocher de mes camarades. Ce serait encore mieux si vous pouviez aussi parler aux autres. Vous nous donnez confiance en nous. Il nous est le plus souvent impossible de voir le résultat de notre travail. Maintenant je peux voir et sentir vos réactions, et, tout comme pour vous, je suppose, cela rend le travail tangible. C'est un résultat. Je crois que c'est tout pour le moment. Bonne nuit. »

Message d'un Norvégien

« Merci. Vous parler me fait tout drôle, mais c'est assez facile. Je ne suis pas anglais, même pas britannique. Je suis norvégien. J'ai habité l'Angleterre pendant des années, et je pratique votre langue aussi bien que la mienne.

« J'ai été descendu par les Allemands à Trondhjem. J'étais commerçant ; ils ont tiré. Je n'aime pas les Allemands. Je ne pourrai jamais les aimer ; et je suis maintenu ici par ma haine. Je n'arrive pas à m'en débarrasser. Leurs actes d'une cruauté gratuite me mettent encore tellement en colère quand j'y pense. Je suis miné par cette fureur, je ne peux m'en libérer. Je vous supplie de m'aider ; votre Père m'a mené à vous pour que je me rapproche de lui. Il me dit qu'il faut pardonner aux nazis, qu'ils ne savent pas ce qu'ils font, qu'ils sont comme des somnambules ; et que tant que je ne leur pardonne pas, je ne peux pas me libérer et sortir de cette couche inférieure, si proche de la terre.

« Ici tout ce qui vous arrive, vous le ressentez plus fortement, et nous exécrons de plus en plus la race allemande. Lorsqu'ils nous rejoignent dans le corps astral, ils nous semblent être de pires ennemis que pendant notre vie terrestre. C'est affreux, cette colère dont nous ne pouvons pas nous défaire. Donnez-moi la tranquillité et permettez-moi de dormir. Je veux dormir et oublier. Cela me permettrait d'avoir un jugement plus équitable et d'arriver à leur pardonner.

« Je comprends pourquoi le Christ a vite accordé son pardon à tout le monde avant de quitter la terre. Je vois pourquoi et combien cela est nécessaire, et avec l'aide de votre Père et de ce contact avec vous, je pourrais m'échapper. »

Message d'un Écossais fait prisonnier en Crète

« C'est vrai, j'étais en Crète. Je suis originaire de la haute Écosse. J'étais dans la marine et je suis resté en Crète avec d'autres qui ne pouvaient pas être embarqués. J'ai vu les navires partir et j'ai compris qu'il était inutile pour nous d'espérer échapper. Ç'a été un des pires moments. J'ai été touché à l'épaule, et je n'ai rien pu faire d'autre que de me laisser faire prisonnier. On m'a mis sur une civière, et on m'a conduit à l'hôpital. Tout ce qu'ils ont fait pour moi, c'est me donner un lit. Ma plaie s'est infectée et est devenue très douloureuse. J'imagine que je me suis mis à délirer. Ils m'ont posé des questions, mais je ne pense pas qu'ils aient fait quoi que ce soit pour moi ; peut-être ne pouvaient-ils rien faire. Je ne sais pas. De toute façon, après avoir souffert interminablement, j'ai, semble-t-il, sombré dans un sommeil absolu. Au réveil, la douleur avait disparu et j'étais dehors. J'ai donc pensé que je m'étais échappé, et je me suis promené, heureux d'être libre, mais incapable de comprendre ce qui s'était passé. Je n'arrivais pas à marcher convenablement. Je ne pouvais garder mes pieds sur terre. Je ne tombais pas, mais me déplacer était devenu extrêmement difficile. J'étais dans une sorte de brouillard. Je voyais un lieu et des gens, et puis, tout à coup, tout était changé. Je pensais que je délirais encore. Maintenant je sais que je percevais deux couches en même temps. Je n'avais pas encore appris à maîtriser mon corps spirituel. Tout cela m'inquiétait. Le désespoir me gagnait. Des gens s'approchaient de moi pour m'aider, et, alors que nous commencions à nous comprendre, j'étais poussé par l'envie de me cacher des Allemands. Cela ressemblait à une torture. Et puis, les gens arrivèrent à me rejoindre, et je pus dormir du véritable sommeil de la mort — l'extinction de notre vie et la naissance d'une autre. Je n'y connais pas grand-chose, mais cette vie paraît si naturelle, que j'avais hâte de communiquer avec vous pour essayer mon pouvoir dans le milieu physique avant de retourner porter secours à ceux qui ont souffert comme moi. Je sais que c'est possible et je ne veux pas perdre de temps. Il est merveilleux de découvrir que rien n'a été gâché. J'ai maintenant toutes les capacités que j'avais rêvé posséder sur la terre. C'est tout simplement merveilleux. Bonne nuit. »

Deux lettres d'un pilote polonais qui avait passé sa dernière permission chez Mme Gascoigne

« Oui, j'ai été abattu. J'ai survécu à de nombreux combats, mais pas à celui-là. Je suis blessé, je ne peux contrôler l'appareil. Touché à la jambe. Ça fait mal. Les commandes ne répondent plus. Je tombe. Je ne peux pas sortir de l'appareil. Je suis tout à fait conscient de la chute. Je me relève sans trop de mal et je vois mon mitrailleur. Lui aussi est blessé, mais pas trop. Les Allemands viennent nous chercher, mais ils ne me voient pas. Je cours me cacher. Mais ils ne me cherchent pas. Ils emmènent mon ami avec eux. Je tourne en rond pendant un certain temps, je me sens bien et n'arrive pas à imaginer comment j'ai pu m'écraser sans me faire de mal. Ma jambe est guérie. Je me promène. Je m'approche de paysans français pour leur demander du secours, mais ils ne me voient pas. Je commence à me poser des questions. Je n'ai ni faim ni soif et je ne suis pas particulièrement fatigué. Je commence à voir mon environnement se transformer. Il y a des couleurs partout ; c'est le coucher du soleil, ou son lever. Les couleurs semblent se refléter autant sur la terre que dans le ciel. Je me suis couché et j'ai regardé les couleurs prendre forme. C'était comme au cinéma lorsqu'une image s'efface pour laisser place à une autre. J'étais stupéfait. Je ne sais pas où je suis. Je demande, je prie, j'oublie que je n'ai pas de religion. Je demande de l'aide et elle m'est accordée. Quelqu'un d'extrêmement bizarre mais malgré tout proche de nous s'approche de moi. Il me dit de ne pas me soucier du changement. C'est mieux pour tout le monde et je vais être très heureux dans ces terres. Je ne comprends plus très bien. J'imagine que je suis fait prisonnier. Ensuite il m'explique qu'il n'existe ni prison ni prisonnier, et je me sens de nouveau libre. Il m'emmène alors et m'ordonne de dormir. Il touche mes yeux et je suis immédiatement endormi. A mon réveil, il est encore là et je suis de nouveau sur la terre en territoire occupé, avec les

Allemands tout autour. Je suis revenu dans mon corps. Je trouve difficile de le quitter.

« Je ne vois pas de couleurs, mais mon nouvel ami est près de moi, et il me parle. Je ne le vois pas très bien. Ils font quelque chose à mon corps. Je suis très malheureux. Mon ami me dit de concentrer toute mon attention sur un événement en dehors de la guerre. Je me concentre donc sur la dernière fois que j'ai eu une vie de famille avec vous à H... Je vous vois tous très bien. Je vous réveille. Vous sentez ma présence toute proche et vous me parlez. Je vous demande de me garder dans la maison, tranquille, loin de la bataille, jusqu'à ce que je puisse partir, et vous répondez : “ Bien sûr. ”.Je reste donc, et maintenant je commence à me sentir de nouveau heureux. Je suis entre deux mondes. Aidez-moi à me défaire de celui-là et à partir. Je veux continuer. Je veux continuer. Je crois que je peux. Aidez-moi, je vous en prie. »

« S. Z. »

Du même, plusieurs jours après

« Merci. Oui, je vais bien. Je ne me sens pas encore prêt à quitter votre maison. Il m'arrive de partir pour de courts moments, mais c'est bon de pouvoir revenir auprès de vous tous. Lorsque vous vous asseyez dans la même chaise que moi, cela me fait une drôle d'impression. Je suis en même temps très proche et très loin de vous.

« De temps en temps je me rends en Pologne, mais je n'ose pas y rester. Je n'ai pas encore la force suffisante pour les aider, et ils ont tant besoin de cette force ! Je vois mes vieux amis, certains sont mourants, d'autres déjà morts. Mais je ne peux rien faire. Je suis fatigué et me sens trop malade pour les approcher. Nous devons bientôt aider, mais nous sommes trop faibles pour le moment.

« Votre Père, ou quelqu'un qui lui ressemble, vient avec moi, et nous essayons d'aider. Mais je ne suis bon à rien. Je veux aider, mais je suis comme un enfant, je ne peux pas. C'est que je n'ai jamais cru en rien ; je n'attendais rien après la mort. Je me sens perdu. J'ignore tout. Tout ce dont je me suis moqué me revient en mémoire. J'étais un homme mauvais, j'ai négligé trop de choses, mes prières, mon église.

Mais je ne sais pas si c'est vraiment important. Je n'avais pas la foi. Maintenant je découvre que s'il n'y a pas d'extinction, je dois endurer en quelque sorte une extinction consciente. Ma pensée et mes sens sont présents, mais je n'ai aucune force.

« Ici, vous trouvez ce que vous attendiez. Vous construisez votre réveil. Tout arrive comme vous l'avez imaginé. C'est tout au moins ce qu'ils m'ont dit. Je ne m'attendais à rien, et rien n'est arrivé. Mais maintenant, je suis en train de me sortir des zones dépressives, et je commence à sentir ma force. Merci de votre aide. »

« S. Z. »

Message d'un officier de cavalerie

« Merci. Je suis vivant après tout. Je croyais que seule l'extermination pouvait suivre un tel enfer. De tous côtés, anglais comme allemand, c'était l'hécatombe. Les blindés, la mitraille et les avions ! J'avais l'impression que nous étions exterminés par les machines que nous avions créées. Elles semblaient tellement plus vindicatives que les hommes qu'elles contenaient. Je pense que c'est la guerre des machines. Ce sont elles qui nous dirigent. Nous sommes les esclaves d'un mauvais génie qui a permis leur existence. Je ressens si fortement l'influence du mal. J'ai hâte d'être loin, et de m'allonger sur du sable propre, et d'oublier les horreurs de cet enfer dont l'homme n'est plus maître.

« J'ai appelé à l'aide lorsque nous nous sommes enlisés et que le feu a commencé. J'ai prié de toute mon âme tout en sachant qu'il n'existait aucune échappatoire. Mais la prière me donnait du courage. Il me semblait que rien n'avait vraiment d'importance, à l'exception de ce sentiment concernant le mal. Et ce dernier s'était même un peu effacé. Je ne peux pas lui donner de nom ni l'expliquer. Il semblait monter du sable et se répandre tout autour des blindés. Je me sentais malade et pitoyable. Puis ces sensations disparurent et je me retrouvai dehors en train de parler à mon colonel. Il ne paraissait pas remarquer les balles qui nous tombaient dessus sans arrêt. Je courus me mettre à l'abri, mais il m'appela et me dit de ne pas prendre cette peine. Il avait l'air aussi jeune qu'une nouvelle recrue et paraissait jouir de la bataille. Il me prit par l'épaule et dit : “ Ne voyez-vous pas, Kit, que nous sommes morts, et pourtant nous sommes plus vivants que les autres. Nous pouvons continuer à nous battre, à tourmenter l'ennemi, à l'égarer, à inspirer nos chefs et à tirer profit de notre invisibilité. ”

« Je voyais bien qu'il était sérieux, mais il me parut fou. Je répondis : “ Oui, mon colonel, mais je suis si fatigué que je ne pense pas pouvoir continuer. ” Il me laissa et je ne sais pas ce qui arriva, mais je me réveillai ici avec une seule idée en tête : retourner au champ de bataille et le retrouver. Il n'était pas fou. C'était moi l'idiot.

« Votre Père m'a laissé écrire à travers vous pour me permettre de prendre assez de force au monde physique pour aborder le monde invisible. Je pars maintenant. Merci beaucoup. »

« 4 février 1942. »

Message d'un soldat tué par les Japonais

« Je tombai en avant dans la boue marécageuse de la jungle, et pendant un bon moment je restai inconscient, dans une sorte de cauchemar. Mon corps tenait bon alors que mon esprit voulait s'échapper. Ne croyez jamais que les gens apparemment inconscients le soient vraiment ; moi en tout cas je ne l'étais pas. J'étais conscient mais paralysé. C'était une horrible impression. Puis quelque chose claqua, me libérant, et je me sentis extrêmement soulagé.

« En rejoignant mes compagnons, je compris tout de suite ce qui s'était passé en constatant qu'ils ne me voyaient plus ; mais j'étais tellement préoccupé par le peu de changement qui s'était produit en moi que je n'avais pas le temps de penser à autre chose. Je voulais leur dire qu'ils n'avaient pas besoin de craindre la mort et tout ce qui s'ensuit, mais cela m'était impossible. Puis je vis que les morts japonais aidaient leurs camarades ; les Japonais vivants pouvaient parfois les voir et les entendre et utilisaient les informations données. Je sentis que je devais faire la même chose. Après nombre d'essais infructueux, car ni mes avertissements ni mes conseils ne pouvaient être reçus par les cerveaux de mes compagnons, je m'éloignai, me demandant ce que j'allais bien pouvoir faire.

« Ce n'était pas que je voulusse les abandonner, mais il n'y avait apparemment aucune autre solution. Je me suis promené dans la forêt. Pour un temps, j'ai complètement oublié la guerre et toutes les épreuves que mes amis traversaient. J'étais tellement fasciné par la vie qui m'entourait ! Je connais bien la jungle ; j'y ai vécu, seul, pendant des mois et des mois. J'y revenais à la recherche de repos et de paix après la tourmente de la guerre, et j'y trouvais tout ce que je cherchais en mieux, oh ! oui, en bien mieux.

« Je découvrais des choses qui m'avaient été cachées pendant toute ma vie terrestre. Je ne puis décrire la beauté de ce qui m'entourait. La jungle m'avait toujours paru riche en couleurs, en bruits et en arbres magnifiques, mais jamais jusque-là je n'avais perçu la signification cachée derrière chacune de ces manifestations familières. Un rayon, ou un son, semblait imprégner la texture même de la vie de la jungle...

« Je ne peux expliquer. J'étais heureux, magnifiquement heureux, et entièrement moi-même ; mais ce moi avait gagné en entendement, et en capacité de bonheur, jusqu'à la félicité.

« Puis une voix résonna à mes oreilles, et petit à petit, je perçus une forme brillante et belle qui me dit : “ Vous voyez ici la contrée de la béatitude, mais vous avez laissé derrière vous une contrée de tumulte et de passion. Ne souhaitez-vous pas aider les autres à trouver la clé qui mène à ce lieu de joie ? ”

« Je fus si ému à l'idée que je n'avais pas pensé à un autre que moi pendant des siècles, que je dus rougir comme une jeune fille. Mais “ Celui qui brille ” ne sembla pas le remarquer. Je bégayai que je n'avais pas encore très bien compris où je me trouvais, et lui demandai son aide. Il répondit : “ Non, vous avez trouvé votre chemin, et vous devez découvrir le reste par vous-même ; mais d'autres pourraient ne pas avoir cette chance et avoir besoin de secours. ”

« Je ne voulais pas tourner le dos à ce lieu magnifique,

mais “ Celui qui brille ” promit de m’accompagner jusqu’au bout. Il m’expliqua qu’il me suffirait d’évoquer ce lieu et d’y souhaiter retourner pour y revenir. En attendant, me dit-il, nous devons tous les deux nous rendre sur le champ de bataille.

« C’est avec regret que je le suivis. Nous avons en quelque sorte transité, ou plutôt, non, il n’y eut point de transit : notre environnement s’effaçait et un autre prenait sa place. La jungle bougeait et se dissolvait, et un autre type de jungle apparaissait, celle-là remplie d’hommes criant des ordres et hurlant de douleur. Tout d’abord, cela me parut insoutenable, mais “ Celui qui brille ” me dit : “ Viens te mettre aux côtés de cet homme, il va venir à nous. ”

« Une seconde après, une balle déchirait son estomac, et il se recroquevillait à nos pieds en geignant. “ Celui qui brille ” se pencha vers lui et toucha sa tête et ses yeux. Ses gémissements se turent instantanément et je vis son esprit abandonner son corps torturé. Il nous rejoignit, pâle et ahuri, dans la dense végétation de la jungle. Avant que je puisse comprendre ce qui s’était passé, nous étions de retour dans la merveilleuse jungle ; ce fut magnifique.

L’homme qui nous avait rejoints était un de nos soldats. Calme, il m’avait toujours paru ennuyeux. Je le connaissais à peine. Il ne se mêlait jamais à nos jeux, préférant lire. En me voyant, il s’anima : “ Je ne pensais pas vous trouver ici, je croyais vous avoir vu mort il y a quelques jours. ” Je répondis : “ Vous avez raison, et il y a quelques minutes, je vous ai vu mort. ” “ Celui qui brille ” me regarda et je compris que je n’aurais pas dû le lui annoncer si brutalement. Mais Burrows ne sembla pas affecté par la nouvelle ; il se contenta de dire : “ Bon, j’ai été touché, n’est-ce pas ? Ça m’est bien égal, cette bataille, c’est l’horreur, et on n’a pas grand-chance de s’en sortir de toute façon. ” Puis il demanda : “ Comment est-ce ici ? ”

« Je lui expliquai que c’était superbe et qu’il n’avait rien à craindre. Ensuite, nous avons marché dans la jungle en compagnie de “ Celui qui brille. ” Il nous a expliqué beaucoup de choses. Nous fûmes ainsi rapidement remis du choc. Il nous ramena au front pour que nous puissions aider nos compagnons et les introduire à cette vie-ci. Nous en sommes là. Je voulais aller plus loin et apprendre à inculquer mes idées à ceux qui dirigent les combats. Je vous suis reconnaissant pour cette première leçon. Elle ne s'est pas trop mal passée. Mais je me sens fatigué, et voudrais me retrouver dans ma jungle, source rafraîchissante. Je comprends qu'il n'y a pas d'endroits différents, tous correspondent à nos états d'esprit. C'est comme ce que l'on nous avait appris quand nous étions enfants : " Le Royaume de Dieu est en vous. " Bonne nuit. »

« *4 février 1942.* »

Extrait d'un message provenant d'un soldat tué en Libye au cours d'une escarmouche

« Comme j'aurais voulu boire ! Mais pour une raison quelconque, je n'y parvenais pas. Néanmoins, mon envie était telle que j'arrivai à mes fins. Vous allez rire. Mais je n'avais jamais de ma vie désiré quelque chose plus ardemment que ce whisky soda. Et le voilà, comme par magie ; le soda pétillant et limpide ! Je m'en versai un verre et bus jusqu'à plus soif ! Tout d'abord, le whisky me sembla bon, mais après quelque temps, je ne voulus goûter qu'au soda, pur et limpide. Mon souhait se réalisa. Je ne m'étais pas encore rendu compte que mes désirs étaient le moteur des événements. »

« *29 janvier 1943.* »

Autre message de Libye

« O.K., ça marche. Je suis heureux. Il y a longtemps que je cherche à vous remercier, mais impossible de me faire entendre de vous.

« Nous sommes arrivés au printemps. Je venais de Snodsbury. Je vous donnerai mon nom plus tard, mais vous ne vous souviendrez probablement pas de moi. Nous avons tous été séparés et j'ai été envoyé en Égypte. C'était quelque chose ! Je n'aurais jamais cru que j'allais traverser tout ça. Vous voyez ce que je veux dire. Je ne savais pas que c'était ça mourir. Je croyais que tout était bien fini et terminé. Parfois c'était tellement dur que je ne voyais pas comment on pouvait encore tenir. Et puis tout à coup, ça s'est arrêté — et je me suis senti frais comme un gardon. L'instant d'avant je n'en pouvais plus et j'avais chaud ; terriblement chaud, et soif, avec un horrible mal de tête. Le fracas de la bataille me mettait littéralement en pièces. Puis, tout à coup, je me suis retrouvé en pleine forme, aussi frais et dispos que possible. J'observais ce qui se passait et j'entendais le bruit, mais sans en être affecté. Je ne pouvais pas croire que j'étais fichu. Je voyais mon corps troué de partout, et pourtant je ne pouvais y croire. Il me semble que j'ai tenté de le traîner pour l'éloigner du canon, mais que je ne pus l'extraire de la masse que formaient ceux qui étaient tombés tout autour de moi, et même sur moi. Nous avions bel et bien été touchés de plein fouet.

« Les autres n'étaient pas là ; cela me sembla bizarre. Il n'y avait personne. Puis je vis notre capitaine. Il vint à moi, et je fis un signe en direction de son corps. Il eut un instant le souffle coupé, puis déclara : “ Eh bien, je suppose qu'il n'y a plus rien à dire. Drôle de planète, Johnson. Et je présume qu'il vaut mieux continuer. ” Je répondis : “ Oui, mon capitaine, mais qu'est-ce qu'on fait maintenant ? — Charger le canon évidemment, espèce de corniaud ”, dit-il, tout comme avant. Je lui obéis, mais si fort que je me sentisse, je ne pouvais bouger les obus. Ce n'était pas qu'ils étaient vraiment lourds, mais je ne pouvais pas les saisir ; ils étaient glissants, un peu comme s'il y avait eu des écailles de poisson entre mes doigts et eux. Je ne pouvais les tenir. Je dis cela à mon capitaine qui vint m'aider. Il n'avait plus que le juron à la bouche. Nous avons essayé à deux, mais bougera-t-il ? Pas d'un centimètre. Nous étions là, deux gars costauds, essayant tant que faire se peut de soulever un petit obus antiaérien, et rien n'y faisait. En fin de compte, je m'assis et me mit à rire : “ Eh bien, dis-je, vous avez déjà entendu dire que deux types morts aient tiré le canon, vous ? — Absolument, répondit-il rouge de colère, et, en plus, on va y arriver. Nous sommes en assez bonne forme, n'est-ce pas ? Allez, viens. ” Je me tins coi une fois de plus, pensant qu'il était devenu fou et qu'il valait mieux ne pas le pousser à bout. Nous essayâmes de nouveau et j'ai commencé à voir, non pas les efforts que nous faisions avec nos mains, vous comprenez, mais le capitaine lui-même. Sa ténacité était telle qu'il semblait projeter une force. A mes yeux, il était comme ce que l'on imagine être une station-relais de radio (si tant est que l'on puisse en voir une), et la réponse passait, non pas par ses doigts, mais par son corps tout entier.

« Des tas de gens aux formes indistinctes nous rejoignirent et travaillèrent avec nous. On ne peut pas dire que le canon ait été, au sens propre du terme, tiré, mais des projectiles en étaient lancés. Les avions qui passaient et repassaient au-dessus de nous se mirent soudain à perdre de la vitesse, à retourner à leur base ou à s'écraser. J'étais bluffé. Je n'avais jamais de ma vie vu une chose pareille. En apparence il n'y eut aucun bruit, la décharge fut silencieuse. Nous sentîmes tous néanmoins le recul du canon. Ça nous a encouragés pour la suite. Ce fut une expérience des plus bizarres. C'est à ce moment-là que je vis Jock s'approcher. Lui aussi avait reçu des balles, mais il n'avait pas jusqu'à maintenant été avec nous. Nous ayant reconnu, moi et le capitaine, il se mit au garde-à-vous. Le capitaine était trop occupé pour faire attention à lui, mais Jock avait toujours été un discuteur. Je me suis empressé de lui clouer le bec : " Attends un peu, mon garçon, les morts de la bande sont en train d'inventer une nouvelle tactique opérationnelle. Viens donc nous rejoindre et tâche de ne pas abandonner en cours de route. " Je me tins près de Jock et lui fis regarder ce que faisait le capitaine.

« Le capitaine était un gars formidable, c'est certain. Sa volonté ne semblait reculer devant rien. Je m'apprêtai à bouger quand il me foudroya du regard, et dit : " Tiens-toi tranquille et pense. Pour l'amour de Dieu, pense de toutes tes forces, c'est ça que tu dois faire maintenant. Nous avons notre intelligence et notre volonté, et si nous nous serrons les coudes tous les trois nous arriverons à tirer et à protéger l'abri antiaérien de nos gars. Tu ne vois donc pas les hommes qui nous aident ? " C'est alors que je vis Sandy, descendu jeudi dernier. Il se tenait debout dans l'eau qui lui montait jusqu'à la ceinture et faisait de drôles de mouvements avec ses bras. Je regardai ses yeux. C'étaient bien ceux de Sandy, mais ils étaient différents, clairs comme des étoiles. Il paraissait inspiré, si l'on peut dire...

« Je ne crois pas pouvoir terminer cette histoire aujourd'hui. Puis-je m'arrêter maintenant et revenir ? J'ai beaucoup aimé vous la raconter. Vous comprenez, c'est ma première véritable aventure. Merci.

« Johnson. »

La suite du message vint quelques jours plus tard

« O.K. ça marche. Je vais bien. J'aimerais tant finir mon histoire. Bon, eh bien, comme je le disais, Sandy paraissait inspiré, je ne trouve pas d'autre mot, et tout à coup, c'est lui qui semblait être notre meneur ; le capitaine pour sa part obéissait consciencieusement à ses ordres. Au fur et à mesure que les formes qui m'entouraient devenaient plus distinctes, je perdis contact avec les vivants ; les morts me sont apparus plus vrais. Ensuite ce fut l'attaque des Boches qui se saisirent du canon, mais nous ne fûmes pas touchés. Un Allemand nous traversa, ne paraissant ni nous voir ni nous entendre, contrairement à nous qui avions même l'odeur de sa sueur dans les narines. Cette odeur me parut soudain tellement repoussante, bien que familière, que je faillis me sentir mal. Puis je vis que Sandy et le capitaine s'étaient éloignés. Je fis lever Jock et lui dis : " Ne perdons surtout pas de vue ces deux-là, sinon on est perdu. " Jock acquiesça, mais une fois debout, je découvris que nous ne pouvions garder les pieds sur terre. C'était risible et il nous était difficile d'avancer. Jock et moi flottions en quelque sorte. J'ai proposé : " Si on se tenait la main pour rester au sol ? ", avec pour résultat que nous avons flotté de plus belle. Nous avons mis un temps infini pour rattraper Sandy et le capitaine. Ils ne nous accordèrent d'ailleurs aucune attention, tout occupés par quelqu'un qui s'était joint à eux. L'inconnu ne portait pas d'uniforme et pendant quelques secondes, je me suis demandé comment un civil avait pu arriver là. Il avait l'air arabe. Quand il s'est tourné vers moi et m'a regardé, je me suis senti comme recréé par lui. Je me suis agenouillé et j'ai murmuré : " Le Christ ", avec tout le respect d'un enfant. " Non, pas le Christ, mais un de ses messagers ", dit l'homme devant lequel j'étais prosterné. “ Il vous veut ”, me dit-il. Il me voulait ! “ Mais pourquoi donc ? ” ai-je demandé d'une voix entrecoupée. Il leva son regard vers les autres, mais pour ma part je ne vis rien d'autre qu'une glorieuse lumière. Elle emplissait ma tête et y brûlait quelque chose qui me retenait à cet endroit. Puis la voix se fit de nouveau entendre : “ Par votre sacrifice, vous avez atteint le sommet de la force. ” Puis je ne me souvins de rien.

« Ç'a été mon dernier moment sur la terre. J'aimerais que certains gars sachent comment on s'en va. C'est merveilleux.

« Je suis fatigué maintenant et je ne peux pas terminer. Merci.

« Johnson[1]. »

On ne peut pas parler de ces messages comme de textes ordinaires. Le moyen par lequel ils nous sont parvenus (l'écriture automatique) n'est pas accepté par tout le monde et leurs lecteurs sont divisés en deux catégories : ceux qui ricanent et ceux qui sont troublés.

Les premiers déclarent que ces « communications » sont issues du subconscient de Mme Gascoigne. Et il se peut qu'ils aient raison. Les autres, au contraire, pensent qu'il s'agit de prodigieux documents sur ce qui nous attend dans l'immédiate après-vie. Et il se pourrait qu'ils n'aient pas tort...

RÉPONSES A L'INCRÉDULE

— *D'où tenez-vous ces textes ?*

— Ils ont été publiés par le plus célèbre personnage de la Royal Air

1. Ces messages ont été traduits de l'anglais par Isabelle Chapman.

Force, le maréchal lord Dowding, (dont on a dit qu'il était le Churchill de l'aviation), dans un ouvrage intitulé *Many Mansions.*

— *Et comment étaient Mme Gascoigne et sa fille ? N'étaient-elles pas un peu... étranges ?*

— Tous ceux qui les ont rencontrées — il en existe encore — ont affirmé qu'elles étaient fort intelligentes, cultivées et pleines de bon sens.

— *Mais n'avaient-elles pas tendance à fabuler ?*

— Tout est possible, bien sûr. Mais sachant qu'elles étaient saines d'esprit, qu'elles ne faisaient pas commerce de leur activité, qu'elles ne recherchaient ni la publicité ni la notoriété, on peut se demander dans quel but elles auraient inventé tout cela.

— *Bien des gens sont animés par des pulsions qui demeurent incompréhensibles au commun des mortels...*

— Je vous l'accorde. Mais en acceptant votre hypothèse, il reste à expliquer comment ces deux femmes, qui vivaient en Angleterre, auraient pu être au courant de faits qui s'étaient souvent déroulés à des milliers de kilomètres de chez elles et dont on n'eut parfois la confirmation que bien longtemps après la guerre.

— *Et lord Dowding, qui a rapporté ces textes dans son livre, croyait-il, lui, tout ce que racontaient Mme Gascoigne et sa fille ?*

— Absolument ! Il faut dire qu'il avait eu lui-même des contacts avec des pilotes morts pendant la bataille d'Angleterre...

— *Un maréchal de la Royal Air Force ! On croit rêver !...*

— Vous ne rêvez pas ! J'ajoute que lord Dowding en parlait volontiers. Il a même écrit un livre sur ce sujet, préfacé des ouvrages traitant de spiritisme et avoué dans des interviews qu'il avait, dans son combat contre l'Allemagne, reçu l'aide d'aviateurs anglais abattus par la Luftwaffe.

— *Vous plaisantez ?*

— Pas du tout. Lord Dowding a déclaré textuellement au journaliste Jean Potter, en 1963 : « Je suis entré plus de vingt fois en contact avec des pilotes morts pendant la bataille d'Angleterre. Ils me racontaient comment ils s'étaient fait abattre et je tirais des leçons de leurs récits pour conseiller mes équipages de chasse. J'ai pu ainsi éviter la mort de beaucoup de mes hommes. C'est ce qui a contribué à la victoire finale ! »

— *Ce que vous rapportez là est proprement ahurissant !*

— Ce sont les propos mêmes du maréchal Dowding, croyez-en ce que vous voulez.

— *Et comment prétendait-il avoir ces dialogues avec les pilotes défunts ?*

— Par l'intermédiaire de la femme d'un médecin de Wimbledon qui était médium. Les messages qu'il obtint grâce à elle offrent d'ailleurs de nombreux points de ressemblance avec ceux que recevaient Mme Gascoigne et sa fille. « Grâce à mes conversations avec mes correspondants invisibles, déclara-t-il, j'ai pu avoir une idée de la vie qu'ils menaient dans l'au-delà. La mort était venue si brusquement qu'ils ne savaient pas comment c'était arrivé. Encore dans un état proche de la terre, errant entre un état physique et un état astral, ils ne se rendaient pas compte qu'ils étaient morts. Pour ces pauvres gars, la situation était terrible. Ils voyaient les gens dans les rues, essayaient de les arrêter, mais les passants continuaient à marcher au milieu d'eux. » Et il ajoute : « Les fantômes que la terre retient essaient d'obtenir de l'aide pour se libérer de la terre. C'est pourquoi ils s'efforcent de communiquer par tous les moyens à leur portée. » Dans le but de les aider, lord Dowding créa d'ailleurs un petit cercle de spirites, mais ne parvint jamais lui-même à entendre ou voir quoi que ce soit. En revanche, la femme médium voyait les défunts qui venaient vers eux et les lui décrivait. « Notre première tâche, dit-il, était de leur parler comme s'ils étaient vivants. » Et il ajoute avec humour : « Comment dire à un gars : mon vieux, je regrette, mais vous êtes mort » ?...

— *A vous entendre, les défunts, ignorant qu'ils sont morts, rôderaient éternellement autour de nous ?*

— Non, lord Dowding nous dit, à propos de ceux qui venaient, attirés par son médium : « Au bout d'un certain temps, ils avaient l'impression que nous disparaissions. Ils demandaient : " Pourquoi brillez-vous d'une petite lueur tremblante ? " C'était bon signe. Cela signifiait qu'ils s'éloignaient de la terre et qu'ils avaient cessé de voir notre corps physique pour ne plus voir que notre corps astral. Notre tâche était terminée. »

Parfois, lord Dowding était obligé d'user d'un subterfuge pour que les pilotes se rendent compte de leur nouvel état. « Je leur demandais, dit-il, de me donner une claque dans le dos. Bien entendu, leur main passait à travers moi et ils commençaient à comprendre... »

— *Est-ce que lord Dowding et son amie médium ont pu identifier certains de leurs correspondants ?*

— Oui. La jeune femme décrivait des uniformes, des badges, des insignes qui correspondaient à ceux qu'avaient les pilotes d'avions portés manquants. Elle donnait aussi des détails sur leur physique, indiquait la couleur de leurs cheveux et de leurs yeux et n'omettait aucun signe particulier. Toutes ces précisions étaient ensuite vérifiées et toutes furent reconnues exactes.

— *Ces « fantômes » ne donnaient pas leurs noms ?*

— Si, parfois, et le médium les notait avec soin. Ce qui permit à lord Dowding de savoir avant tout le monde qu'un de ses bombardiers avait été abattu et que les sept membres de l'équipage venaient de mourir en Allemagne...

— *Étrange maréchal de l'air, en vérité ! Et tous ces dialogues avec les pilotes morts ne l'ont pas rendu un peu bizarre ?*

— Non. Mais soupçonnant que certaines personnes de son entourage le penseraient peut-être, il déclara un jour avec humour : « Il n'est pas si mauvais d'être un peu " fêlé ", parfois, cela permet à la lumière d'entrer. . »

SOURCES

Lord DOWDING, *Many Mansions,* Londres, 1943.
— *Gods magic and aspects of spiritualism,* Londres, 1946.
— *Darkstard,* Londres, 1951.
Raoul FOIN, *Les Mystères qui nous entourent.*
Marcel JULLIAN, *La Bataille d'Angleterre,* Presses de la Cité, 1965.
Jean PRIEUR, *Les Témoins de l'Invisible,* Éd. Fernand Lanore.
R. M. TRISTAM, *Lettres de Christopher* (Avant-propos de lord Dowding), Éd. La Colombe, 1954.

Le combat des ombres

LOUIS PAUWELS

NOUS SOMMES AU DÉBUT DE MAI ET DÉJÀ LE VENT D'AFRIQUE change en fournaise le printemps crétois. Sur une petite plage du nord de l'île chemine une caravane de mulets, en route pour les montagnes Blanches d'où l'on peut voir, par beau temps, Cythère et même le Péloponnèse... Mais au lieu de prendre la route d'Eskifou vers l'intérieur, le chef muletier poursuit le long de la côte. Guthrie, un touriste anglais, le rappelle en arrière.

— Excusez-moi, Monsieur ! dit l'homme qui porte un ample vêtement ottoman, je croyais que vous vouliez voir « les Ombres ».

— Ce ne serait pas de refus ! plaisante l'Anglais. Mais où pensez-vous trouver de l'ombre dans ce désert ?

— C'est sérieux ! dit le muletier, froissé. On peut les voir le soir tout près d'ici... Près des ruines du château Franco Kastelli. C'est une ancienne forteresse vénitienne. Il y a plus de cent ans les Grecs et les Turcs ont combattu là, après bien d'autres... Un combat terrible, et depuis les Ombres reviennent chaque mois de mai...

— Et que font-elles ces ombres ?

— Elles se battent et beaucoup d'entre elles sont tuées ou blessées !

— Je vois ! dit Guthrie en s'épongeant. Il est temps que vous preniez un peu de repos, mon cher Yami... à l'ombre, bien sûr !

Le soir au bivouac, dans une petite bergerie à mi-pente de

l'Aspra-Vouna, une montagne de deux mille mètres, l'Anglais qui est accompagné de deux amis, regarde pensivement le soleil s'abîmer dans la mer. C'est l'heure indécise où tout ce qui paraît banal le jour se teinte d'étrangeté... Sur cette terre immémoriale surtout, où depuis le sombre roi Minos, coule le torrent de sang des guerres de conquête et des insurrections...

— Et si ce ciel et ces paysages pouvaient refléter à travers le temps quelque chose de ces drames ? dit soudain Guthrie... Demain si vous le voulez, nous irons voir si on joue au théâtre d'ombres de Franco Kastelli !...

Le lendemain matin les touristes anglais se remettent en route avant le lever du soleil. En interrogeant encore leurs deux guides ils ont appris que les ombres se manifestaient aussi le matin parfois, et que certains en Crète les appellent, pour cette raison, les « Drosoulites » ou « Hommes de la Rosée ». Guthrie, qui est ingénieur et qui en ces années trente a gardé quelque chose de l'esprit d'aventure des Anglais du XIXe siècle, espère bien dégourdir un peu ces lénifiantes journées de vacances. Quelle qu'en soit l'issue, pense-t-il, de retour à Londres, dans son club, cette course donnera bien la matière d'une anecdote... Ou qui sait, celle d'une déclaration à l'Académie des Sciences, à propos d'un phénomène dont il ne doute plus, depuis qu'on lui a parlé de rosée, qu'il est de nature météorologique, ou optique, que c'est une illusion, un mirage, mais qu'il sera le premier à observer avec le flegme et la rigueur d'un esprit fort...

Revoici la petite troupe sur la plage qui mène au château. Le jour n'est pas encore levé, mais une lueur vient de l'est, des lointaines côtes de Syrie. Yami pousse les mules au trot et crie : « Le château est là, au fond de ce petit golfe ! »...

A cet endroit la plage est parfaitement plate, et on aperçoit à moins d'un kilomètre les pans de mur écroulés de la vieille forteresse avec sa tour ébréchée. Nos voyageurs se disent que la topographie très simple du lieu rendra toute supercherie impossible et que si, même, un phénomène quelconque devait se produire à l'intérieur des ruines, ils n'auraient aucune difficulté pour en voir la couleur du plus près...

Ils s'asseyent dans le sable tiède et dégustent le café que

Yami leur a versé d'une bouteille thermos. Puis avec un de ses deux compagnons, Guthrie s'avance d'une centaine de mètres vers la citadelle. Le troisième Anglais, resté en arrière, trouve que la nuit a été bien courte. Il se demande aussi ce qu'il est venu faire là et dans l'attente de l'improbable, se roule dans une couverture et allume sa pipe...

Yami qui finit de décharger les mules l'entend soudain appeler :

— Hé !... Hé là !... oui, là ! Je les vois ! les ombres viennent sur nous !

Il s'est dressé d'un bond et fait de grands signes à ses compagnons qui semblent, eux, n'avoir rien vu. Comme il continue de gesticuler, ils reviennent précipitamment sur leurs pas. Yami a prudemment entraîné ses mules vers la mer...

— C'est inouï ! Je ne les vois plus maintenant !... Mais je suis sûr de ne pas avoir rêvé !

A nouveau réunis les trois hommes scrutent intensément les ruines.

— Ça y est ! Ils sont à nouveau là !... Il faut s'accroupir pour les voir...

— My god ! murmure Guthrie. C'est une véritable armée qui défile ! »

A trois cents mètres devant eux et venant de l'est, ils voient distinctement s'avancer une longue file d'hommes en armes.

— Ce ne sont certainement pas les Grecs et les Turcs dont parlait Yami. On dirait plutôt des légionnaires romains ! dit Guthrie.

— Ou alors des Perses ! suggère un de ses compagnons.

— Croyez-vous que nous risquions quelque chose ? demande anxieusement le plus jeune.

— Certainement pas ! répond Guthrie. C'est sûrement un mirage... Voyez, quand on se lève, les jambes des « Ombres » semblent s'évaporer !

— J'ai vu des tas de mirages en Afrique, mais jamais rien de pareil ! réplique le plus âgé. Regardez ! on distingue nettement leurs casques et leurs cottes de maille... et certains sont beaucoup plus grands que d'autres !

— C'est curieux ! dit encore Guthrie. Il n'y a que des

fantassins... Maintenant ils vont droit sur les ruines ! L'aube n'est pas loin... regardez ! On voit des lances qui scintillent... C'est vraiment fou ! Il faut absolument que j'aille voir ça de plus près. Yami !...

Le guide crétois a rassemblé les mules qui s'agitent nerveusement.

— Par la Sainte Panasia, partons ! crie-t-il. Les Ombres portent malheur !

— Bon... je vais y aller à pied ! Essayez de ne pas me perdre de vue ! dit Guthrie.

Ses compagnons veulent le retenir, mais l'ingénieur est déjà parti en courant. Cinq minutes se sont écoulées depuis le début de l'apparition et le petit groupe, resté sur le bord de mer, regarde pétrifié l'Anglais se porter vers la tête de la colonne qui se trouve maintenant à moins de cent mètres du château. Quelques secondes plus tard, les témoins le voient *traverser* la colonne et se diriger vers les hauteurs qui enserrent la forteresse du côté des montagnes.

Guthrie est à 400 mètres d'eux à présent, mais ses compagnons le voient toujours très nettement par *transparence* à travers la troupe fantastique, dont le défilé n'a été en rien perturbé quand l'Anglais s'y est ouvert un passage. A travers la colonne toujours, ils le voient encore plusieurs fois agiter les bras, se rapprocher, s'éloigner et leur faire des signes pour faire comprendre *qu'il voit aussi le phénomène du côté où il se trouve.*

Un quart d'heure en tout s'est écoulé. Ceux qui contemplent, fascinés, l'incroyable spectacle, doivent à nouveau s'accroupir pour continuer à le voir. Déjà les jambes et les troncs des spectres sont redevenus invisibles... Bientôt ne subsiste des guerriers venus des ténèbres, qu'un reflet sur un glaive ou un bouclier. Ombres rendues à l'ombre, dissoutes comme la rosée au soleil levant...

RÉPONSES A L'INCRÉDULE

— *Tout ça est un peu fort de café !... Ce Yami n'aurait-il pas mis un peu trop de cherry-brandy dans celui des Anglais ?*

— Je ne pense pas. Le capitaine Bennett, un parlementaire et ministre anglais, correspondant de guerre du *Times* en 14-18, a enquêté sur place à cette période. Il a recueilli un grand nombre de témoignages qui confirment que le phénomène se produit régulièrement dans ce site sauvage de la Crète méridionale, tel qu'il a été décrit et le plus souvent à la fin du printemps. Il est si connu là-bas qu'il y a peu de Crétois qui n'y prêtent foi...

— *Bennett a-t-il vu les ombres ?*

— Non. Le 17 mai 1928 il s'est rendu sur la plage aux Drosoulites et y a installé un campement avec l'aide de quatre gendarmes prêtés par le gouverneur de l'île. Comme ses moyens n'étaient pas illimités, il n'a pas pu rester au-delà du 30 mai...

— *Et qu'a-t-il vu durant ces quinze jours ?*

— Strictement rien. Mais trois jours après qu'il eut levé le camp, les Hommes de la Rosée se sont manifestés avec une vigueur exceptionnelle...

— *Comme par hasard !*

— Affirmer que tous les témoins rencontrés par Bennett sont des menteurs ou des hallucinés serait une sottise bien pire que de croire à la véracité du phénomène !

— *Et qu'ont-ils vu ces témoins ?*

— Plusieurs habitants du village voisin de Thymi lui ont fait une description très voisine de celle de Guthrie...

— *Une manière comme une autre d'attirer le touriste !*

— Peut-être. Il y en avait pourtant fort peu sur l'île à l'époque ! Il se trouve que Bennett a aussi interviewé un pope qui vivait seul dans un petit cottage près du château en ruine. Il n'a répondu qu'avec beaucoup de réticence, autant par crainte d'encourager les superstitions que de voir sa thébaïde envahie par les curieux. Le bon père avait vu les Drosoulites à plusieurs reprises et en avait même parlé à l'archevêque de Crète. Celui-ci s'était rendu sur les lieux et avait pu constater la réalité du phénomène. Il confirma que les « spectres » défilaient armés, et que certaines fois on voyait même distinctement la forme de leurs étendards et de leurs enseignes. Qu'on pouvait les voir *de part et d'autre* de l'itinéraire invariable qu'ils empruntaient et qu'ils n'apparaissaient effectivement qu'au crépuscule, au moment du coucher ou du lever du soleil...

— Il y a donc toutes les chances pour que ces apparitions soient liées à un phénomène naturel !

— C'est bien possible. Mais vous allez rire... Certains observateurs ne voient *jamais* les Drosoulites alors que d'autres qui regardent à côté d'eux et dans les mêmes conditions, les voient parfaitement... L'évêque de Réthymo est resté vingt jours sur la plage de Franco Kastelli à la même époque que l'archevêque et il n'a rien vu...

— Il avait peut-être la vue un peu basse ou alors un peu trop claire justement ! Pourquoi voulez-vous en effet qu'il s'agisse d'autre chose que d'un simple mirage ? Les gouttes de rosée en suspension dans l'air forment sur cette plage un écran qui est aussi un miroir où vos « Hommes de la Rosée » se reflètent, d'où leur nom !

— Je pense plutôt que ne les voient dans certaines circonstances que ceux qui sont doués de facultés médiumniques, pour répondre à la première partie de votre question. Si ce ne sont que des doubles ou des reflets, par ailleurs, où se trouvent *les originaux ?* Les mirages, comme vous semblez fort bien le savoir, reflètent parfois des objets très éloignés, mais qui *existent* dans l'instant où la lumière, inégalement réfractée dans des couches d'air inégalement chaudes, les projette sur l'horizon. A supposer même qu'une telle troupe se déplace quelque part sur l'île ou même au-delà, comment expliquer les armes et les costumes que tous les témoins s'accordent à dire comme étant de l'antiquité ?...

— Avec ces guerres incessantes les Crétois voient sans doute des soldats partout...

— Une hallucination collective, alors ? Touchant les seuls Crétois ? Vraiment peu plausible !... Il se trouve que le 4 juin 1928 un officier grec, alors très connu, le général Hadjimichalis, et qui n'habitait pas l'île a vu très distinctement les Drosoulites. Il avait été prévenu par une femme venue en Crète pour faire les moissons et qui en les voyant les a d'abord décrits comme étant des moissonneurs. D'ailleurs Guthrie et ses compagnons les ont vus aussi et ils n'étaient pas Crétois...

— Je persiste à croire que ces visions, si elles existent, peuvent recevoir une explication naturelle. Il aurait déjà fallu vérifier si dans une ville ou un

village voisin il n'y a pas en juin un défilé folklorique ou commémoratif d'une bataille ayant eu lieu dans l'antiquité...

— Un des gouverneurs de la Crète, M. Psyllakis, qui avait d'ailleurs vu les ombres, l'a fait vers 1905. Il n'existait et il n'existe toujours pas de manifestations de ce genre en Crète...

— *A Rhodes alors, ou en Afrique peut-être... Les objets reflétés par les mirages peuvent se trouver à de très grandes distances...*

— C'est vrai. Mais où exactement se trouvent ces objets ? Rhodes, par exemple, est à 300 km de là et l'Afrique à plus de 600... Nous sommes très loin d'un mirage classique... De plus la plage de Franco Kastelli est totalemement enclavée par les montagnes Blanches qui culminent à 2 500 m. On n'a jamais vu de mirages transportés par-dessus de tels obstacles...

— *Il est tout de même surprenant que les Ombres ne déboulent qu'en Crète... Mais peut-être l'Achéron prend-il sa source au pays de Minos aussi ?...*

— S'il s'agit bien là d'un phénomène singulier il n'est pas unique... Loin de là. L'histoire relate de nombreuses visions de troupes fantômes, à toutes les époques.

Un conservateur de la Bibliothèque nationale, Jean-Pierre Seguin, a indiqué dans un article paru dans *le Monde,* en juillet 1967, qu'il disposait d'une bonne centaine de publications qui font état de l'apparition de troupes armées, mais aussi d'animaux, de figures humaines et de divers objets effrayants, parfois projetés dans le ciel. Ainsi à Sarlat le lundi 11 septembre 1587, deux armées, équipées de pied en cap, se livrèrent une longue bataille au-dessus de la paroisse de Carsac.

En 1895, un périodique allemand alors très lu, le *Hausfreund,* publie le récit suivant étayé de nombreuses preuves et témoignages : au commencement de l'année 1795 se produisirent près d'Ujest en Silésie supérieure des faits qui eurent un retentissement considérable dans toute l'Allemagne.

Le 27 janvier de cette année-là, entre 3 et 4 heures de l'après-midi, une cinquantaine de personnes travaillant dans les champs virent tout à coup un corps d'infanterie disposé sur trois rangs et précédé de deux officiers portant des drapeaux rouges, marcher vers eux. A un certain point, ces troupes s'arrêtèrent et la première ligne tira dans la direction des paysans, qui n'entendirent toutefois aucun bruit. Une fumée très épaisse s'éleva aussitôt des rangs et quand elle disparut, on vit à la place de l'infanterie, des hussards à cheval, qui disparurent tout aussi soudainement.

Le 3 février, vers 8 heures du matin, 400 paysans cette fois, virent de nouveau, à la même place, les mêmes soldats. Un « esprit fort » monta à cheval et galopa vers eux ; mais en arrivant sur place il n'en trouva aucune trace, alors que les spectateurs restés en arrière, le voyaient au milieu des soldats fantômes qui portaient des uniformes divers. Le 15 du mois, la scène se renouvela devant trente personnes. Alors le général von Sass, immédiatement prévenu de l'apparition, envoya sur place un détachement de soldats. Aussitôt que ceux-ci furent arrivés, les soldats fantômes, qui avaient entre-temps disparus, réapparurent. L'officier qui commandait le détachement éperonna son cheval et s'élança dans cette direction ; à cet instant un officier à cheval se détacha aussi des rangs des fantômes et alla à sa rencontre. Tous deux se saluèrent. Mais lorsque l'officier prussien demanda à l'autre qui il était et ce qu'il venait faire, il n'obtint pas de réponse. Il saisit alors son pistolet et allait tirer, lorsque tout disparut soudain.

— *La différence ici, c'est qu'il s'établit un contact entre les spectres et les vivants...*

— Oui. Et c'est peut-être le plus inexplicable...

— *Croyez-vous qu'il s'agisse d'autre chose que d'une hallucination visuelle ?*

— Je suis assez tenté de le croire, toujours à cause de l'abondance des témoignages. Dont la plupart échappent à la définition clinique de l'hallucination visuelle et à tout ce qu'on sait des mirages. Écoutez plutôt ! Il s'agit de deux autres cas d'un intérêt exceptionnel, parmi les centaines que l'on a recensés, depuis le combat relaté dans le livre II des Maccabées, qui s'est passé dans le ciel de Jérusalem alors qu'Antiochus s'apprêtait à faire la guerre à l'Égypte...

Le premier cas, qui est un des mieux authentifiés, concerne une vision, qui a eu lieu à Keinton en Angleterre, au début de 1642...

— *Ça n'est pas d'hier !*

— C'est un préjugé bien dommageable que de croire que l'ancienneté d'un fait en altère la crédibilité ! Cette même année éclate en Angleterre une guerre civile qui nous est aussi bien connue que la dernière année du règne de Louis XIII à la même époque, ou les événements de février 1936...

— *Vous croyez ?*

— Quand le juge de paix du canton de Keinton, William Wood, entouré de plusieurs personnes honorables, certifie sous serment avoir vu une bataille de spectres opposant les Puritains et l'armée de Charles Ier, il n'y a aucune raison a priori de douter de sa sincérité...

Le 23 janvier 1642 donc, entre minuit et une heure du matin, des bergers, des paysans et des voyageurs commencent à entendre sur Edge Hill des roulements lointains de tambour puis des cris de soldats à l'agonie, des coups de mousquets et de canon. Progressivement les bruits se rapprochent et deviennent si forts que les témoins, épouvantés, veulent s'enfuir. C'est alors que la furia des « soldats incorporels » comme dit le principal témoin, commence à déferler sur les collines proches, pétrifiant sur place les spectateurs. En tête de cette première armée, on distingue facilement les drapeaux de Charles Ier, précédés de plusieurs canons et de tambours en uniforme amarante, battant la charge. De l'autre côté de la colline surgissent ensuite les bataillons puritains, précédés de troupes de cavalerie qui fondent sur leurs adversaires. Bientôt la mêlée est terrifiante et parmi les témoins nul ne songe plus à s'enfuir de crainte que ces soldats infernaux ne se retournent contre eux... Au bout de trois heures de combats au corps à corps, les partisans de Charles Ier s'enfuient...

L'événement fait évidemment sensation dans tout le comté et dès le lendemain les notabilités, ministres du culte en tête, se portent vers le lieu de la bataille, armés de rouleaux de papier et de plumes et bien sûr de goupillons et de manuels d'exorcisme.

A trois reprises encore la bataille des fantômes se reproduit avec un fracas d'armes encore plus considérable, et le bruit fait autour de l'affaire arrive finalement aux oreilles du roi. Charles Ier nomme aussitôt une commission, conduite par le colonel Lewis Kirke. Huit jours après, la bataille a encore lieu et des membres de la commission arrivent même à reconnaître plusieurs des spectres, notamment Sir Edmond Varney, qui avait été tué au cours du combat historique d'Edge Hill... deux mois auparavant !

— *En admettant que les témoins n'aient pas éprouvé seulement des hallucinations visuelles et auditives, on ne voit vraiment pas quel peut être le sens de ces doublons de l'histoire, de ces ratés de la Raison, mais aussi de l'imagination. Puisqu'ils ne sont que la réplique fidèle d'un fait qui s'est déjà produit...*

— C'est en effet irritant pour notre conception humaine — trop humaine ! — de l'espace-temps. Mais dans le cas des combats fantômes décalés dans le temps, il y a plus troublant encore...

— *Vous n'allez tout de même pas soutenir que des contemporains d'Hugues Capet ont assisté à la bataille de la Marne par exemple ?*

— A peu de chose près, si !... Dans les tout premiers jours de février

1574, cinq soldats de la garde bourgeoise d'Utrecht, qui sont de garde aux environs de minuit, voient sur l'horizon proche, la représentation d'une terrible bataille. Une première armée a manœuvré en venant du nord-ouest, très rapidement, pour surprendre, semble-t-il, une autre armée venant du sud-est et se déplaçant lentement et dans un certain désordre, comme si elle venait de sortir d'un camp retranché. A partir de là les gardes, qui ont l'habitude (les envahisseurs espagnols harcèlent les positions des « patriotes » du comte de Nassau) suivent les différentes phases de la bataille et notamment son épilogue, quand ils voient l'armée du nord-ouest se reformer une dernière fois et se jeter sur l'ennemi formé en carré entouré d'une double rangée de mousquets. Les lances de l'armée du sud-est se brisent comme de « frêles roseaux », notent les sentinelles qui déposeront ensuite sous serment, et ses colonnes sont repoussées en désordre.

Les magistrats d'Utrecht prennent cette vision très au sérieux : elle paraît décrire l'aboutissement de mouvements de troupes, avant le grand choc qui opposera les Espagnols de Don Louis de Requesens aux Hollandais. Les précisions des gardes sont si convaincantes, que les habitants d'Utrecht ne doutent plus de l'issue de la bataille décisive... à venir ! Celle-ci se déroule le 13 février à Mook, c'est-à-dire douze jours après la vision. Le comte Louis de Nassau, frère de Guillaume d'Orange y trouve avec de nombreux chevaliers, une mort glorieuse. L'historien américain Motley, spécialiste de cette période, est formel : il existe de telles similitudes entre la vision et sa réalisation douze jours plus tard, qu'on ne peut invoquer le hasard. Mais là encore, l'hypothèse d'un temps différent qui ne serait plus fragmenté en « avant », « pendant » et « après », comme le temps que nous connaissons, temps relatif aux spectateurs que nous sommes, enfermés dans un théâtre d'ombres, qui s'ils pouvaient en sortir auraient la révélation du temps absolu, déployé immobile, dans un éternel présent...

— *En admettant que de telles visions se soient produites, il n'a, bien sûr, pas été possible d'expliquer leur nature ni pourquoi elles avaient eu lieu...*

— Non, pas jusqu'ici...

— *C'est d'ailleurs de peu d'importance puisqu'elles appartiennent au passé et qu'avec les progrès de la science et de l'information...*

— Détrompez-vous ! Dans un livre récent, un ancien commandant de gendarmerie, Émile Tizané, qui a consacré quarante années de sa vie à enquêter sur les phénomènes de hantise, assure que les apparitions sont aujourd'hui aussi nombreuses qu'autrefois. Quant aux combats de fantômes, imaginez-vous qu'il n'y a pas si longtemps, non plus, le ministre de la Défense de Sa Gracieuse Majesté Élisabeth II a pris la tête d'une expédition destinée à vérifier le bien-fondé d'une bataille de spectres qui se déroule tous les 23 octobre à Keinton... à l'intérieur d'un terrain qui sert de dépôt de munitions de l'armée !

— *Quel a été le résultat ?*

— Je l'ignore, mais comme il s'agit d'un fait assez récent, je vais faire mon enquête moi aussi...

— *Et en attendant, vous y croyez ?*

— Faute d'avoir vu un fantôme, dont je ne nie pas a priori l'existence, je crois avec Alexis Carrel que dans certaines circonstances, qu'un jour la Connaissance établira, l'homme est capable de se replier ou de s'étendre, bien au-delà des limites de son apparence...

SOURCES

Erich de DÄNIKEN, *Le Livre des Apparitions,* Éd. Albin Michel.
Émile TIZANÉ, *L'Hôte inconnu dans le crime sans cause,* Éd. Tchou.
Le Livre des Pouvoirs de l'Esprit, Éd. C.A.L.
Revue Métapsychique, 1938-39.
Werner KELLER, *La Parapsychologie ouvre le futur,* Éd. Robert Laffont.

Le fantôme d'Anne Boleyn

GUY BRETON

LE 19 MAI 1356, A NEUF HEURES DU MATIN, LA REINE D'ANgleterre Anne Boleyn, épouse de Henry VIII, qui avait été enfermée le 23 avril à la Tour de Londres sous l'inculpation d'adultère et de complot, fut conduite en robe de soie blanche largement décolletée sur un échafaud où l'attendait un bourreau immobile.

Lorsqu'elle eut gravi, entourée de ses quatre dames d'honneur, les dernières marches qui la menaient au supplice, la jeune femme découvrit le billot, le sabre et une bière entrouverte. Elle ne sourcilla pas. Avec la sérénité des purs, elle priait.

La veille, en apprenant que, par une grâce de son monstrueux époux, elle ne serait ni pendue ni brûlée, mais décapitée, elle avait demandé doucement :

— Le bourreau est-il au moins habile ?

Puis elle avait ajouté en portant la main à son cou :

— C'est vrai qu'il n'aura pas grand-peine ; il est si mince !...

Les quatre dames d'honneur s'approchèrent pour l'assister. Elle les repoussa en souriant, défit elle-même sa coiffe toute scintillante de perles et ne conserva que la résille qui retenait sa longue chevelure noire. Après quoi, elle s'agenouilla et posa la tête sur le billot.

Pendant que le bourreau levait le bras, on entendit Anne murmurer :

— Mon doux Jésus, ayez pitié de moi !

Puis le sabre s'abattit sur le cou frêle si souvent caressé par Henry VIII.

La tête bondit et tomba dans la paille.

Les dames d'honneur virent alors avec stupeur que les lèvres de la reine remuaient encore en une prière silencieuse.

A ce moment, un coup de canon fit trembler Londres. Il était destiné à apprendre au roi, enfermé dans le palais de White Hall, que sa seconde femme était morte et qu'il pouvait préparer ses noces avec Jane Seymour.

Aussitôt, les dames d'honneur vinrent en pleurant s'emparer « avec moult soins précieux » de la tête et du doux corps d'Anne Boleyn, puis elles les placèrent dans la bière qui fut portée immédiatement à la chapelle de Saint-Peter de Vincula où on l'enterra sans aucune cérémonie religieuse.

Henry VIII, qui devait se fiancer dès le lendemain avec Jane Seymour, pensait bien alors qu'on ne parlerait plus jamais d'Anne Boleyn, inhumée « comme une épave anonyme » et que son souvenir même s'effacerait des mémoires.

C'était méconnaître la malice des fantômes.

□

Quelques jours avant sa mort, Anne avait écrit un poème dans lequel elle se comparait, de façon étrangement prémonitoire, à un « *guiltless ghost* » (innocent fantôme). Or, ce « guiltless ghost » ne cesse, depuis 1536, de hanter l'Angleterre. Il est vrai que, dans ce pays, chacun sait que les innocents ne peuvent connaître le repos tant que justice ne leur a pas été rendue.

La première manifestation du fantôme d'Anne eut lieu la nuit même qui suivit l'exécution. Quelques personnes du Norfolk, qui assurèrent plus tard avoir été horrifiées — ce que l'on admet aisément — virent passer une voiture tirée par quatre chevaux décapités. A l'intérieur se trouvait la reine en robe blanche, tenant sa tête sur ses genoux. Cet épouvantable équipage parvint jusqu'aux portes de Blickling Hall, où Anne était née, et disparut subitement.

Dès lors, le fantôme d'Anne Boleyn ne cessa plus de hanter ce château, déplaçant les meubles, glissant dans les couloirs, gravissant silencieusement les escaliers, se chauffant au coin d'une cheminée, traversant les murs, sillonnant le parc les nuits de clair de lune, faisant vibrer les cordes des psaltérions et des violes du salon de musique, ou effrayant les chats par son insolite clarté. Au point que les habitants de Blickling Hall s'habituèrent très vite à cette « présence » et qu'aujourd'hui personne n'éprouve la moindre frayeur en entendant, la nuit, le célèbre bruissement de la robe de soie blanche, pas même la plus peureuse des femmes de chambre...

□

La principale caractéristique des fantômes, on le sait, est l'ubiquité. Celui d'Anne Boleyn apparaît donc en bien d'autres lieux.

On le voit ainsi, régulièrement, à Rockford Hall, dans le sud-est de l'Essex, château qui appartenait jadis, tout comme Blickling Hall, à la famille d'Anne. Là, il erre sur les pelouses pendant les « douze jours de Noël », c'est-à-dire pendant la période qui sépare le 25 décembre de l'Épiphanie[1].

Il semble se plaire également dans une pièce de la partie nord-est du bâtiment connu sous le nom de « Nursery d'Anne ». Non content d'y faire entendre des hurlements, des claquements de portes et des bruits divers, il s'y livre à de lugubres facéties. C'est ainsi que des taches de sang apparaissent, dit-on, sur le plancher, le jour anniversaire de l'exécution.

Cette chambre hantée a naturellement attiré de nombreux spirites. Certains y connurent des émotions fortes. L'écrivain Charlotte Mason raconte, par exemple, qu'au cours d'une réunion tenue un soir de 1928, un chat noir tomba soudain de la cheminée dans un nuage de suie, plongeant les participants dans une indescriptible terreur. Une autre fois, des mains surgies de l'invisible arrachèrent les rubans d'une petite fille

1. Ces douze jours étaient considérés, avant le christianisme, dans les sociétés primitives d'Europe, comme une période magique. Ils commençaient au solstice, que les Anciens situaient le 25 décembre, pour s'achever quand l'allongement des jours devenait sensible, c'est-à-dire le 6 janvier. L'Église « christianisa » cette période en l'encadrant par la fête de Noël et la fête des Rois.

que la sagesse eût commandé de laisser à la maison. Enfin, en 1965, les membres d'une association spécialisée dans les contacts avec l'au-delà furent délicieusement malades de peur en voyant passer au milieu d'eux une femme sans tête...

□

Le fantôme d'Anne Boleyn apparaît aussi pendant la nuit de Noël à Hever Castle, près d'Edenbridge, dans le Kent. Au douzième coup de minuit, on le voit glisser lentement sur un pont qui enjambe la rivière Eden. Or, c'est là que se noua l'idylle de la jeune femme avec Henry VIII. Allez donc comprendre les fantômes !

Le spectre d'Anne Boleyn se montre parfois malicieux. C'est ainsi qu'il semble prendre un malin plaisir à fréquenter Marwell Hall, dans le Hampshire, château hanté par le fantôme de sa rivale, Jane Seymour. Et certaines nuits, les habitants voient flotter sur la pelouse les silhouettes scintillantes de deux dames blanches. Celle qui a une tête et celle qui n'en a pas... [1].

□

Mais c'est naturellement à la Tour de Londres que le fantôme d'Anne Boleyn est le plus assidu. C'en est même, depuis quatre siècles et demi, le principal et le plus célèbre pensionnaire. Au point que ses apparitions sont mentionnées de façon réglementaire sur le registre du corps de garde. Quand on feuillette ce document officiel, on s'aperçoit que le spectre de la jeune reine furète dans tous les coins de l'ancienne bâtisse. On le signale, tantôt dans la Tour blanche, tantôt dans la Tour verte, tantôt dans la Maison du Roi, tantôt à Saint-Peter de Vincula, tantôt même sur les toits...

Durant les XVIIe et XVIIIe siècles, il semble avoir curieusement été attiré par les décapitations. A plusieurs reprises, en effet, les juges prétendirent l'avoir vu rôder autour des

1. Jane Seymour, que Henry VIII avait epousé le 15 mai 1536, mourut l'année suivante, le 24 octobre 1537, après avoir mis au monde le futur Édouard VI.

bourreaux, au moment où ceux-ci procédaient à une décollation.

Parfois, il se promène entouré de « personnages » de son espèce et participe à d'étranges cérémonies, ainsi qu'un officier de la Tour en fut témoin, il y a quelques années. Cet homme faisait une ronde de nuit lorsqu'il constata que les vitraux de la chapelle étaient éclairés par une lumière étrange. Intrigué, il alla chercher une échelle, grimpa jusqu'à la fenêtre et jeta un coup d'œil dans la nef. Ce qu'il vit faillit le faire tomber à la renverse. Anne Boleyn, resplendissante dans des broderies Tudor, conduisait une procession de dames et de seigneurs qui remontaient lentement et en silence l'allée centrale. Lorsque les personnages eurent atteint le chœur, la vision s'évanouit progressivement tandis que la lumière s'éteignait.

Pour d'autres gardes, la rencontre avec le fantôme d'Anne Boleyn faillit avoir de très fâcheuses conséquences. Un soir d'hiver de 1933, le guardsman en faction devant la Tour vit surgir devant lui une forme blanche. Après les sommations d'usage, l'homme s'approcha de l'apparition et s'aperçut qu'il s'agissait de la silhouette sans tête d'Anne Boleyn. Terrorisé, il s'enfuit en hurlant.

Cet abandon de poste, qui aurait dû lui valoir les arrêts de rigueur, eut une conclusion impensable dans un autre pays que l'Angleterre. Les supérieurs du brave fonctionnaire notèrent, en effet, dans leur rapport : « Le poste étant connu pour être hanté, le garde a seulement été réprimandé. »

Un jeune soldat du Sixtle Rifles, qui était de service au pied de la Bloody Tower, la Tour Sanglante, connut une aventure plus mouvementée encore : apercevant une Dame blanche qui s'approchait de lui, il chargea, baïonnette en avant, et tomba évanoui après avoir constaté que son arme avait traversé la promeneuse de part en part sans rencontrer de résistance.

Lorsqu'on le retrouva étendu sur le pavé, lors de la relève de la garde, on crut qu'il était ivre et il fut appelé à comparaître devant la Cour martiale. Là, il décrivit son combat avec le fantôme d'Anne Boleyn. Les juges militaires l'écoutèrent sans sourciller, tout comme ils écoutèrent ensuite deux officiers, qui avaient rencontré, eux aussi, le spectre de la reine, un peu plus tôt dans la soirée. Et le jeune soldat fut acquitté...

Est-ce le fait d'avoir vu son existence implicitement reconnue par la Cour martiale d'Angleterre qui a donné de l'assurance au fantôme d'Anne Boleyn ? On pourrait le croire car il s'est conduit, il y a quelque temps, avec une désinvolture dont la très digne Society for Psychical Research a été stupéfaite. Les membres de cette honorable compagnie, qui étudient depuis longtemps les faits et gestes du spectre sans tête et connaissent toutes ses manies, n'avaient jamais eu avec lui que des relations courtoises et même agréables. Or, le soir du 24 décembre 1979, un photographe travaillant pour la S.P.R. alla se placer, muni d'un appareil armé de pellicules ultra-sensibles, près du petit pont d'Ever Castle où la jeune reine a l'habitude d'apparaître chaque nuit de Noël.

Il attendait depuis un bon moment lorsqu'au douzième coup de minuit, une tache blanche et scintillante surgit des ténèbres et prit peu à peu la forme d'une femme sans tête. Le garçon, ravi, fit une photo. Il n'eut pas le temps de recommencer : le fantôme, à une vitesse stupéfiante, se précipita dans sa direction et passa à travers lui. Très ému, le reporter se retourna et vit la forme glisser sur le pont, puis disparaître.

Le lendemain, dans son laboratoire, il voulut développer son unique cliché. Il constata alors avec effarement que le fantôme, *en traversant son appareil, avait, de façon inexplicable, entièrement voilé le film qui s'y trouvait...*

RÉPONSES À L'INCRÉDULE

— *Voilà un fantôme débordant d'activité !*

— L'Angleterre est remplie de ces spectres baladeurs. Il existe d'ailleurs là-bas un *Annuaire des fantômes* où se trouvent répertoriés les mille cent soixante visiteurs de l'au-delà reconnus comme authentiques par le « club des Fantômes » fondé en 1862. Et il n'est pas rare que des gens qui annoncent, dans la rubrique immobilière du *Times,* que leur maison est à vendre, indiquent, parmi les caractéristiques pouvant intéresser l'acquéreur, qu'elle est agréablement hantée...

En 1953, une certaine Mrs Muriel Ward fit, par exemple, insérer le texte suivant : « A vendre presbytère du XVe siècle en bon état, avec un grand choix de fantômes amicaux. Prix : 7 500 livres. »

Un acheteur s'étant présenté, Mrs Ward précisa que, parmi les « fantômes amicaux », se trouvaient un moine en capuchon, une vieille dame qui venait prendre un petit déjeuner à chaque Noël et un groupe de joyeux garçons du XVIIe siècle surgissant d'un carrosse tous les 15 septembre pour organiser une fête dans le presbytère...

— *Je suppose qu'Anne Boleyn n'est pas le seul personnage célèbre dont on prétend voir le fantôme ?*

— Non. Il y a d'abord le propre frère d'Anne Boleyn, Lord Rochford, qui fut exécuté deux jours avant elle. On le voit, paraît-il, à la tombée du jour, près de Blickling Hall, passer sur un cheval au galop. Détail affreux : le cavalier et sa monture sont décapités. Autre fantôme familial : celui de Thomas Boleyn, père d'Anne. Lui sillonne la campagne du Norfolk le jour anniversaire de la mort de sa fille, et les braves gens expliquent qu'il expie le péché de n'avoir rien tenté pour la sauver... Il y a encore Jane Seymour qui, je vous l'ai dit, hante curieusement Marwell Hall en compagnie d'Anne qu'elle remplaça dans le cœur et dans le lit d'Henry VIII. Et puis, il y a la malheureuse Jane Grey qui avait été proclamée reine d'Angleterre à la mort d'Édouard VI et qui, neuf jours plus tard, fut condamnée à être décapitée sur l'ordre de Marie Tudor. Elle avait tout juste dix-sept ans.

Depuis lors, son fantôme fréquente la Tour de Londres où elle mourut, et ses apparitions sont généralement annoncées par la presse anglaise. Certains journaux français s'en font d'ailleurs l'écho, ainsi que le prouve cet article que j'ai découpé dans *France-Soir* du 14 février 1957 :

UN FANTÔME VÊTU DE BLANC REND VISITE
À DEUX SOLDATS DE LA TOUR DE LONDRES

Londres, 13 février.
Deux soldats de la garde à la Tour de Londres ont vu, hier matin, un fantôme évoluer sur le sommet de la « Tour du Sel », haute de douze mètres, et l'une des plus sombres et des plus sinistres de cette sombre et sinistre forteresse. Le premier d'entre eux entendit, à trois heures du matin, un objet tomber sur le toit de sa guérite, au pied de la Tour. N'écoutant que son courage, il bondit à l'extérieur, leva les yeux et « aperçut une forme blanche entre les créneaux »... Le garde numéro deux, appelé en renfort, fut d'abord incrédule, mais quand il leva à son tour les yeux, il fut frappé de stupeur : « Par le diable, tu as raison ! »
C'était hier le 403e anniversaire de l'exécution de lady Jane Grey.

— Vos histoires de fantômes me font mourir de rire, car je n'y crois pas un instant, mais continuez. Y a-t-il d'autres grands personnages qui se promènent dans les châteaux britanniques ?

— Bien sûr ! Il y a la très belle Lady Hamilton, le grand amour de Nelson, qui hante le numéro 2 de Cambridge Square où elle s'amuse, dit-on, à ouvrir des portes fermées à clé. Il y a aussi le duc de Buckingham, l'amoureux d'Anne d'Autriche, qui se promène depuis 1628, date de son assassinat, dans le château de Windsor. On cite encore le fantôme de George III qui vient de temps en temps, faire une petite apparition, et celui d'Elisabeth Ire avec lequel un capitaine de Horse Guards essaya, une nuit — en vain d'ailleurs — d'engager la conversation. Mais il faudrait parler de tous les autres, les anonymes, soldats, commerçants, abbés, comédiens, banquiers, qui hantent de modestes maisons, des auberges, des boutiques, des sacristies, des fermes, des écoles...

— Je continue, bien entendu, à n'accorder aucune foi à toutes vos billevesées. Mais, puisqu'il faut bien faire montre de courtoisie et ne pas interrompre le dialogue sur un éclat de rire malséant, permettez-moi de reprendre mon sérieux pour vous poser une question. Comment se fait-il que l'on « voie » (remarquez tout de même mes guillemets) tant de fantômes dans les Iles britanniques ?

— C'est une question de mentalité. Devant un phénomène l'attitude d'un Français est, en général, totalement différente de celle d'un Anglais. A cause de son rationalisme, le Français *croit* à la réalité des choses *parce qu'il les voit.* L'Anglais, lui, *les voit, parce qu'il y croit.*

— *Cela revient à dire qu'il est victime de son imagination et de sa crédulité ?*

— Ceci est votre interprétation. Il y en a une autre. Cela signifie peut-être que notre rationalisme a éteint en nous une aptitude à voir ce que d'autres hommes — et les animaux — perçoivent parfaitement.

— *Ah oui ! Descartes et quelques autres nous auraient fait perdre le sens du merveilleux... Je connais l'antienne. Et vous ne m'empêcherez pas de croire que vos fantômes ne sont que des hallucinations.*

— C'est votre droit le plus strict. Seulement, vous m'expliquerez comment un fantôme qui ne serait qu'une hallucination peut voiler une pellicule placée à l'intérieur d'un appareil photographique..

SOURCES

Warren ARMSTRONG, *Les Chevaux du diable,* Presses de la Cité.
Roger DELORME, « Les fantômes et la Tour de Londres », in *Miroir de l'Histoire,* n° 320, novembre 1980
Paul FRIEDMAN, *Lady Ann Boleyn,* 2 tomes, 1903.
Eric MAPLE, *Ann Boleyn, a very guiltless ghost.*
Cyrille de NEUBOURG, *Fantômes et Maisons hantées,* Grasset.

Le Grand Condé et son fantôme

LOUIS PAUWELS

AU MILIEU DU JOUR, CE 26 SEPTEMBRE 1598, UN GRAND CRI d'affliction s'élève du beau château de Chantilly, dont la construction s'achève à peine. Louise de Budos, duchesse de Montmorency, vient d'expirer, alors qu'elle allait peut-être donner au Connétable Henri, un second fils qui perpétuerait sa race.

A Chantilly et à Fontainebleau, où le connétable s'est rendu pour régler des affaires qu'Henri IV lui a confiées, c'est la stupeur et la douleur. L'épouse bien-aimée d'Henri de Montmorency, si douce et si belle, n'avait que vingt-trois ans !

Montmorency ne retournera à son château que pour le service funèbre et pour prier les frères feuillants de fonder à Chantilly un monastère. Puis avant de se retirer, désespéré, dans sa maison de Mello, il fait clouer portes et fenêtres de la pièce où la malheureuse Louise est morte.

Trois mois passent, et puis une rumeur se met à courir dans les pays d'Oise. Une rumeur qui paraît à tous incroyable. On entend dire dans les bonnes maisons et aussi dans les taudis, que le connétable... s'est remarié ! On précise même que l'élue est une certaine Mme de Dizimieu, tante de Louise, qui vivait déjà à son foyer, du vivant de la duchesse. Et l'on se signe, car le délai est trop court et l'union contraire aux textes canoniques...

Pierre de l'Estoile, le grand chroniqueur de l'époque, commente ainsi l'événement : « Mourut en ce temps à

Chantilly, en la fleur de ses ans et de son âge, Madame la Connétable, la fleur des beautés de la cour, miroir hideux de la justice de Dieu en sa fin, qui fut avec désespoirs, frayeurs et gémissements épouvantables, servant d'instruction aux courtisans et courtisanes de ce siècle, de craindre Dieu et de ne pas faire comme celle-ci *qui s'était donnée au diable* qui l'a payée de sa vanité et curiosité, vices dont la plupart des seigneurs et dames de la cour font aujourd'hui leurs dieux ! »...

Pierre de l'Estoile, on le voit, n'y va pas par quatre chemins, et accuse Louise de Budos de sorcellerie.

Un siècle plus tard, Saint-Simon reprend les faits et les nourrit de plusieurs témoignages. Voici l'étrange récit que l'auteur des célèbres *Mémoires* fait de l'événement. Selon lui Louise de Budos, jeune veuve de dix-huit ans, et sa mère se trouvaient aux côtés de la femme du connétable lorsque celle-ci mourut en 1593. Mère et fille font leur possible pour soulager la douleur de Montmorency qui reste longtemps inconsolable. Un jour qu'elles se promènent aux alentours du château de Pézenas elles tombent sur une pauvre femme qui demande l'aumône en tenant un enfant dans ses bras. Louise, émue à la vue du bébé, oblige sa mère à donner quelques pièces à la mendiante qui se confond en remerciements et assure aux deux femmes que si elles le voulaient leur charité porterait mille bénédictions. La condition c'est qu'elles acceptent une bague qu'elle leur tend et qu'il faudra passer au doigt du connétable.

Avec un bel art du raccourci Saint-Simon conclut : « Le conseil fut de point en point suivi et le connétable épousa Louise de Budos »...

L'histoire, comme on sait, ne s'arrête pas là et pendant cinq années la petite Louise et son grand capitaine furent parfaitement heureux.

Montmorency est fréquemment parti en campagne aux côtés du futur Henri IV qui fait ce qu'il peut pour hâter en France le temps de la poule au pot. Louise ainsi se trouve souvent seule au château de Chantilly que le connétable vient de faire relever. Un soir qu'elle est avec sa tante et le comte de Cramail, l'entourage lui trouve une mine terriblement défaite. Aurait-elle reçu quelque mauvaise nouvelle du connétable ? Certes non, répond Louise qui tente de rassurer son monde. A quelques jours de là, alors qu'elle se promenait après dîner avec ces deux mêmes personnes, elle les quitte brusquement, en les priant de ne surtout pas bouger. Elle s'avance vers un homme qui est debout au détour d'une allée et qui semble l'attendre. Elle le rejoint, s'arrête à ses côtés et lui parle assez longtemps. Quand l'homme s'en va, la tante et Cramail la rejoignent à leur tour, très intrigués. La jeune femme paraît si abattue que cette fois ils ne doutent plus qu'elle vient d'apprendre quelque fatale nouvelle des armées. Elle tente encore de les rassurer et se montre encore plus évasive et plus accablée que la précédente fois.

Le lendemain au dîner, alors qu'on va servir les desserts, on vient lui dire que l'homme qui l'a entretenue la veille demande à lui parler à nouveau. Cette visite paraît la bouleverser et elle dit, à haute voix, qu'elle trouve l'homme décidément bien empressé. Elle prie qu'on le fasse attendre, mais sort de table assez rapidement en défendant vivement qu'on vienne la déranger : même si on entendait du bruit ou les échos d'une éventuelle dispute, insiste-t-elle.

Louise s'éloigna avec son visiteur vers un cabinet de travail, situé près de la grande galerie, où elle s'enferma avec lui. La famille, pour l'heure réduite, il est vrai, à sa tante et à ce gentilhomme, commence à trouver ce comportement extraordinaire. Pour des raisons qui peuvent nous paraître tout aussi singulières, on la laisse confrontée toute la journée à l'inconnu et ce n'est qu'au soir et après avoir tenu conseil avec toutes les personnes responsables au château, qu'on se décide à frapper à la porte du cabinet. Elle est fermée de l'intérieur et on a beau appeler et conjurer, Louise ne répond pas. Il faut donc se résoudre à enfoncer la porte. Un spectacle terrible attend les témoins : la connétable est étendue par terre dans une posture qui glace d'horreur les témoins. Elle est couchée à plat sur le dos, et sa tête a subi une torsion de 180 degrés, de telle sorte que sa face est à présent entièrement tournée vers le sol. Le visage ne porte aucune trace de violence.

La malheureuse est bien sûr morte et il règne dans la pièce une odeur de soufre nauséabonde.

D'après Saint-Simon, Louise de Budos serait donc morte, victime du Malin. Quant au remariage du Connétable avec Laurence de Dizimieu, il serait dû à un nouveau sortilège.

Au soir du drame, la douleur avait jeté Laurence sur le corps sans vie de sa nièce. Après avoir longuement baisé la dépouille, elle avait pris, dans son égarement, la bague de la mendiante que Louise portait à son doigt comme un talisman. Puis l'avait aussitôt enfilée sur le sien, comme une pieuse relique...

Le Connétable, éperdu de douleur, rentra d'une traite à son château où tous les témoins purent voir la sincérité de son désespoir. Et puis, dès qu'il reprit un peu contenance, il fit à Laurence — qu'il ne pouvait souffrir auparavant — mille marques d'amitié. Celle-ci fut heureuse de ces dispositions nouvelles et les mit sur le compte du désarroi. Mais alors qu'elle s'apprêtait à partir pour de bon, il lui demanda tout net... de l'épouser !

Singulier mystère... Laurence n'est pas riche et de plus, sa figure est des plus disgraciées. Quant à la garder seulement pour donner une mère à ses enfants, le duc pourrait trouver de plus proches dans sa famille et à coup sûr, de moins détestées. Jusqu'à cet incroyable revirement du moins... Le premier moment d'étonnement passé, la tante de Louise, qui n'a que vingt-huit ans, ne songe pas, bien sûr, à refuser l'offre mirifique que lui fait le plus éminent seigneur du royaume. Qui, à soixante-cinq ans, trouve encore tous les jours dans son courrier les lettres les plus galantes : « Si je n'estois femme de qui vous aimez le sexe, je ne serais pas si hardie ! » lui écrit à cette époque une ardente solliciteuse...

Le Connétable se montre si pressé, qu'il n'attend même pas la dispense de Rome pour fixer la date du mariage. Ce n'est que quelque temps après sa célébration, qu'il songe à se tourner vers le pape. A Jean des Porcellets, seigneur de Maillan, personnage important dans le Midi, est confiée la mission d'aller requérir l'indulgence pontificale. En place du duc, Rome tance l'émissaire, mais accorde son pardon. Sous condition qu'il soit procédé au plus vite à un nouveau mariage, dans les règles cette fois.

Laurence, pendant tout ce temps, ne jouit pas comme elle

devrait de son bonheur. Sans cesse elle se questionne. Comment donc l'amour a-t-il pu tomber si inopinément à son prince ? Un jour elle s'avise que c'est certainement la bague de sa défunte nièce qui est à l'origine du miracle. Les amies à qui elle se confie se moquent d'elle. Mais comme elle est de plus en plus tourmentée, on lui suggère de se séparer tout simplement du bijou. Alors, un jour qu'elle se promène dans les jardins du château d'Écouen, elle jette la bague dans une mare...

Presque au même moment, Jean de Maillan est rentré de son ambassade romaine. Le Connétable le reçoit aussitôt pour lui signifier que non seulement il n'est plus question pour lui de se marier, mais qu'il envisage même de se séparer le plus rapidement possible de Laurence. Le pape, ulcéré de ce comportement extraordinaire, enjoint alors au Connétable de convoler chrétiennement et sur-le-champ. De longues tractations s'engagent.

Montmorency jure que s'il peut se débarrasser de celle qui est malgré tout sa femme, il ne se mariera plus jamais, et que plus jamais il n'aura d'enfants. Le pape se montre inflexible et si fort est alors son pouvoir, que le 18 avril 1601, le mariage doit être célébré publiquement, par l'évêque d'Arles, à Beaucaire.

Étrange mariage en vérité ! Laurence n'a pas encore quitté ses atours que son époux exige une séparation immédiate... Avec interdiction de jamais reparaître à Chantilly... Pour éviter toute plainte, Montmorency lui constitue un revenu honorable, mais l'oblige, comme en proie à un éternel ressentiment, à fuir de château en château, jusqu'à sa propre mort, en 1614.

A demi folle et ignorée de la Cour comme de la ville, Laurence de Dizimieu vécut encore quarante années. Quant à Louise de Budos, qui avait connu de son vivant de si extraordinaires aventures, elle eut, après sa mort, une étrange activité, si l'on en croit toujours Saint-Simon. « Une tradition constamment crue dans la Maison de Condé, veut que la Connétable Louise apparaisse dans l'âge où elle était et avec les habits de son temps, à la fenêtre de la salle d'armes de Chantilly, peu avant la mort de l'aîné de la Maison de

Condé ». Ce qu'il y a de très certain, c'est que fort peu de jours avant la petite vérole de Madame la duchesse, bâtarde de Louis XIV [1], « le Grand condé étant à Chantilly d'où il ne sortait plus guère, Vervillon, son écuyer, revenant de tirer et arrivant à soleil couchant au château, vit à la fenêtre ouverte de la salle d'armes, vis-à-vis de la statue de la Connétable, une femme vêtue singulièrement, appuyée et très avancée sur cette fenêtre, et qui regardait tellement en bas, qu'il ne put voir que peu et imparfaitement son visage. Vervillon qui n'ignorait rien de la tradition de la maison et qui savait que cette salle était toujours fermée et ses fenêtres aussi, fut si frappé de cela qu'il s'arrêta. Se tournant vers le palefrenier qui le suivait, il lui demanda s'il ne voyait pas quelque chose à la fenêtre et ce que c'était. Le palefrenier lui dit qu'il voyait la même forme. Vervillon, sûr qu'il ne l'imaginait pas, avance, toujours en regardant, jusqu'à ce qu'étant arrivé fort près de la porte, il ne pût plus la voir. Au lieu d'aller à sa chambre, il met pied à terre chez le concierge et lui demande pourquoi la salle d'armes est ouverte. Celui-ci répond qu'elle ne l'est pas, conteste, présente ses clefs, monte tout de suite avec Vervillon, lui montre la porte de la salle d'armes bien fermée, et l'ouvre ; ils entrent tous, trouvent portes et fenêtres bien closes et personne dedans. Vervillon bien étonné, s'en va dans sa chambre, y emmène le concierge, lui conte ce qu'il a vu, puis à Monsieur le Prince de Conti, alors exilé à Chantilly, et fait parler devant eux le palefrenier. La chose gagne d'oreille en oreille les principaux de la maison et les effraye. » Vervillon, ajoute Saint-Simon, « était depuis des années à Monsieur le Prince, brave homme, fort estimé, fort mêlé avec le monde. Il a vécu plus de trente ans depuis cela et toujours avec beaucoup d'amis considérables...

« A deux jours de là, Monsieur le Prince de Condé sut que Madame la duchesse avait la petite vérole à Fontainebleau, d'où la Cour était pour cela partie. Il alla la trouver, y tomba

1. Louise-Françoise, dite Mlle de Nantes, fille de Louis XIV et de Mme de Montespan, qui épouse en 1685 Louis, duc de Bourbon, petit-fils du Grand Condé.

malade tout de suite et y mourut fort promptement le 11 décembre 1686... [1] ».

RÉPONSES A L'INCRÉDULE

— *Singulière histoire où se trouvent mêlés un envoûtement, le Malin et un fantôme...*

— Essayons de débrouiller l'affaire. Souvenons-nous... Tout commence par l'envoûtement, c'est-à-dire par l'anneau magique qui aurait fait tomber le Connétable sous le charme de Louise. Celle-ci et sa famille sont à l'évidence convaincues que certains objets peuvent être chargés de pouvoirs...

— *Quelle crédulité !*

— Peut-être. Mais il n'y a pas que les animistes, à travers le monde, qui croient que la matière est reliée à quelque chose qui en dépasse l'apparence !

— ... *Capable de mener un Montmorency devant l'autel ? Alors que sans la bague...*

— Je n'en sais rien. Mais l'envoûtement, en tout cas, est une réalité, qui passe souvent par l'intermédiaire d'un objet, servant en quelque sorte de « condensateur psychique »... L'anneau est très souvent le support de cette force. Dans la Grèce ancienne on y croyait tellement qu'on interdisait aux prêtres d'en porter, eux dont les pouvoirs devaient venir de la seule divinité... Dans les contes de l'Orient, il est partout question de prodiges opérés par les anneaux, celui de Salomon notamment, qui commandait à toute la nature et dont le possesseur serait maître du monde.

1. Les apparitions du fantôme de Louise de Budos à Chantilly sont également relatées par Mme de Sévigné.

— Et vous... « la condensation psychique », l'envoûtement par l'anneau, vous y croyez ?

— Ni plus ni moins que Platon et que les Écritures qui en font état également. Les phénomènes d'envoûtement, en tout cas, sont de tous les temps et de toutes les civilisations...

— Tout comme la présence du Malin...

— Il serait très étonnant qu'en 1598... surtout il fut absent ! L'année de la mort de Louise est aussi celle d'une des plus retentissantes affaires de sorcellerie du XVIe siècle, celle du curé Aupetit, de Pageas en Limousin, qui avoue sous la torture avoir vu le diable. Saint-Simon lui-même est d'ailleurs convaincu que dans le cas de Louise, Satan était à l'œuvre, puisque comme de l'Estoile cent ans auparavant, il parle d'une odeur de soufre, qui emplissait la chambre de la morte.

— Il y a aussi cette curieuse et terrifiante posture dans laquelle on retrouve le cadavre de la jeune femme...

— Elle a pu être causée par une crise hystérique ou alors par la possession diabolique, effectivement, dont les spécialistes vous diront qu'elle engendre des déploiements de force physique prodigieux, des violences et des mutilations corporelles, médicalement inexpliquées...

— La suite de l'histoire rappelle le thème de la Dame Blanche.

— Oui. Grise ou blanche, elle est là pour annoncer un trépas, protéger, ou réconforter. Comme celle qui aide les mourants dans cet hôpital londonien et qui se manifeste si régulièrement, que le docteur Paul Turner fit une enquête, qui conclut à la réalité du phénomène. La dame en question habillée de gris est debout au pied du lit ou assise près du fourneau, donne même des verres d'eau aux malades, mais chacune de ses apparitions précède inéluctablement le décès de ceux qui la voient. Même si tout indique qu'en apparence la malade va s'en tirer.

— Dans ce cas, elle est donc signe plus que cause du trépas ?

— Dans tous les cas, je crois ! Disons qu'elle apparaît sur la scène spatiale quand la scène temporelle a déjà accompli sa révolution... entraînant le vivant en sursis !

— Ce genre de signe n'a plus alors d'autre sens que celui d'un ultime et cruel sarcasme du destin...

— La déploration métaphysique n'est heureusement pas la seule manière d'aborder le problème ! L'hypothèse qui me satisfait le plus, du moins pour l'instant, est celle de la vision psychométrique...

— *Expliquez-vous clairement.*

— Il s'agit de la perception, le plus souvent par une personne douée de facultés médiumniques, d'images représentant des scènes qui se sont déroulées dans le passé, au même endroit. Ces images sont « vraies », c'est-à-dire qu'elles ont une réalité objective, extérieure au cerveau qui les capte. Elles apparaissent le plus souvent par l'intermédiaire d'un objet ayant appartenu à la personne qui se manifeste ainsi. Quant au mécanisme qui provoque cette projection d'images, il est inexplicable...

— *Et ce qui est inexplicable, est sans importance...*

— Que de telles images puissent se former me paraît au contraire d'une importance capitale. Non pas tant parce qu'elles font resurgir des brumes du passé, et souvent avec une grande précision, des personnes ou des situations parfaitement oubliées. Non pas tant même parce qu'elles projettent le « double » anecdotique ou prémonitoire d'événements historiques importants. Mais parce qu'elles font sauter à leur manière le verrou de l'espace-temps que nos concepts limités ont mis en place depuis si longtemps... Mettant sous clés des pouvoirs, qui libérés — je suis certain que c'est pour bientôt — permettront à l'humanité de résoudre beaucoup de problèmes jusqu'ici insolubles...

SOURCES

J.M. CHARCOT, *Leçons du mardi à la Salpêtrière,* Éd. C.E.P.L.
J. PALOU, *La Sorcellerie,* P.U.F.
SAINT-SIMON, *Mémoires.*
Mme de SÉVIGNÉ, *Lettres.*
François RIBADEAU-DUMAS, *Histoire de la Magie,* Les Productions de Paris.

Un chien cabalistique

LOUIS PAUWELS

AU DÉBUT DE CE SIÈCLE, MISTRAL, C'EST A LA FOIS UN HÉROS et une légende. Parce qu'il a su intéresser la terre entière au beau parler d'oc qui s'éteint et rendre sensibles le souffle âpre et doux qui court sur le Rhône, les charmes de ses fées et sorcières... Mais bien que jetant ses contemporains en plein rêve, le « Mage de l'Occident » oublie d'être un rêveur... Il est plutôt le hardi général qui mobilise tous les défenseurs de la culture occitane pour inventer la dernière et aussi la plus ingénieuse illusion romantique du siècle. Du romantisme et du fantastique, le « capoulié » des félibres sait tout. Comme il connaît toutes les cultures locales d'Europe et d'ailleurs. Il se passionne pour l'occultisme aussi, pour les religions ésotériques, et croit même à la réincarnation. Sans doute a-t-il lu les théosophes ou fréquenté les spirites, qui, derrière Allan Kardec, sont alors légion ? Peut-être. Mais à ceux qui l'interrogent, comme ici un journaliste de son époque, le prix Nobel de littérature répond que sa foi dans la transmigration de l'âme, de sa faculté de revivre dans un autre corps, très différent, c'est tout simplement à... un chien qu'il la doit ! Un chien bien singulier il est vrai. Un chien comme on n'en avait encore jamais vu entre Aix et les Saintes-Maries et dont il narre ici l'histoire...

— Mon cher ami, vous vous intéressez aux histoires magiques... Vous pensez qu'il y a des forces inconnues et que nous sommes entourés d'Esprit. Eh bien ! je vais vous faire une confidence : J'y crois aussi ! Et si j'y crois, c'est à cause d'un chien. Oui, parfaitement, d'un chien !

C'était un chien d'une race que personne n'avait jamais vue ici. Je l'avais rencontré un soir. Il a aussitôt couru vers moi. Il m'a regardé, et ne m'a plus lâché. Alors, que voulez-vous, je l'ai emmené à la maison, puisqu'il m'avait choisi pour maître. Et je l'ai appelé Pan Perdu. Pan Perdu, c'est le nom d'un nain troubadour, dans nos légendes du Midi.

— Et qu'est-ce qu'il avait d'extraordinaire, votre chien ?

— D'abord son regard, mon cher ami. Un regard extraordinairement perçant qu'il posait fixement sur moi. Un regard qui me gênait, et qui me faisait penser : mais ce n'est pas possible, c'est un regard humain !...

— Vous savez, beaucoup de chiens...

— Attendez ! Personne n'avait jamais vu ce chien dans le pays, absolument personne, avant que je le rencontre. Bon !... Le voilà installé dans notre maison. C'était en automne. Le jour des Morts, ma femme, avec sa bonne, va porter une couronne sur le tombeau de ma famille. Comme vous le savez, notre cimetière est clos de murs et fermé par une grille. Pan Perdu trottait derrière ma femme. Il n'était jamais entré dans ce cimetière...

Ma femme ouvre la grille, et voilà Pan Perdu qui prend les devants et qui disparaît entre les arbres. Et savez-vous où ma femme et la bonne l'ont retrouvé ? Couché sur le tombeau de mes ancêtres ! Il les y attendait. Oui ! Comment ce chien étrange avait-il pu reconnaître, parmi les centaines de tombes, celle des miens ?...

Ma femme, avec la bonne pour témoin, m'a raconté la chose, au retour. Elle était très émue, vous savez, et encore toute pâle... Eh bien, à partir de ce fait, je suis devenu convaincu que le chien Pan Perdu était l'esprit d'un ami mort, ou de l'un de mes ancêtres, spécialement venu chez moi pour me protéger. Vous trouvez cela stupide ?

— Non. Mais c'est peut-être une simple question de flair. Votre chien a senti les traces de votre présence autour de cette tombe...

— Certainement pas ! Ni ma femme, ni moi, ni personne d'entre nous n'étions venus au cimetière depuis un an...

— Mais avez-vous fini par savoir d'où venait ce chien bizarre ?

— Écoutez, je pense que ce chien est venu tout exprès d'Amérique pour trouver son vrai maître, c'est-à-dire moi, parce que l'esprit d'un de mes ancêtres s'est incarné en lui, et qu'il me cherchait à travers la Terre !...

— Votre chien est venu d'Amérique ! A la nage et puis à pied ?

— Non ! En bateau et en chemin de fer...

— Expliquez-moi ça !

— Eh bien, vous savez qu'en 1889, pour l'Exposition, Buffalo Bill est venu à Paris, avec ses chevaux, sa troupe de Peaux-Rouges, et une meute de petits chiens indiens. Après l'Exposition, Buffalo Bill est allé à Marseille, où il a donné des représentations. Alors, mon chien, je dis bien « mon » chien, celui qui m'était destiné et qui me cherchait à travers le monde, s'est échappé d'un wagon, à Tarascon ou en Arles, et est venu jusqu'ici... Or vous le savez, et toute la France le sait, je ressemble absolument à Buffalo Bill. Je porte comme lui des grands chapeaux et j'ai la même barbe en pointe. Quand il m'a vu, il a couru vers moi, comme il aurait couru vers Buffalo Bill, mais c'était bien moi qu'il cherchait. Et vous savez où il m'attendait, ce soir-là, alors que je me promenais dans la campagne ? Eh bien, il m'attendait exactement derrière le mas où je suis né, et que j'ai quitté depuis longtemps. Il m'attendait au pied des grands cyprès noirs. Et c'était là que je jouais toujours quand j'étais petit.

— Quelle jolie coïncidence !

— Eh bien, moi, mon cher ami, j'appelle cela une coïncidence exagérée. Tellement exagérée qu'elle ressemble à la prédestination, au destin, et au long parcours d'une âme qui me cherchait dans le corps d'un petit chien. D'ailleurs, j'ai d'autres preuves...

— Dites toujours...

— J'avais un voisin, un vieillard appelé Eynaud. Eynaud avait été, dans sa jeunesse, garçon de labour de mon père, et je l'avais beaucoup aimé, enfant. Or Pan Perdu, dès qu'il s'est installé chez moi, est allé rendre visite à Eynaud, et il lui a fait des grandes démonstrations d'amitié. Et ensuite, tous les jours, il allait lui rendre visite. Et Eynaud, comme moi, était frappé par le regard de Pan Perdu, par quelque chose de tout à fait attachant, de mystérieux et de cabalistique, qu'il y avait dans ses prunelles. Et quand Eynaud a été sur le point de mourir, avec sa famille autour de lui, il s'est relevé sur son lit, il a dit : « Mes enfants, êtes-vous là ? » Ils s'attendaient tous à une recommandation ultime. Il leur en a fait une, en effet. Il leur a dit : « Je vous recommande à tous Pan Perdu, le chien du poète. Tant qu'il vivra, servez-lui de la paille fraîche. » Et, là-dessus, il est mort...

— Et vous en concluez ?

— J'en conclus que les grands vieillards connaissent les grands mystères. Mais je veux vous raconter la dernière histoire de Pan Perdu. Voici...

Il devenait vieux. Et, une fois qu'il était couché à nos pieds, ma femme causait avec lui. Elle lui disait :

— Ah ! mon pauvre Pan Perdu, tu commences à te faire vieux ! C'est bien dommage que nous n'ayons pas un rejeton de toi !

Deux jours après, la bonne accourt en criant :

— Monsieur, Madame, venez vite au chenil !

Nous accourons, et qu'est-ce que nous voyons ? Une chienne qui allaitait trois petits chiens, sous le regard de Pan Perdu. Oui, mon cher ami, cela s'est passé ainsi. Et, je vous l'assure, Pan Perdu souriait.

J'ai gardé un de ces petits chiens à sa ressemblance. Je l'ai appelé Pan Panet. C'est lui qui figure sur toutes nos cartes illustrées... Vous savez bien, ces cartes que l'on vend un peu partout, et où l'on voit le poète Mistral et son chien...

RÉPONSES À L'INCRÉDULE

— *Pas étonnant que le père de* Mireille *ait pu voir plus de choses que le commun des mortels !... Et qui était son crédule confident ?*

— Jules Bois, un journaliste célèbre du début du siècle. Passionné d'occultisme, lui aussi et d'histoires fantastiques, il interviewait les plus grandes personnalités de l'époque — Alphonse Daudet, Anatole France, Huysmans, Verlaine, Camille Flammarion — sur le thème de l'au-delà...

— *Son chien cabalistique ne vient, lui, que de l'autre côté de l'Atlantique... A l'en croire !*

— L'histoire est belle n'est-ce pas ?

— *Et en plus elle ne fait pas peur aux petits enfants !*

— Elle va pourtant nous servir de fil conducteur dans notre quête aux esprits...

— *Comment cela ?*

— Parce que depuis toujours les esprits s'incarnent dans toutes sortes de créatures, chiens et animaux notamment, qui forment même le gros de la troupe qui désole les carrefours maudits, les châteaux et les maisons hantées...

— *Mais le chien de Mistral ?*

— Vous voyez qu'à cette créature, surgie on ne sait trop d'où, le poète prête un esprit aussi... Ce qui est une idée à la fois très ancienne et très moderne. Ancienne, parce que chez tous les peuples archaïques, l'âme de l'homme et de l'animal sont infiniment liées. Nouvelle parce que la physique la plus avancée nous enseigne que toutes les choses sont issues d'une substance unique, qu'on l'appelle âme, esprit ou énergie. Qu'un homme puisse être changé en bête, tout en gardant certains caractères de sa condition précédente, est aussi une croyance vieille comme le monde. Les zoroastriens y croyaient, tout comme Platon et Pythagore et le christianisme l'admet jusqu'au VIe siècle. Au temps de Mistral, sous l'influence du spiritisme, on parlait de métempsychose, c'est-à-dire du passage de l'âme après la mort, dans des corps innombrables, allant du végétal à l'animal, puis à l'homme, mais aussi avec... des retours en arrière !

— *Que certains hommes renaissent en chiens peut être tout bénéfice. Du moins pour ceux qui étaient leurs semblables !*

— Pour les adeptes de la métempsychose ça n'en était pas moins une régression de l'esprit vers une forme animale moins évoluée. Du ver de terre et de la tarentule à l'éléphant, la nouvelle forme varie suivant la gravité des fautes commises durant la vie...

— *Y a-t-il vraiment une chance pour que cet animal soit venu d'Amérique dans les valises du colonel Cody ?*

— Je n'en sais rien. Mais je sais que lors de la fameuse exposition de 1889, qui marqua l'achèvement de la tour Eiffel, et rassembla 33 millions de visiteurs, Buffalo Bill avait emmené en France plusieurs Indiens Navajos...

— *Et alors ?*

— Pour cette mystérieuse tribu, encore aujourd'hui une des minorités non assimilées des États-Unis, le chien est l'animal privilégié de la transmigration de l'âme et plus encore que le chien, son frère sauvage, le coyotte qui donne aux Navajos des bâtards apprivoisés.

— *Pan Perdu était donc un massacreur d'Indiens, changé pour ses péchés en coyotte. Et pour que nul n'en ignore, il avait gardé son regard humain !*

— Souriez, souriez... Ce regard, justement, Mistral y insiste : ce n'était pas un regard de chien ressemblant à un regard humain, mais proprement le regard d'un homme... Sans le savoir peut-être, l'inventeur du félibrige ramène au vieux mythe de la lycanthropie, cette maladie qui persuade ceux qui en sont atteints qu'ils ont été transformés en animal. A l'exception des yeux, précisément, qui restent ces « fenêtres de l'âme » dont parle le poète et trahissent la personne métamorphosée. Suscitant gêne, terreur ou au contraire attendrissement, comme le pense, à propos des bêtes captives, Emerson, le grand philosophe visionnaire américain du siècle dernier : Elles lancent, dit-il, une sorte d'appel à la sympathie et à la fraternité, un regard dans lequel Ovide a découvert l'évidence de ses *Métamorphoses...*

— *Alors ce chien... coyotte ou loup-garou ?*

— Un chien d'Indien, supérieurement initié par un chaman navajo peut-être. Mistral dit bien que jamais personne n'avait vu de bête semblable dans le pays de Saint-Rémy. Je trouve troublant en tout cas chez les Navajos, maîtres inspirés de la magie naturelle, que le coyotte soit la réincarnation d'un homme condamné à errer pour toujours à travers le monde...

— *Et c'est ainsi que le coyotte Pan Perdu s'est retrouvé un jour, juste derrière le mas natal de Mistral...*

— Cela n'est pas si invraisemblable, compte tenu des dons paranormaux de certains animaux. A l'époque de Mistral, on ne savait pas encore grand-chose de la psychologie animale, ni d'ailleurs des animaux en général, qui pour le monde savant n'avaient droit à l'existence qu'à travers leurs fossiles, pour l'établissement des planches de zoologie. Ce sont les Anglo-Saxons qui commencent à s'intéresser les premiers à l'intelligence animale. En partant de l'idée que de la bête à l'homme, il y a une évolution continue et non pas la rupture que le christianisme a introduite. Dans leurs recherches ils se sont appuyés sur des intuitions telles celles de l'Américain Charles Leyland qui, après avoir également étudié les traditions des Peaux-Rouges, était arrivé à la certitude qu'à l'aube de toute vie les animaux étaient semblables aux hommes et vice versa.

L'étude du comportement animal par la parapsychologie a démontré ensuite que les animaux étaient aussi bons télépathes que les hommes et qu'ils avaient des dons de télékinésie, cette faculté qui permet de déplacer des objets à distance sans l'intervention des muscles. Qu'enfin ils nous étaient très supérieurs pour la précognition...

Étudiant d'abord les dons déjà connus des animaux, Rhine détermine qu'un chien est capable de retrouver, dix jours après, le propriétaire d'un bâton qu'il avait reniflé pendant dix secondes... Ou le frère d'un jumeau, en se guidant, non plus sur une odeur, mais sur certaines caractéristiques physiologiques communes aux vrais jumeaux.

Il prouve aussi que le chien est capable de suivre un animal plusieurs jours après son passage et d'avoir une connaissance globale de son environnement (est-ce un ami, un ennemi, est-il blessé, a-t-il faim ou peur) simplement en reniflant ses sécrétions glandulaires...

Rhine a approfondi le cas du chat Sugar, qui voyageant pendant 2 500 km dans la malle d'une voiture et ne pouvant donc pas « marquer » son itinéraire se perdit et parvint néanmoins à retourner chez ses maîtres après un voyage de plusieurs mois. En 1958 le fondateur de la Duke University put rééditer aussi les exploits des chevaux d'Elberfeld, étudiés notamment par Maeterlinck, chevaux qui parvenaient à effectuer des opérations arithmétiques très compliquées en désignant les chiffres avec leurs sabots ou leur bouche. Aucun trucage n'était possible, car ces animaux donnaient leurs réponses aussi bien dans l'obscurité, qu'à distance ou à travers une cloison. Après avoir étudié le cas de Rolf, un fox-terrier qui donnait à deux fillettes les résultats de leurs devoirs d'arithmétique, Rhine démontra qu'il ne s'agissait nullement d'une supercherie ou d'un dressage, mais *d'un don télépathique.* Plus récemment le Français Rémy Chauvin a pu prouver que certains chiens arrivaient parfaitement à distinguer entre un fil métallique neutre et un fil où passe un courant électrique. Sans le toucher bien sûr, en percevant le plus léger changement de l'ionisation de l'air dans les parages du fil conducteur...

— Nous sommes encore assez loin de l'exploit de Pan Perdu, qui changeant de continent réussit à retrouver un homme qu'il n'avait encore jamais vu...

— Patience ! Il y a quelques années déjà le chercheur soviétique Vassiliev a pu déterminer qu'un lien radio-biologique animait toutes les communications vitales d'une même espèce d'animaux.

— Mistral, que je sache, n'était pas un chien !

— C'est vrai. Mais c'était sans doute un bon télépathe...

— Et c'est par télépathie que Pan Perdu trouve une tombe sur laquelle il n'était jamais allé.

— Je le crois. Il a pu suffire que Mistral, sa femme ou la bonne aient projeté dans leur cerveau une image eidétique du cimetière (il s'agit d'une image très vive d'un objet quelconque qui comporte chez certains sujets des détails qu'ils ne remarquent pas lors d'une perception directe), pour que le chien après l'avoir captée télépathiquement, ait pu s'orienter d'après elle...

— Sauf à nous faire croire à la prédestination, au fatum des Anciens, vous n'expliquez pas ce qui a pu guider cette bête vers son futur maître qu'elle n'avait jamais vu auparavant.

— Un chercheur italien, Ernest Bozzano, a mis en évidence il y a un demi-siècle déjà, les extraordinaires prémonitions et transformations dont les animaux étaient capables. Dans son livre, *Les Manifestations métapsychiques chez les animaux,* il a analysé 130 cas de hantises, de visions de fantômes et d'apparitions, où divers animaux jouent un rôle déterminant. Tous ces cas paraissent authentiques et témoignent de prémonitions de mort absolument saisissantes : des chiens se mettant à hurler à la mort, par exemple, alors que leur maître, qui ne mourra que plusieurs jours plus tard, est encore en excellente santé. Dans 17 cas des animaux aperçoivent aussi des spectres que les hommes ne voient pas et qui leur causent une intense frayeur. Le plus souvent on se rend compte qu'il s'agit de hantises qui se sont déjà manifestées dans le passé, auprès d'autres personnes qui les ont effectivement vues...

Bozzano, qui croit à un au-delà et qui est un peu spirite, conclut à la possibilité de survie de la psyché animale et sa capacité de se projeter comme la psyché humaine dans d'autres corps C'est tout le sens du totémisme indien, qui permet au Cherokee qui doit voyager à pied en hiver de s'identifier si bien au loup (grâce à des chants et à des opérations magiques) que ses membres deviennent réellement insensibles au froid...

Dans toutes les parties du monde et à toutes les périodes les hommes ont cru qu'ils pouvaient ainsi se métamorphoser temporairement ou définitivement en une entité ou une forme animale. Paracelse, le père de la médecine hermétique et de la thérapie chimique, y croit absolument tout comme les Romains qui admettent la possibilité pour l'âme d'exister temporairement, séparée du corps. Ils l'appelaient le « genius », mot qui vient du mot « animal » et qui a aussi donné celui de « guide »... Quoi de si étonnant alors que le père du Félibrige ait prêté à son chien des dons exceptionnels de clairvoyance !

— *J'admets que cette brave bête ait guidé tout Roumanille vers sa bonne étoile... Mais la fin de l'histoire montre bien qu'avec cette histoire de chien réincarné Mistral a voulu jouer à la Mère l'oie...*

— La naissance des trois petits chiens ?... Eh bien ! cet épilogue aussi peut avoir une explication... presque naturelle ou du moins sensée ! Au temps de Mistral toujours, on croyait beaucoup au « corps astral », à ces doubles, que selon la doctrine spirite certains humains savent jeter hors d'eux-mêmes pour qu'ils puissent se réincarner ailleurs. Le Yogi, qui est aujourd'hui un personnage autrement à la mode qu'Allan Kardec, le fondateur du spiritisme, cherche aussi à desserrer les liens qui rattachent l'esprit au corps, à se dégager du Karma cette somme des actes d'une vie qui va peser lourdement sur les vies à venir d'une personne, à les prédestiner, en somme. Libérée, l'âme peut aller habiter dans n'importe quel organisme vivant ou mort dit la doctrine brahmanique.

L'année où Mistral meurt, en 1914, le professeur Richet, prix Nobel de médecine, constate expérimentalement par ailleurs la matérialisation de formes et de figures humaines produites par des médiums à partir de portraits de personnes décédées qu'on leur présente. Ces formes sortent de leur bouche en longs filaments blanchâtres ou s'impriment dans des baquets de cire disposés près d'eux... Richet se demande à son tour si la matière vivante ne peut pas être modelée par la pensée et il baptise cette opération « idéoplastie ».

— *Accordez-moi, que même pour un chien, l'idéoplastie n'est ni la manière la plus simple ni la plus agréable de faire des petits !*

— Ce n'est qu'une hypothèse... Mais au fait, dans le mot « Panet » il y a « pain ». Cela ne vous rappelle rien ?

— *Au fait !*

— Moi, ça me fait penser à la multiplication des pains qui, comme d'autres prodiges et miracles, pourront sans doute s'expliquer un jour prochain autrement que par l'intervention divine...

— *De quelle manière ?*

— Par les dons de certains êtres exceptionnels, qui arrivent à provoquer ces anomalies de la matière que les savants constatent quotidiennement dans leurs laboratoires et qui remettent en cause, fondamentalement, ce qui hier encore était les lois éternelles de la physique établie...

— *Si je vous suis bien, ce que Jésus a fait, un chien de Peau-Rouge peut le faire ?*

— Dans le domaine des pouvoirs paranormaux, oui. Cela n'ôte d'ailleurs rien à Jésus-Christ... comme le grand anthropologue James Frazer, je pense que dans l'univers la somme d'énergie vitale est constante, que du minéral à l'humain la chaîne des transformations peut s'allonger sans cesse et que les formes qu'elles engendrent sont liées les unes aux autres à l'infini...

— *Par une sorte de fatalité ?*

— Cette histoire prouve, au contraire, que pour tout être vivant la part de modifiable peut rester immense...

— *A quelle condition ?*

Celle de le vouloir...

SOURCES

Jules Bois, *L'Au-delà et les forces inconnues, 1902.*
Ernest Bozzano, *Les Manifestations métapsychiques chez les animaux.*
Rémy Chauvin, *Certaines choses que je ne m'explique pas,* Éd. Retz.
Frank Hamel, *Les Animaux humains,* Éd. Albin Michel.
Émile Tizané, *Les Apparitions de la Vierge,* Éd. Tchou.

3

Les grands illuminés

Berbiguier le fléau des farfadets

LOUIS PAUWELS

« ILS SE GLISSENT DANS LES MEUBLES LES PLUS soigneusement fermés. Ils ont même l'adresse de se placer entre la jarretière et la culotte, quoique le passage en soit des plus étroits ! C'est ainsi qu'ils se procurent l'agrément d'assister au lever et au coucher des dames et de contribuer par des attouchements à les porter à des actions qui les rendent coupables envers leurs maris. »

Ces démons voyeurs et malveillants, par ailleurs responsables du mauvais temps, des rhumatismes, des insomnies, des morts inexpliquées, de la Révolution et de toutes les diableries qui désolent la planète, un homme venu d'Avignon au siècle dernier leur a donné le nom de « farfadets ». Mais l'histoire de cet homme est si triste et si pitoyable qu'elle n'évoque en rien les jeux et les malices des lutins de notre enfance. Elle donne raison, tout au contraire, à ce proverbe persan qui dit que notre ennemi le plus acharné ne nous fera jamais autant de mal que nous pourrions nous en faire à nous-même. Une histoire dont le héros, pour comble de malheur, vécut très vieux. Sans pouvoir s'échapper un seul instant de la tombe où son étrange folie l'avait, très jeune, muré...

Est-ce un nom ou une charade ? Alexis-Vincent-Charles Berbiguier de Terre Neuve du Thym naît en 1764 dans ce haut lieu du Malin qu'est Carpentras. Ses parents sont de bons bourgeois terriens, bigots et papalins, qui habitent le quartier du Pont-aux-Fontaines, encore tout imprégné des égarements de l'antique culte d'Isis. Autour de lui, parmi les membres de sa famille, l'enfant n'aperçoit guère que des curés et des religieuses. Le mysticisme donc l'oppresse dès son plus jeune âge. Mais comment croire en Dieu sans aussitôt croire au diable aussi ? Surtout quand on a comme Alexis, une tête comme il ne s'en trouve que sur les ciels maléfiques de Jérôme Bosch. Une tête énorme et branlante où poussent d'étranges protubérances, posée sur une telle gibbosité qu'elle lui rend la contemplation du ciel impossible, sauf à se coucher par terre.

Pauvre petit Alexis ! Ses parents en plus ne l'aiment pas. D'autant qu'il leur est né un deuxième fils paré, lui, de toutes les grâces du corps et de l'esprit. Mais qui meurt hélas en 1710. Terrible injustice qui enlève aux malheureux parents l'enfant béni des dieux pour leur conserver une larve...

Jusqu'à l'âge de trente ans, Alexis Berbiguier, qui a fait d'excellentes études, passe beaucoup de temps à contempler les spectacles de la nature. Les météores surtout l'émerveillent, qui annoncent, très nombreux à cette époque, les convulsions de la fin du siècle. Grâce au bel héritage que lui laissent ses parents, il peut se mettre dans ses meubles en Avignon, porter tous les jours l'habit à la française et une perruque en ailes de pigeon soigneusement poudrée. Car il a du personnel aussi. Une accorte femme de chambre, surnommée « La Mançotte », qui se fait aider par une jeune beauté, Jeanneton Lavalette. Tout se passe bien, d'abord : le temps pour les deux coquines de sonder notre homme, comprenez l'épaisseur de sa galette ! Bientôt, avec le ménage, elles lui font aussi les tarots. Elles découvrent alors que leur maître est un « luné » à qui les fées ont donné une soif inapaisable de « merveillosité » comme on dit dans le Midi. Très vite, elles corsent le jeu, le magnétisent, font voler au-dessus d'un tamis une paire de ciseaux qui prédisent mille malheurs. Comment les conjurer ? Par des cadeaux qu'on leur ferait et de nouvelles séances d'envoûtement. On hypnotise l'infirme, on lui bande les yeux, on l'émoustille, histoire de palper sa ceinture dorée. Puis des bruits anormaux, des frôlements, des fantômes même, se signalent dans la grande maison. On parvient à les enfermer à grands frais dans des pots garnis d'huile, de sel, et de laurier. C'est en fait la raison de Berbiguier qu'on emprisonne ainsi. ... Puis d'autres maléfices lui font voir les deux diablesses changées en chiennes et en chats : métamorphose qui leur permet de traquer les « fardadets », comme elles disent, qui fracturent les secrétaires et ouvrent les fenêtres aux jours d'orage.

Voici que des coups terribles ébranlent les murs. De la courte pointe d'Alexis sortent des cris de bêtes féroces. Terreur. Il erre toute la nuit et les suivantes dans Avignon et n'ose rentrer qu'au petit jour... Pour tomber sur la Mançotte qui lui prédit, bien sûr, de nouvelles misères. Il faut donc fuir, se dit-il, fuir pendant qu'il est temps. Le plus loin possible, quitte à laisser sa maison et tout le saint-frusquin. Fuir la peur, ses idées noires et ses nuits qui, depuis des mois, sont blanches...

La veille du jour où la malle-poste doit l'emporter il ne sait où, le ciel, enfin, lui envoie un signe. « Il faut se coucher ce soir, il faut se coucher ! » lui dit sans fin une voix mystérieuse.

Le soir même, son alcôve est le théâtre d'un spectacle inouï : d'une sorte de soucoupe lumineuse, il voit jaillir une prodigieuse quantité d'étoiles et dans la partie la plus éloignée du ciel, un trône resplendit de diamants, de rubis et de toutes les autres pierres précieuses. Puis, dans un coin du firmament, resté obscur, s'allume un cercle peuplé d'anges armés de trompettes. Dans un scintillement immense, paraissent enfin le Père, le Fils, et le Saint-Esprit portés sur des nuées vers le sommet d'une montagne. A cet instant, dans le bruit d'apocalypse des cercueils qui se fendent, il semble à Berbiguier que tous les morts de la création ressuscitent... « Ils étaient aussi frais que lorsqu'ils vivaient ! » racontera-t-il. Maintenant il les voit, ces morts, prendre place autour du mont que surmonte le trône occupé par le Christ. Étouffé par les sanglots, il regarde ensuite pendant des heures comment s'ordonnent les destins pour l'éternité. Sûr désormais que le ciel lui enverra d'autres signes...

Las ! comme toujours dans sa vie, ses élans se retournent aussitôt vers la terre. Manie de l'autopunition, peut-être, il court rejoindre les deux sibylles qui lui promettent de consulter leur magie pour connaître le sens de ces visions. L'offensive des farfadets reprend alors de plus belle, et Alexis épouvanté, s'enfuit à la Fontaine-de-Vaucluse. Il s'installe au presbytère d'un curé de ses amis, mais à la nuit tombée se déclenche là aussi un sabbat digne du mont Chauve. Encore plus terrifié que son hôte, le curé court se mettre à l'abri et demande au prophète de se faire exorciser ailleurs.

Le Grand Vicaire du canton prend la relève. C'est un sage, qui conseille, avant celle de l'âme, une thérapie du corps, sous la forme d'une occupation saine et régulière. Pendant de nombreuses années, Berbiguier dirigera donc un bureau de loterie, puis sa bonne éducation et ses études poussées lui permettent de briguer le poste d'économe de l'hôpital d'Avignon. Les médecins lui font si bon accueil et il réussit d'abord si bien dans ses fonctions, qu'on l'autorise à s'installer à l'hôpital même. Pourquoi alors, les religieuses appelleront-elles jusqu'à la fin du siècle le petit appartement qu'il occupe au premier étage, la « chambre du diable » ? C'est que très vite Berbiguier se révèle être un singulier économe. Oh ! ce n'est pas que ses comptes ne tombent juste, et jusqu'au demi-liard. Mais dès qu'il a terminé un relevé, il se précipite chez les médecins pour leur confier que les deux démones le tourmentent à nouveau et qu'il souhaite être soigné.

Le mesmérisme, du moins en Avignon, est encore en pleine vogue. Notre homme s'installe donc sous un arbre préalablement magnétisé et reçoit le traitement mis au point par Puységur[1]. Avec une variante que le docteur Nicolas, le chirurgien de l'hôpital, vient d'introduire : avant chaque séance, on lui fait boire un verre d'eau magnétisée avec une baguette en acier. Effet de l'imagination ? A chaque fois Berbiguier vomit abondamment...

— Comment vous trouvez-vous ? lui demandent les médecins qui font cercle.

— Le cœur me lève atrocement !

— Alors tout va bien !

On lui remet aussi la baguette en lui recommandant de la frapper contre le sol et de dire à chaque fois : « Coquines,

1. Voir « L'arbre du marquis de Puységur », *Histoires extraordinaires,* Guy Breton et Louis Pauwels, Albin Michel.

vous souffrez maintenant ! » Le malheureux est l'attraction de l'hôpital et bientôt ce sont les Avignonnais eux-mêmes qui affluent dans le jardin public où on le soigne. Un dimanche, alors qu'il est allongé sous son arbre devant un parterre nombreux, dans l'attente de la délivrance magnétique, il sent soudain un poids terrible lui tomber sur la tête et un grondement effrayant se répercuter sous l'arbre. Devant les badauds stupéfaits, il s'élance vers la salle de soins, la perruque tout de travers. Justement son médecin discute avec un confrère de la cure miraculeuse. Quand il aperçoit l'économe ainsi attifé, il ne peut s'empêcher de rire. Il y a bien un peu de quoi. Mais méchamment le médicastre révèle aussi qu'il met un vomitif dans l'eau et ajoute avec un clin d'œil : « Si nous le faisions danser un peu avec l'ours, ou avec... la grande ourse ? » Ulcéré, Berbiguier tourne les talons et se souvenant peut-être de toutes les souffrances inutiles que les médecins lui ont infligées depuis l'enfance, il s'écrie : « Vous qui ne croyez pas à l'âme, sous prétexte qu'en disséquant les corps vous ne la trouvez pas !... Vous êtes bien tous les mêmes... des farfadets ! »

Voici avec le mot, les démons lâchés à nouveau. Ils ne cesseront plus de harceler Berbiguier. A la ville comme aux champs, qui le ravissent toujours autant mais où il ne peut plus se rendre puisque, sous ses pieds, les farfadets déclenchent des pétarades, et que le diable fait se lever un vent qui le transperce, le forçant à une nouvelle fuite éperdue. Plus loin, cette fois, beaucoup plus loin, puisque le tournant du siècle le trouve à Paris, installé à l'hôtel, dans ce coupe-gorge qu'était alors la rue Mazarine. Un de ses oncles s'y meurt et il a grand besoin de la plume élégante d'Alexis pour le défendre contre une meute d'héritiers sans scrupules. Berbiguier s'acquitte parfaitement de sa mission et l'oncle insiste pour le faire son légataire unique. Au grand dépit de son parent, Berbiguier refuse pendant des mois. Pour ne pas faire de peine il finit par accepter. Un matin qu'il arrive au riche logis de l'oncle, il apprend que celui-ci est mort sans avoir eu le temps de tester. Berbiguier se montre très déçu. Mais plus qu'à lui-même, il en veut aux farfadets que son exil n'a bien sûr pas découragés. Dans sa chambre d'hôtel malcommode, il en voit même partout, autour de lui. Mme Vandeval, cartomancienne qui a ses pénates en face, saura-t-elle l'en délivrer ? « Votre cas est des plus simples ! lui dit cette fée. Courez vite acheter une chandelle chez le premier marchand dont la boutique aura deux issues et faites-vous rendre en sortant une pièce de deux deniers. Lancez-la aussitôt en l'air… »

Stupeur du boutiquier et de sa pratique quelques instants plus tard, quand Berbiguier se baisse et ramasse en place du nickel une superbe pièce de deux écus ! Suivi par les témoins du prodige, il se précipite dans sa chambre et enveloppe, comme la Vandeval l'a recommandé, la bougie dans une feuille de papier qu'il pique avec une épingle : sur la feuille il a écrit une première liste de ses persécuteurs. C'est le début de la plus longue et de la plus inexpiable bataille d'esprits de l'histoire de l'occultisme…

Pour Berbiguier l'enjeu est clair. Ce n'est pas seulement sa vie et sa raison qui sont en question. Instruit par ses visions, il se croit aussi désigné par le Tout-Puissant pour sauver toute l'humanité de ces diables de farfadets. Conflit titanesque qui exige une stratégie sans défaut : s'assurer d'abord une fois pour toutes que ce n'est pas son esprit qui déménage. Ensuite, que ce n'est pas le Malin qui l'inspire, à son corps défendant.

Qu'il est sain d'esprit, qui mieux que Pinel, le grand aliéniste qui règne à la Salpêtrière, pourrait le lui dire ?

— Voyez-vous parfois des animaux ? lui demande Pinel.

— Certes, non…, répond Berbiguier ingénument. Mais je les sens. Sur tout le corps, et parfois ils poussent même un peu loin !

Pinel ne peut s'empêcher de rire. Le soir, après avoir fait les bains de siège qu'on lui a prescrits, il ressent des attouchements plus indécents que jamais. Assurément c'est un coup de Pinel ! se dit-il, et il met l'aliéniste sur sa liste noire. Ainsi rassuré sur sa santé mentale, il se tourne ensuite vers le grand pénitencier de Notre-Dame qui par contre lui refuse son concours. Qu'à cela ne tienne ! Pour faire pièce au démon, il se mettra à la cuisine végétarienne, se privera de tabac et de ses derniers petits plaisirs. Seule faiblesse, il fait l'acquisition sur les quais d'un écureuil. Touchant antidote à sa terrible solitude, Coco est une bonne petite bête qui pousse l'affection jusqu'à se coucher en rond, la nuit, dans son bonnet de coton.

Voici qu'à l'entresol de son hôtel, il trouve un jour une pièce de cinq francs. Il arrive à en retrouver le propriétaire, un jeune étudiant qui s'appelle Étienne Prieur. Vite en confiance, Berbiguier lui narre la mauvaise manière que lui a faite Pinel. « Holà, s'exclame Prieur. Il s'agit aussi de lui rendre la monnaie de sa pièce, à celui-là ! »

Le lendemain un ecclésiastique se présente à la porte de Berbiguier. Il entre en marmonnant des *De profundis :* arrivé devant le bûcher, il saisit un couteau de cuisine et frappe trois fois sur les rondins en grondant :

— Monstres que vous êtes, Pinel, Vandeval, Nicolas et consorts... Que le diable vous en fasse autant !

Le désenvoûteur a du talent car pendant quelques jours les farfadets refluent. Répit de courte durée ! Et cette fois les farfadets, non contents de tenailler le visionnaire toutes les nuits, s'en prennent aussi à Coco, son petit compagnon bien-aimé. Un soir, en rentrant, il découvre avec horreur... qu'on lui a coupé la queue ! Désespéré, il se précipite chez Prieur qui dissimule un méchant sourire.

— Ne cherchez point, dit l'étudiant. C'est encore un coup de Pinel !

Berbiguier est trop intelligent pour ne pas voir qu'il y a anguille sous roche. Accablé par la méchanceté humaine, il se réfugie tous les jours dans quatre églises différentes, allume des centaines de cierges, prie jusqu'à l'épuisement. Sans aucun soulagement. « Il y a vingt ans maintenant que ces démons prennent mon corps pour une salle de danse ! C'en est trop. Je ne résiste plus aux anges du Seigneur, je commence ! » écrit-il dans son journal.

Et que commence-t-il ? A écrire ses *Mémoires.* En homme de culture qu'il est, il veut faire d'un livre l'arme absolue de son combat contre les farfadets. Et ce livre, cette planche de salut du genre humain menacé, il le fera tenir aux rois et aux souverains du monde entier. Afin qu'ils lui portent son soutien dans la bataille finale qui s'engage...

Miracle ! Lui qui dépérissait, le voici qui reprend du poids et des couleurs. En proportion des feuillets qu'il noircit, bientôt plus de mille. Mais gare au « choc en retour », comme disent les envoûteurs ! Un soir, au moment de se coucher, un farfadet le bouscule avec une telle violence qu'il tombe sur le lit et écrase son petit compagnon familier. Catastrophe ! Le seul être au monde qui l'aimait sincèrement est mort. Pauvre Alexis-Vincent-Charles Berbiguier !

Lui toujours si bon, si pieux, si charitable, ne songe plus alors qu'à la vengeance. C'est nuit et jour maintenant qu'il écrit, des milliers de feuillets, de son écriture fine et serrée. Quand les farfadets lui grattent la plante du pied ou s'allongent sur lui « comme d'abjectes chenilles », il se jette maintenant au bas du lit et les entraîne dans sa chute. A chaque fois, il en écrase un bon cent, dit-il, ce qui l'autorise maintenant à se présenter partout comme le « Fléau des farfadets ». Et des farfadettes... Car Berbiguier croit savoir qu'il existe aussi des démons femelles, qui sont encore bien plus cruels que les mâles : ce sont elles qui l'ont rendu impuissant l'empêchant de convoler avec la femme qu'il aimerait adorer le restant de sa vie. Le docteur Moreau qui consulte rue Mazarine a vite fait de deviner la dupe. Contre une ordonnance à cinq francs et une deuxième à dix, il lui conseille de manger des pommes de terre bien salées et poivrées accompagnées de truffes, qu'il peut d'ailleurs lui procurer moyennant commission. Cette plaisante thérapie, Berbiguier ne doute pas qu'elle va bientôt faire de l'effet.

Et de fait... un soir à Saint-Germain-l'Auxerrois, alors qu'il est en train de faire ses prières, il entend qu'on bavarde derrière lui. Il se retourne, fulminant et s'aperçoit alors qu'elle est belle comme le jour et qu'elle le regarde avec un air tout à fait aimable. Enfin un sourire dans cette vie perdue ! A la fin de l'office il se précipite dehors avec l'espoir de la revoir. Justement elle est là, près de la porte et semble l'attendre. Mais à l'instant où il lui offre avec respect de l'eau bénite, elle disparaît. Quelques jours plus tard, il la revoit chez des voisins qui l'ont invité pour amuser la compagnie.

La méchante l'attire derrière un paravent, minaude, fait mille grâces.

— Quittez donc vos chimères et faites un peu la cour aux dames ! dit-elle lui pinçant la cuisse.

— Moi ! dit Berbiguier mort de convoitise. Souiller d'un crime énorme une vie sans tâche !

De l'autre côté du paravent, on rit.

— Dans ce cas vous souffrirez longtemps, je vous le prédis ! dit la donzelle fâchée de ne pouvoir l'affrioler davantage.

Le soir même, à l'endroit où elle l'a touché, lui pousse un vilain abcès...

Tout le quartier maintenant est au fait de manies du bonhomme et on menace les galopins de les emmener « voir Berbiguier ». Les complots et les farces cruelles redoublent mais le mage impavide compose et se trouve même un éditeur. Voici enfin prête l'arme qui va déclencher l'holocauste : trois gros tomes, imprimés sur papier de Hollande et rehaussés de nombreuses gravures. Reliés de maroquin rouge et frappés de la couronne et des fleurs de lys, ils sont présentés à Charles X puis envoyés à toutes les cours d'Europe. Coût de cette bombe : dix mille écus, une véritable fortune. En attendant la mise à feu, il en découd avec les farfadets sur un terrain qu'il connaît bien. Là où les meilleurs exorcistes de Paris ont échoué contre ceux qui nouent les aiguillettes, engrossent les filles et donnent la vérole aux femmes publiques, lui, Berbiguier, est maintenant sûr de réussir.

Dans un énorme chaudron qu'il s'est fait livrer, il fait cuire le plus gros foie de génisse qu'il a pu trouver, préalablement piqué de deux cents aiguilles. Il a fait fondre aussi cinq à six livres de soufre qui serviront à consumer la liste de ses tourmenteurs. Quand le foie a macéré six heures, il retire les aiguilles et les jette dans de l'huile bouillante. A l'évidence les farfadets souffrent atrocement : une énorme trombe d'eau vient de s'abattre sur le quartier. Ce succès l'incite à porter ses exorcismes au dehors. De Dauphine à Saint-Honoré on le voit alors s'arrêter longuement près de tous les monuments de culte, et conjurer en direction des quatre points cardinaux.

Conjurer quoi ? Tout et le reste. Le mauvais temps, les marchands de foie et d'aiguilles, les bruits et les attouchements suspects, bref toutes les scélératesses des farfadets ! Des attroupements se forment, et les Parisiens, inquiets ou rigolards suivent celui qui passe maintenant ses journées dehors et ne rentre plus jamais avant onze heures. Pour réduire et piquer derechef ses foies, jusqu'aux premières lueurs de l'aube... Les locataires qui n'osent plus lui faire de niches l'entendent proférer de sourdes malédictions : « Entendez-vous, Seigneur, l'agitation de la Compagnie infernale ? »

A la Saint-Sylvestre 1820 il frappe un grand coup. Cette fête prévient-il ses amis, qui entre-temps sont devenus ses disciples, ne sera rien moins que la Saint-Barthélemy des farfadets ! Pour assister au carnage on se bouscule dans les couloirs de l'hôtel. Le grand moment arrive. Dans la cheminée transformée en four crématoire, volent les cœurs de bœufs, de moutons et de génisses. Quand ils sont à point on fait circuler des vases qui contiennent des milliers d'épingles, de clous et d'aiguilles.

— Renoncez-vous à Satan et aux autres esprits impurs ? clame le pontife.

— Nous renonçons ! répondent les fidèles.

— Alors, lardez ! Lardez ! clame Berbiguier hors de lui. Lardez les maudits ! Que cela leur serve de paiement !

Ce soir-là, on répand le soufre et le sel à pleins paniers et on plante onze mille dards dans les viscères. Quand tout est réduit en cendres Berbiguier, le poil roussi et la bosse en drapeau, s'acharne encore à coups de baïonnette...

Mais pour l'illuminé de Carpentras cet incendie est le bouquet d'artifice. L'épilogue d'une vie que seule l'ombre du feu éternel aura éclairée.

Était-il fou, Berbiguier ? Pour avoir confondu Saint-Jean et Saint-Sylvestre, on l'enferma certes à l'asile de Montrouge. Mais il s'y comporta d'une manière si sensée qu'on le relâcha presque aussitôt. Il retourna à Carpentras, totalement ruiné, se mettre sous la protection d'une vieille sœur ! et mourut bien plus tard à quatre-vingt-sept ans. A l'instant où le canon tonnait aux Tuileries pour annoncer la victoire du Prince Président. Sans savoir qu'à Paris, au lendemain de son départ, une « ballade fantasque » avait connu un immense succès.

Le nom de cette pièce qui tint l'affiche durant des mois au théâtre de la Porte-Saint-Martin ? *Les Farfadets.*

RÉPONSES À L'INCRÉDULE

— *Triste histoire, en effet. Comme celle de tous les fous...*

— Berbiguier n'était pas vraiment fou. Du moins pas au sens clinique du mot. C'était tout au plus un excentrique, un illuminé, Méridional et demi, avec sur sa portée un demi-dièse en plus, comme on dit dans le Comtat. Doué en tout cas d'une prodigieuse faculté d'auto-analyse, d'introspection, comme on dit aujourd'hui. Ses *mémoires* le prouvent...

— *Existent-elles encore ?*

— A la fin de sa vie, Berbiguier, qui y voyait l'empreinte du diable a racheté tous les exemplaires qu'il pouvait... pour les brûler ! Il en reste un seul à la bibliothèque Inguimbertine de Carpentras. Sa lecture révèle une science immense du diabolisme sous toutes ses formes, décrites avec un lyrisme et une richesse d'expression digne d'un grand écrivain.

— *Ont-elles eu finalement le succès qu'il espérait ?*

— Absolument pas. Charles X ne reçut même pas son exemplaire, puisqu'il fut chassé du trône, le jour même où Berbiguier le lui envoya. On peut dire que du vivant de Berbiguier, les trois tomes de l'ouvrage ne furent même pas ouverts...

— *En somme le livre le moins lu de toute la littérature française !*

— Oui. Sauf par Berbiguier, qui le retravailla sans trêve durant vingt-cinq ans et c'est pourquoi les psychanalystes s'y sont beaucoup intéressés. Ils voient dans son œuvre une cure exemplaire de libération psychique par l'écriture. Sans laquelle Berbiguier serait sans doute devenu réellement fou.

— *J'ignorais que sa ville natale, Carpentras, était un haut lieu du satanisme...*

— Oui. Au Moyen Age les possédés y étaient particulièrement nombreux. L'un d'eux, le célèbre Antoine, sortait « flamme et fumée avec grand bruit comme quantité de poudre y ayant mis le feu ». A tel point qu'un jour, son exorciste fut gravement brûlé à la cuisse ! Tout le Comtat est d'ailleurs une terre d'élection des pieds fourchus ! Michel Vintras[1] est le plus célèbre. Il avait son temple à Carpentras, que fréquenta aussi l'abbé Cotton, un des correspondants de l'abbé Verger, celui qui devait poignarder l'archevêque de Paris, Mgr Sibour, dont nous avons également raconté l'histoire[2]. En apprenant la nouvelle le malheureux abbé Cotton devint fou et il fallut l'interner. Libéré en 1870, on pouvait le voir se promener tête nue, une couronne d'épines sur le front, vêtu d'une robe rouge, une chaîne de fer autour des reins, et portant une croix sur l'épaule. Il parcourait la campagne, faisant la propagande de cinq candidats : Hugo, poète, Veuillot, pamphlétaire, Garibaldi, guerrier, Naquet, savant et lui-même, Cotton... prophète ! Sa liste recueillit trente-six voix !

— *Que des « lunés » sans doute ! Mais dites-moi... qu'arriverait-il de nos jours à Berbiguier ?*

— Il y a peu de temps encore, on l'aurait certainement enfermé en le soumettant à l'électrochoc et à la camisole chimique. Souvenez-vous du traitement qu'on a fait endurer à cet autre écrivain de génie, Antonin Artaud... A l'époque de Berbiguier, on était plutôt plus libéral. Notamment dans le Midi où on aimait et respectait ceux qui étaient illuminés autant par le croissant que le soleil. « Tous en avons, qui plus, qui moins ! » disait-on sagement de la folie... Ce n'est que depuis des temps très récents que la maladie mentale n'est plus systématiquement justiciable d'un enfermement. Parfois sur la simple demande d'une épouse mal intentionnée !

Depuis peu on essaye de voir surtout dans le fou un homme en mal

1. Voir « Vintras, l'aventurier du mystère », *Histoires extraordinaires,* Guy Breton, Louis Pauwels, Albin Michel.
2. « L'assassinat de l'archevêque de Paris », *ibid.*

d'intégration sociale. Comme faisait il y a cent cinquante ans déjà l'aliéniste génial qu'était Pinel, le premier à dialoguer avec le malade...

— *Il n'a pas eu beaucoup de succès avec Berbiguier...*

— Non. Profondément croyant, Berbiguier voyait dans les médecins des libres-penseurs, des mécréants, dont les certitudes et la suffisance mettaient à vif sa susceptibilité de Méridional et d'incompris...

— *... de paranoïaque, dites-le !*

— Les persécutions dont il a été victime n'ont rien d'imaginaire. Les femmes tout d'abord, qu'il vénérait pourtant, se sont toujours moquées de lui, quand elles n'essayaient pas de le dépouiller. Les hommes aussi, d'ailleurs, dont l'indifférence et les moqueries tout au long des vingt-cinq années qu'il a passées à Paris, ont contribué à le jeter dans une sorte de « délire d'influence », qui ne lui permettait plus comme dans sa province de se fondre dans la nature ou de se réfugier en lui-même, puisque l'ennemi, les « farfadets », avait presque entièrement pris possession de lui.

— *Pourquoi justement des farfadets ?*

— Parce que selon la définition des traités de démonologie, ce sont des esprits omniprésents et invisibles... Innommables donc, comme les souffrances de l'isolement, de l'incompréhension et de la maladie qui n'ont cessé d'accabler Berbiguier. Sa grandeur, c'est d'avoir lutté toute sa vie contre ses obsessions. A quatre-vingt-sept ans, quand il se promenait, voûté et cassé, sur le boulevard des Platanes, à Carpentras, il disait, avec un gentil sourire, à ceux qui le rencontraient : « Les fardadets ? Imaginez-vous que ce matin encore j'en ai tué près de trois mille ! »

Sa force, surtout, c'est d'avoir analysé et regardé vivre ce qui était, en somme, son double, perpétuellement assiégé par le mal. Le mal qui était en lui et celui, bien réel aussi, que les autres lui ont fait. Parce qu'il était différent. « La science infatigable de nos ennemis sait nous reconnaître partout », disait Gérard de Nerval, un autre « fou » qui face à la folie et à la persécution a su prendre comme Berbiguier le recul qui laisse une place au génie.

— *Mais alors cette pièce qui fut jouée à Paris avec tant de succès ?*

— C'est hélas ! la dernière mystification dont le Fléau fut la victime. Posthume, celle-là, heureusement. Un journaliste bien intentionné avait écrit dans le *Journal des débats* que le succès de cette pièce rachetait enfin l'obscurité dans laquelle de son vivant on avait tenu son œuvre. « Alexis Berbiguier, écrivait avec emphase le correspondant carpentrassien du journal, est du petit nombre de ceux à qui il a été donné d'éprouver un avant-goût de la gloire et de connaître l'opinion de la postérité. S'il vivait encore, ce pauvre Berbiguier-de-Terre-Neuve-du-Thym, mourrait de joie de se voir enfin étudié, approuvé, mis en lumière, que dis-je, mis en ballet ! »

Cette jactance, méridionale, ne reposait sur rien. Car le fameux ballet n'avait strictement rien à voir avec les démons d'Alexis…

SOURCES

Marie MAURON, *Berbiguier de Carpentras,* Le Livre Contemporain
Lorédan LARCHEY, *L'Homme aux Farfadets,* Éd. Henry, 1867.
Divers articles de Maître Maurice Garçon in *Les Nouvelles littéraires, juillet-août 1939.*

Helena Blavatsky

LOUIS PAUWELS

CETTE FOIS ENCORE, QUAND ELLE FAIT SON ENTRÉE DANS LE salon, le piano se tait et les joueurs d'écarté, jeu qui fait fureur dans la société chic du Moscou des années 1860, laissent tomber leurs cartes... Il y a de quoi, notez bien ! Sur son ample caraco écarlate, rehaussé de lourdes broderies du Caucase, elle a passé un châle de même couleur si long qu'il lui bat les mollets qu'elle paraît avoir fort courts.

Mais le premier instant de stupeur passé, c'est surtout ses yeux qui fascinent. D'immenses yeux gris, où dansent des lueurs boréales, des yeux hypnotiques et impérieux, au point que les joueurs du raout des Yahontoff replongent précipitamment les leurs dans les cartes...

Tout à l'heure, quand la partie sera terminée, que feront-ils les aristocratiques invités du clan des Yahontoff ? Comme toute la bonne société de ce temps-là, ils parleront spiritisme et médiumnité, se risqueront peut-être à faire tanguer les guéridons, à la suite de l'illustre Douglas Home, un Anglais que le tsar Nicolas vient d'inviter, après qu'il eut enthousiasmé Napoléon III et la cour des Tuileries.

... Si toutefois Helena Petrovna Blavatsky, la petite créature qui vient de faire une entrée si sensationnelle, leur en laisse le loisir ! Comme le bateleur qui veut assurer une autre recette, elle vient de lancer : « Tenez ! Jeune homme... Rapprochez donc cette petite table et le jeu d'échecs qui est posé dessus ! »

L'interpellé hésite. Et puis sur un signe du maître de

maison, il s'approche. Mais il a beau tirer sur la table, et s'arc-bouter de toutes ses forces, le meuble ne bouge pas plus que s'il était scellé dans le parquet. Le comte Yahontoff vient alors à la rescousse de son fils : rien n'y fait, la table soudain paraît peser dix tonnes...

La compagnie se regarde médusée et se demande si ce n'est pas Roussalka, la fée maléfique de la mythologie russe, qu'on a conviée ce soir. Enfin la femme en rouge consent à lever l'enchantement. Elle explique ceci : J'arrive à suggestionner n'importe qui « en déchargeant sur lui des courants magnétiques et en faisant intervenir des entités invisibles et des " élémentals " avec lesquels je suis en contact permanent »...

— Vous nous prenez pour des bobèches ! laisse alors tomber un élégant jeune homme. Venez donc nous raconter ça à l'Institut de physique de Saint-Pétersbourg !

— Prenez-le d'un peu moins haut ! réplique la petite bonne femme. Ce n'est pas votre doctorat tout neuf qui vous autorise à juger les sciences occultes !

Sous le châle piqué d'un œillet rouge, les yeux étincellent...

— Oui... vous nous avez hypnotisés, c'est tout !

— Hypnotisés ! rugit la femme en roulant des yeux terribles. Helena Blavatsky, hiérophante de la Doctrine secrète, une hypnotiseuse ! Elle se concentre intensément et soudain le pianiste qui madrigalise à l'autre bout du salon se lève d'un bond. Un formidable rugissement de bête féroce est sorti du Steinway. Il retombe et un tintement de cloches se fait entendre qui paraît tomber des lustres, aussitôt relayé par des craquements si forts qu'on dirait des éléphants lancés dans une forêt de bambous. Effarés, les invités remarquent aussi que la température de la pièce s'est élevée de plusieurs degrés...

D'une voix altérée, le jeune universitaire parvient à dire :

— Tout cela est en contradiction flagrante avec les enseignements les plus récents de la thermodynamique ! Il s'agit de prestidigitation... Remarquable, certes, mais de prestidigitation seulement... ou alors d'une hallucination collective !

Engoncée dans son fauteuil, la magicienne se tait. Elle

caresse les bagues d'obsidienne qui chargent ses doigts et dit d'une voix soudain radoucie :

— Vous avez raison, jeune homme ! Tout cela est un peu ridicule... Mais comment faire ? C'est bien malgré moi que ces forces se déchaînent. Je les cause mais ne leur commande pas !

— Vous n'êtes qu'un agent, alors, un simple médium de forces physiques parfaitement explicables ! dit son interlocuteur qui a repris tout son aplomb.

— C'est sans doute plus compliqué que ça ! répond Helena Blavatsky. Tenez, que lisez-vous là ?

Sa main courte, d'une blancheur d'ivoire, se lève de la feuille de papier sur laquelle les joueurs inscrivaient leurs points. Sur le papier, tracé d'une écriture mystérieuse, indéchiffrable, un message s'est inscrit.

— Dans notre langue théosophique, nous appelons ça des « précipitations »... Voyez, j'établis une image intellectuelle de chaque lettre, puis j'en forme l'image astrale. Alors par un courant magnétique semblable aux courants galvaniques dont vous vous servez dans vos laboratoires pour argenter les objets, je précipite des particules de matière solide dans le moule astral, et la lettre apparaît sur le papier...

— Ah ! bon..., fait le jeune homme. Et que dit votre message ?

— Lisez vous-même...

L'invité prend la feuille et commence à lire un texte, qui comme par miracle est à présent écrit en cyrillique.

— J'ai souvent entendu dire sans l'avoir jamais cru jusqu'à maintenant, que certains pouvaient, par de puissants mots magiques, soumettre les lois de la Nature à leurs desseins tortueux...

— Décidément... en ce moment il n'y en a que pour Milton ! soupire Helena Blavatsky.

□

Lentement le grand paquebot de la Cunard tourne sur son erre et vient s'amarrer aux immenses docks où s'alignent des centaines de silhouettes enturbannées. Nous sommes à

Bombay en février 1879. Le premier port de l'Inde est bien sûr anglais, et de la passerelle du bateau on voit sur Malabar Hill s'édifier, parmi les tours du silence où les morts sont abandonnés aux vautours, les grandes villas édifiées par les richissimes sujets de Victoria. Ceux qui attendent en bas, n'ont d'yeux que pour une voyageuse qui s'appuie au bastingage et fait des petits signes d'amitié. Près d'elle un peu en retrait, se tient un homme à la belle crinière argentée, aux traits énergiques, d'allure militaire. Que de chemin parcouru en vingt ans, depuis les soirées de magie blanche et d'occultisme de Moscou ! Voici celle qu'on n'appelle plus que « Madame Blavatsky » chargée par le président des États-Unis Rutherford B. Hayes lui-même d'une mission dans la capitale de l'Empire britannique des Indes... Cette ascension mérite qu'on revienne un instant sur ses débuts.

Helena Petrovna Blavatsky — H. P. B. pour les théosophes du monde entier — est née en Ukraine, sans doute à l'été 1831. Elle descend d'une vieille famille de huguenots français et par sa mère, la romancière Helena Fadeiev, elle est apparentée à la famille régnante des Romanov. Dès sa naissance semblent se multiplier les signes calamiteux : en quelques semaines le choléra tue cent mille personnes et lors de son baptême, la robe du pope prend feu. Il en meurt et la bousculade qui s'ensuit fait de nombreux blessés. Très petite déjà, elle exerce sur les enfants de son âge un pouvoir d'envoûtement irrésistible...

A un petit serf qui l'ennuie elle promet d'envoyer une fée qui le chatouillera jusqu'à la mort. Avec tant de conviction que le gamin court se noyer dans la rivière. Une autre fois elle arrive à suggestionner si bien ses petits camarades en leur faisant croire que la mer va venir les recouvrir, que plusieurs tombent malades de peur. A quinze ans elle ne sort pratiquement plus des souterrains du château familial où du temps de son arrière-grand-père se sont perpétrées des horreurs sans nom. Un jour un homme est assassiné dans la région. Sans hésiter elle dit au commissaire venu enquêter : « Le criminel s'appelle Samoyolo Ivanof. Il est caché dans le grenier de Vlassov, un paysan du village d'Orechkino. » Bien entendu le renseignement est exact.

A dix-sept ans, H. P. B. termine des études pour le moins peu orthodoxes. Elle parle tout de même cinq langues et connaît par cœur la plupart des rites et traditions ésotériques d'Extrême-Orient. Physiquement, hélas ! c'est un vrai pot à tabac et comme elle ne veut voir aucun garçon, son père lui lance un jour qu'elle serait même incapable de séduire le « général »...

Le « général », c'est le gouverneur de la province d'Érivan qui fréquente assidûment chez ses parents. Il a soixante-dix ans et il est si laid que les mauvaises langues prétendent qu'en dépit de son rang et de sa fortune, il ne s'est trouvé aucune femme dans toute la Sainte Russie pour entrer en ménage avec lui... Piquée au vif, Helena relève le défi et, à dix-sept ans, la voilà affublée d'un mari cacochyme qui l'enferme aussitôt dans sa datcha sous la garde d'une compagnie de cosaques ! Il découvre que la jeune fille... entend le rester et qu'elle n'a fait cette fin que pour commencer une vie de voyages et d'aventures que l'autorité paternelle avait jusque-là contrariée. Comme il insiste, elle se met dans une colère indescriptible, casse les meubles et lacère les tableaux. Ce n'est bien sûr pas à la hussarde que notre général russe finira par la prendre. Mais en la droguant et en se saoulant lui-même comme un Polonais. Au bout de trois mois vouant au sexe une haine définitive, elle parvient à s'échapper et à s'enfuir à cheval jusqu'à Tiflis.

Commence alors une errance qui la mène successivement en Perse, en Turquie et enfin en Égypte, où à l'ombre du sphinx elle s'initie sous la conduite d'un prêtre copte, aux mystères d'Isis. Pas très longtemps, car, si Helena n'a rien d'une coureuse, elle restera toujours une grande voyageuse, une instable même. Du Caire elle gagne Paris, où elle s'initie à l'hypnotisme qu'elle s'en va mettre en pratique à Londres, où l'attendent ses premiers succès de médium. Encore peu probants puisque pour survivre elle donne des leçons de piano. C'est à cette époque aussi qu'elle fait la connaissance d'un certain nombre d'agitateurs politiques, dont elle n'oubliera pas les leçons, le moment venu. Mais très vite elle quitte les bords trop brumeux de la Tamise pour ceux du Mississippi où elle s'initie aux cultes vaudous et découvre les étranges pouvoirs des sorciers noirs qui savent voyager hors de leur corps. Elle observe aussi la transe sacrée des chamans peaux-rouges, qui sont de prodigieux télépathes, mais qui, pour prix de leurs démonstrations, la dépouillent de tous ses maigres biens. Son western spirituel s'achève au Mexique où elle se mêle à une bande de mauvais garçons soiffards et pilleurs de diligences. Non pour profiter de biens mal acquis, mais des enseignements du mal, bien nécessaires, pense-t-elle, à qui veut l'extirper définitivement de l'humanité. Ce qui est dès cette époque la mission essentielle qu'elle se confie.

De retour à Londres, elle fait une rencontre décisive. En 1852, le maharajah du Népal envoie en Angleterre une importante délégation diplomatique. Au cours d'une réception, Helena Blavatsky qui s'est toujours intéressée au bouddhisme, dont elle apprécie la tolérance, tombe sur un initié népalais, Mahatma Morya. C'est l'illumination. Celui que H.P.B. n'appellera plus que « le premier de ses supérieurs inconnus », la convainc d'aller respirer l'air affiné des monastères du tantrisme. Via le Japon, elle sillonne alors le Cachemire et assiste aux prodiges incroyables qu'accomplissent les moines bouddhiques du Ladakh...

En 1860, on la retrouve en Russie, le temps de se réconcilier avec son mari, et de défrayer les salons moscovites de la façon que l'on sait. Après les années de voyage et d'initiation, commence sa vie publique qu'elle engage symboliquement à l'âge de trente-trois ans. Et d'une manière qui encore une fois n'appartient qu'à elle...

Vers 1866 les carbonari italiens lui ayant fait parvenir un message dans la datcha isolée où elle médite seule depuis des mois, elle saute dans ses bottes et enfile son cafetan brodé pour chevaucher aux côtés de Garibaldi. Elle tombe sous les balles des gardes pontificaux à la bataille de Mentana et après une longue convalescence à Paris, où elle assimile plus complètement la doctrine spirite, elle ressent le besoin de retourner aux sources de toute spiritualité, cet Orient qui l'avait révélée à elle-même. Dire qu'elle y parvient sans encombre serait exagéré... Elle est une des premières à emprunter le canal de Suez. Mais le vapeur sur lequel elle a pris place explose alors qu'il s'engage sur le lac Timsah. Elle est une des seules rescapées de la tragédie et le choc est si grand que sa raison un moment vacille. La voici lancée sur les pas du Christ, mimant, entre deux séances d'occultisme juif, les grandes scènes de la Passion ! Avec une conviction telle que les journaux américains, anglais et français lui consacrent des colonnes entières. Démente, Helena ? Certainement pas. Quelques mois plus tard, des diplomates occidentaux de passage au Caire parlent d'elle comme du « plus grand prestidigitateur du siècle »...

Le compliment est équivoque. Il jette une curieuse lumière sur celle dont les « miracles » commencent à être connus dans toute l'Europe.

Et si tous ces mystères n'étaient que tours de gibecière ? A « Madame Blavatsky », qui visiblement se cherche en ces années 1870 — certains mettent en doute la réalité de plusieurs de ses voyages —, va tomber une grâce singulière. Qui changera radicalement le cours de sa vie, déjà bien près de son terme...

A New York à cette époque-là, le colonel Henry Steele Olcott est un personnage considérable. Sans doute est-ce sur les champs de bataille de la guerre de Sécession qui vient de se terminer que cet officier a glané sa notoriété ? Pas précisément. C'est de l'habileté plutôt qu'il a mis à débusquer les fraudeurs et les prévaricateurs de la terrible guerre civile qu'il doit et sa fortune et sa renommée. Acquises l'une et l'autre en toute honnêteté, par l'exercice averti du droit. Mais s'il sait traquer les escrocs, il aime aussi lever les esprits, fort à la mode en Amérique, depuis que la famille Knox, qui habite l'État de New York, a réussi à faire parler l'esprit d'un homme assassiné et enterré dans la cave des inventeurs de l'alphabet spirite : c'est en effet grâce aux coups que l'esprit frappait contre les murs de la maison que les Knox ont pu retracer sa triste histoire et déchiffrer ensuite les messages de tous les esprits qui vont déferler sur l'ancien et le nouveau continents, en ces années de spiritisme triomphant. Chez les Eddy aussi, dans le Vermont, les esprits pullulent. Olcott leur consacre un article retentissant qui est lu dans le monde entier. Un soir qu'il dîne dans la salle à manger de ces fermiers du Vermont, il voit entrer une curieuse créature.

Elle est sans âge et sans charme et porte un chapeau rouge orné d'une gigantesque plume d'autruche.

— Non, mais regardez-moi ce phénomène ! ne peut s'empêcher de dire Olcott à son hôte.

Mais dès que la maritorne ouvre la bouche le colonel est subjugué. Il traverse les États-Unis pour assister à une séance de spiritisme que Madame Blavatsky — c'est bien sûr elle — organise à New York. Ce soir-là elle converse avec l'esprit de John King, un théologien du siècle précédent. Comme le public est nombreux et relevé, elle ne résiste pas à la tentation de faire apparaître sur le buffet tous les fruits exotiques rares qu'on lui demande. Étaient-ils comestibles ? Si oui, ils auraient à tout le moins amélioré l'ordinaire de la voyante, qui vit à cette époque de la confection à domicile de nœuds et de cravates ! Olcott ne la quittera plus. Comme il est riche, il l'aide à fonder un journal et peu de temps après la Société théosophique, qui assurera définitivement la célébrité de Madame Blavatsky.

Un des premiers correspondants de la société est Alexandre III qui crée à l'Université impériale de Saint-Pétersbourg un comité de savants chargé d'expliquer scientifiquement les phénomènes spirites. « Rappelez-vous que la question de l'argent ne joue absolument pas », lui fait écrire le tsar de toutes les Russies pour l'encourager. Madame Blavatsky passe alors quinze heures par jour à son bureau de la 34e Avenue où elle occupe deux étages, et prévient le monde scientifique et politique qu'elle ne posera pas la plume avant d'avoir élaboré la métaphysique de l'avenir, celle qui jettera un pont entre l'Occident et l'Orient, entre les religions mâle et femelle, pour… les réconcilier !

Le président des États-Unis Hayes est enthousiasmé par le projet et lui confie alors une mission, qui dans son esprit doit contribuer à ouvrir pour l'humanité les portes d'un avenir rénové.

Et c'est ainsi, comme nous le savons, que le 17 décembre 1878 la petite Circé ukrainienne fait aux Indes une entrée des plus remarquées. Bien sûr flanquée de l'inséparable Olcott. A sa descente du *Canada,* drapée dans une fabuleuse toilette rehaussée de plumets, elle se jette à genoux et embrasse la terre des brahmanes. La foule des théosophes indiens, conduite par le pandit Krishnavarma en personne, veut la porter en triomphe... Ce noble pontife a bien fait les choses. Une superbe demeure leur a été réservée et dès le soir la fête commence : coups de fusil d'allégresse, pluies de petites pierres précieuses et de fleurs, bien sûr rouges, accueillent le couple vénéré à sa sortie du palais.

Un Anglais se présente. Est-ce un policier ou un fonctionnaire anglais courroucé de cet accueil qui ne doit rien à l'occupant colonial ? Nullement. Il s'agit d'un des premiers adeptes anglais de la théosophie occidentale, qui en quelques mois s'est répandue jusqu'en Asie. Pour le remercier, la fondatrice, toujours espiègle, change le mouchoir qu'il tient à la main en une superbe orchidée rouge...

A partir de là tout va très vite.

Au jour de l'an indien, pour sa première conférence publique, le colonel Olcott proclame d'une voix formidable : « Vous devez retrouver, avec la grandeur de vos traditions, la fierté d'être hindous ! C'est vous qui donnerez au monde sa nouvelle dimension spirituelle ! » Dans la foule quelques « observateurs » anglais se regardent, consternés.

De swamis en fakirs et en yogis, les visiteurs veulent tout voir des prodiges de l'ascèse hindoue. Madame Blavatsky multiplie en retour les « miracles » dont certains étaient sans doute plus à leur place à Tabarin que dans les lieux saints hindous.

Quand ils arrivent à Bénarès la sainte, le maharajah leur verse une dotation énorme qui devra assurer l'essor mondial de la Société théosophique. A travers toute l'Inde et puis à Ceylan, les appels à l'émancipation des mahatmas blancs transforment leur voyage en tournée triomphale. C'est du monde entier que les subsides affluent maintenant et grâce aux princes indiens qui mettent la différence, les fondateurs de la croyance nouvelle peuvent acquérir près de Madras le somptueux palais d'Adyar où ils installent le siège mondial de leur mouvement.

Ces succès, on s'en doute, n'enchantent pas du tout les autorités anglaises. Depuis des lustres les missions protestantes et catholiques répètent que les croyances hindoues sont un tissu de stupidités et la langue indienne le véhicule de l'ignorance et de l'obscurantisme. Voilà maintenant que des étrangers menacent le vieux rêve de la Compagnie des Indes alors réalisé depuis un an seulement : faire de tout le sous-continent indien un immense comptoir anglais. La police déclenche aussitôt une campagne de dénigrement systématique contre les « espions ». Mais le charme de la Blavatsky et le magnétisme d'Olcott, et la protection surtout du puissant maharajah du Cachemire, que le colonel a guéri de ses terribles migraines, les protègent...

Fêtée, choyée, célèbre et à l'abri de tout besoin, Helena Blavatsky va donc pouvoir mener l'existence d'une opulente maharani, tandis que ce nabab de colonel tient l'ensemble de l'aristocratie indienne sous son charme... C'est bien mal la connaître ! Poussée par un éternel besoin de rupture et d'accomplissement, la mère des théosophes s'embarque dès janvier 1884 à bord d'un bateau qui met le cap sur Marseille. En dix-huit mois elle a ressuscité l'âme et la fierté nationales des Indiens et restauré les anciens cultes. Mais c'est en Europe maintenant qu'elle veut bâtir ce « deuxième pilier » qui permettra de propager la lumière et la paix entre le Levant et le Couchant. A son arrivée à Nice, l'allégresse se teinte juste d'un peu de snobisme : c'est toute l'Europe élégante et aristocratique qui lui fait fête dans le beau palais de Cimiez qu'on a mis à sa disposition.

Mais en Inde, pendant ce temps, les Anglais, craignant un retour en force des théosophes, font systématiquement campagne, sollicitant des faux témoignages et répandant partout que les deux prophètes ne sont que de vulgaires illusionnistes. Ainsi mis en cause, ceux-ci reviennent précipitamment sur les bords du Gange où la graine qu'ils avaient semée donnait de si belles fleurs de renouveau. Las ! Il ne leur faut pas plus de trois jours pour se rendre compte que le charme n'opère plus et que le travail de sape des autorités coloniales et des missionnaires, qui les comparent à l'Antéchrist, a fait son œuvre.

La fondatrice ne se défend pas ou à peine. Elle met en place à Adyar, un état-major indien dirigé par le colonel, qui va s'employer inlassablement à restaurer la mystique imémorielle des dieux védiques. Quant à Madame Blavatsky, qui n'a jamais trouvé le calme que dans le mouvement elle se remet à vagabonder à travers toute l'Europe, tout en écrivant le livre qui est la somme de son expérience mystique, la Doctrine secrète. Et le plus étonnant de cette merveilleuse histoire, c'est qu'elle va accomplir l'essentiel de son œuvre, au moment où calomniée et discréditée, elle est presque totalement évincée du mouvement théosophique occidental. C'est à cette époque qu'elle rencontre Annie Bessant, la très jolie femme d'un révérend anglais, avec qui elle s'entend d'ailleurs si mal, qu'elle le quitte pour se consacrer, cheveux courts et foulard rouge au cou, à l'action sociale.

Dès le premier regard, Madame Blavatsky l'attire, avec une « force surnaturelle », dira-t-elle. Elle devient son plus ardent disciple, et touchée à son tour par l' « appel des Indes », s'installe à Bénarès pour y poursuivre l'œuvre de sa mère spirituelle. Elle transforme complètement le palais Adyar, et achète d'immenses propriétés où elle fera bâtir un temple maçonnique qui abrite la plus grande collection d'ouvrages spiritualistes du monde.

Ceci se passe en 1891. Elle est bientôt adorée à l'égal d'une déesse et devient une des personnalités les plus populaires du Congrès national indien, le parti qui mena l'Inde à l'indépendance.

1891, c'est aussi l'année où Helena Petrovna Blavatsky entreprend un voyage qui l'amène à renoncer — temporairement — à son corps matériel, pour s'envoler vers les régions éthérées, où veillent les grands visionnaires, dans l'attente, comme le veut la doctrine théosophique, d'une réincarnation plus parfaite. Là aussi elle occupera une place des plus singulières : celle de la seule femme de l'Histoire qui ait jamais réussi à fonder une religion.

RÉPONSES À L'INCRÉDULE

— *Qu'est-il resté de cette religion et en quoi consiste-t-elle ?*

— Les théosophes n'aiment pas qu'on assimile leur mouvement à une religion. Ils préfèrent parler d'une doctrine qui veut concilier, en les dépassant, tous les dogmes religieux, ainsi que la science et la philosophie.

Pour y parvenir, il faut, disent-ils, débarrasser les religions de tout ce qu'elles ont de superficiel et d'illusoire, notamment les rites et les églises, et accéder à la connaissance de la vérité, par un entraînement fondé sur les techniques de méditation du bouddhisme.

— *Ce n'est donc pas une doctrine d'essence chrétienne...*

— Tout au contraire. Pour les théosophes, le surnaturel, tel que le conçoivent les chrétiens, n'existe pas. « Dieu est un rêve, la prière un vain mot, le rite une jonglerie et le prêtre un menteur ! » disait sans ambages Helena Blavatsky.

— *Pourtant elle croit aux miracles et même en fait...*

— Oui, elle n'est pas à une contradiction près. En fait elle ne croit qu'aux « prodiges » et assure que la magie est aussi ancienne que l'humanité. Mais qu'elle exige une initiation, qu'elle doit être réservée aux esprits supérieurs, aux initiés, à ceux qui ont accès « aux lieux situés à l'arrière des temples ». Faire de la magie pour H.P.B. c'est surtout exalter le paganisme antique, l'ancienne sagesse du bouddhisme d'où, pour elle, toutes les autres religions sont issues. Mais en le dévoyant. Notamment le christianisme, qui a fait de Satan l'égal de Dieu et de Jésus... un piètre plagiaire de Bouddha ! Un des crimes et pas des moindres, de ce faux messie, assure Helena, dès 1850, est d'avoir parsemé la terre de cathédrales, dont les flèches sont autant de... symboles phalliques !

— *Si cette dame vivait maintenant, elle serait sûrement présidente du M.L.F. !*

— C'est possible. Toute sa vie Blavatsky a été obsédée par la libération de la femme et la création d'un véritable pouvoir féminin. Pour elle, l'émancipation de la femme doit passer par la destruction du « dieu-mâle » et son remplacement par une divinité féminine, une déesse-mère, qui n'existe guère que dans la religion hindoue. Qui est aussi la seule qui donne la première place à la paix, à la sensualité, à la fécondité, au contraire du Dieu-jaloux, des juifs et des chrétiens, dieu de la guerre, de la sauvagerie et de la sottise fanatique.

— *Là, elle n'a pas entièrement tort...*

— Oui. Elle a raison de mettre la sagesse bouddhique au-dessus du sectarisme des religions monothéistes quelles qu'elles soient. Au Dieu des armées et des inquisiteurs, les bouddhistes opposent le « *dhamapada* », la tolérance, qui considère la croyance à un Dieu unique comme le pire des aveuglements.

Le combat féministe de Blavatsky sera poursuivi plus radicalement encore par Annie Bessant, sa disciple, qui était d'abord secrétaire du puissant syndicat anglais des... allumettières ! Dès 1875, cette charmante fille d'un bourgeois londonien prônait le contrôle des naissances, avant d'obtenir huit diplômes supérieurs de sciences et de fonder la Ligue malthusienne. Ses discours contre les « phallocrates » étaient si violents qu'on lui avait ôté la garde de sa fille... La détestation que les deux fondatrices de la théosophie vouaient aux hommes et le féminisme militant qui animait les belles duchesses, militantes de choc de Blavatsky, ont longtemps imprégné le mouvement. Il est sans doute à l'origine des nombreux schismes qui ont déchiré la théosophie depuis ses origines et dont le plus retentissant est celui de l'Autrichien Rudolf Steiner. Grâce à une souscription internationale, cet éditeur des œuvres complètes de Goethe fit construire à Dornach, près de Bâle, un temple rival de celui d'Adyar, sorte d'immense Mecque en béton des « anthroposophes », comme Steiner a appelé son mouvement, ce qui veut dire « sagesse de l'homme ».

Dans ce temple, le « Goetheanum » dédié à Goethe, l'homme de science et le poète que Steiner vénérait, on devait jouer des « mistères » à caractère initiatique, comme ceux qui étaient présentés au Moyen Age sur les parvis des cathédrales. Il fut incendié en 1922, vraisemblablement par les nazis. Steiner le fit reconstruire en trois fois plus grand. La salle principale peut abriter plus de mille personnes et c'est aussi le seul endroit du monde où l'on continue de jouer la version intégrale du *Faust* de Goethe...

— *C'est tout ce qu'on y fait ?*

— Le Goetheanum est depuis un demi-siècle un foyer culturel et artistique d'une importance considérable, qui a contribué à l'éducation de centaines de milliers d'enfants à travers le monde. Selon la méthode steinérienne, qui fait un large appel à la musique, à la connaissance de la nature et des langues étrangères. Parallèlement, des centaines de médecins s'y retrouvent chaque année, qui soignent uniquement avec des produits pharmaceutiques naturels.

— *Et la théosophie en 1981 ?*

— De la pensée de Madame Blavatsky qui pour Jules Bois, un journaliste du début du siècle, n'est qu'un « capharnaüm fantastique et enfantin », il ne reste pas grand-chose. Le génie de cette cosaque, aussi impétueuse qu'ambiguë, est ailleurs. Notamment dans le fantastique pouvoir de persuasion et de suggestion qu'elle a exercé sur des milliers de ses contemporains. Jules Bois, qui était très sceptique et catholique pratiquant, était allé la voir à Londres. Voici comment il la décrit, alors qu'elle est pourtant à la fin de sa vie : « Le soir tombait dans les brouillards de Londres. La lampe n'avait pas encore été apportée. Le visage de Blavatsky devenait étrange. Il semblait qu'autour d'elle l'éther s'était mis à vibrer. La femme qui parlait prenait des contours hiératiques. On eût dit qu'au lieu de cette grosse Slave un messager divin était là. L'impression était profonde, inoubliable... »

Ce pouvoir va lui permettre de subjuguer le président des États-Unis, Hayes, qui lui donnera un ordre de mission avec passeport diplomatique, pour engager la fusion des occultistes d'Occident et d'Orient. C'était tout à fait inouï, surtout pour une femme qui venait tout juste d'être nationalisée américaine ! Elle réussit de même à fasciner Gandhi qu'elle ramena à la fierté de sa civilisation d'origine et aussi à parachever sa propre œuvre en se trouvant un successeur, Annie Bessant, qui jusqu'à l'instant de sa rencontre avec H.P.B. était une militante socialiste de choc, une pionnière du féminisme et jusqu'à la fin de sa vie tout le contraire d'une évaporée. Avec son protégé Krishnamurti, un des grands guides spirituels des temps modernes, et bien sûr Gandhi, qui n'adhéra toutefois jamais au mouvement théosophique, elle est effectivement à l'origine de l'élan qui conduisit près d'un demi-mjlliard d'Indiens vers l'indépendance de 1947.

Quant aux théosophes, ils sont toujours nombreux à travers le monde. S'ils ont renoncé aux pratiques occultes, ce qui est peut-être dommage, ils cultivent, comme il y a cent ans, la fraternité entre les peuples, l'étude des pouvoirs psychiques cachés de l'homme et des écritures aryennes. En ces temps de haine, de scientisme exacerbé, d'abandon de la tradition, leur rêve obstiné s'en trouve d'avance justifié.

SOURCES

Jacques LANTIER, *La Théosophie,* Éd. C.A.L.
Luc BENOIST, *L'Ésotérisme,* P.U.F.
H. P. BLAVATSKY. *Premiers Pas sur le chemin de l'occultisme,* Les Publications théosophiques.
Annie BESSANT, *L'Idéal théosophique,* Éd. Adyar.

Une curieuse vie de saint

GUY BRETON

LE 27 JUILLET 1680, LA VILLE DE SÉVILLE ET LES FRÈRES DE la Charité auxquels s'étaient joints de nombreux cardinaux, des archevêques, des évêques, des moines, des laïcs, de grands seigneurs et des maîtres de l'Université, introduisirent en Cour de Rome une demande de canonisation concernant le frère don Miguel de Mañara mort un an plus tôt en odeur de sainteté au couvent de la Caridad.

L'enquête menée par les éminents docteurs de la Congrégation des rites fut longue et minutieuse. Elle dura dix ans et permit de découvrir que le personnage proposé au jugement de la Cour de Rome avait eu une vie particulièrement édifiante. En foi de quoi le pape signa le décret faisant de don Miguel de Mañara un vénérable, premier grade sanctificatoire avant la béatification.

Immédiatement, les moines de la Caridad œuvrèrent pour que le Vatican s'intéressât aux miracles qui se produisaient auprès de la tombe de leur ancien frère et voulût bien accorder à celui-ci le titre de bienheureux.

Aujourd'hui, la Congrégation des rites se penche sur le dossier de canonisation proprement dite de don Miguel de Mañara dont le nom figurera peut-être un jour prochain sur nos calendriers.

Mais qui donc est ce saint homme possédant des vertus à ce point remarquables que Rome s'apprête à lui accorder une auréole ?

Il s'agit d'un Sévillan qui vécut au XVIIe siècle et qui est plus connu sous le nom de don Juan... Oui, vous avez bien lu : don Juan, l'amant de mille et trois femmes, le violeur, l'aventurier, l'assassin [1] !...

Comment cet homme parti de l'enfer arriva-t-il au Paradis ?

Écoutez son histoire, elle est extraordinaire.

Né à Séville en 1627, don Miguel eut la révélation de sa vocation de séducteur alors qu'il n'avait pas quatorze ans. Ayant assisté à une représentation du *Burlador* de Tirso de Molina, il sortit du théâtre en déclarant avec une tranquille assurance : « Je serai don Juan ! », comme un autre enfant aurait dit : « Je serai marin ! » Et tout aussitôt, il chercha à se faire la main. Issu d'une famille noble, il lui fallait, en vrai conquistador, des débuts éclatants.

Et, pour un coup d'essai, ce fut un coup de maître : il devint l'amant de la maîtresse de l'archevêque de Séville.

Il tira de ce premier contact des enseignements qu'un long apprentissage avec une dame du commun ne lui eût point donnés.

Puis il se tourna vers les femmes mariées qu'il charmait par sa parole, émerveillait par son audace et faisait se pâmer par une technique fort savante...

Lorsqu'un mari, apprenant son infortune, montrait une contrariété de mauvais aloi, don Miguel tirait son épée et tuait le gêneur.

Voulant à toute force égaler son modèle, il ne reculait devant aucun péril. Certain soir, il donna rendez-vous à une jeune fille dans un pavillon de chasse et avertit le frère de la belle. Celui-ci, croyant à une vantardise, se rendit à la porte de la chambre et écouta. Reconnaissant la voix de sa sœur, il injuria don Miguel, mais dut rester sur le palier et attendre la fin d'un duo dont quelques soupirs caractéristiques lui permettaient de suivre les péripéties. Après quoi, don Miguel sortit, l'épée haute, tua le frère et rentra chez lui tranquillement.

Tous ces exploits, on s'en doute, firent beaucoup pour sa

1. Il ne faut pas confondre ce personnage bien réel avec le don Juan légendaire créé par Tirso de Molina et repris par Molière.

réputation. Bientôt, il eut le surnom qu'il désirait. Tout Séville l'appela « don Juan ». On disait de lui qu'il attirait les femmes plus que l'aimant attire le fer.

Mais un soir, tout comme le don Juan de la légende, alors qu'il était dans la chambre d'une jeune fille, doña Teresa, le père parut, un flambeau à la main. Don Miguel sauta du lit, saisit son épée et, dans un corridor obscur, engagea un duel terrible. Le vieillard, qui avait dégainé, se battit furieusement, mais don Miguel le tua d'un coup en plein cœur et s'enfuit.

Cette fois, l'affaire était trop grave pour que les parents du jeune homme pussent l'arranger. Le père de doña Teresa étant le chef d'une puissante famille d'Andalousie, le roi lui-même ordonna des poursuites. Don Miguel dut fuir, quitter l'Espagne, se réfugier en Italie, puis aux Pays-Bas où le charme des belles Flamandes n'eut bientôt plus de secret pour lui.

Engagé dans un régiment espagnol qui guerroya contre la Hollande, il montra une exceptionnelle bravoure qui lui valut d'être cité à l'ordre du jour de l'armée. Sa brillante conduite fut vite connue à Séville et, par décision royale, les poursuites judiciaires furent abandonnées. Don Miguel put rentrer chez lui.

A peine arrivé, il trouva un nouveau moyen de fasciner les belles Espagnoles : il participa à des corridas et montra, là encore, une extraordinaire habileté.

Un jour, il tomba gravement malade. Tous les maris d'Andalousie se réjouirent, mais don Miguel guérit, contre toute attente.

— Il trompe même la mort ! disait-on.

□

On aurait tort de croire que cet éternel insatisfait fût un écervelé papillonnant sans méthode. Don Miguel tenait ses comptes. Il possédait une liste complète de ses « victimes » avec, en regard, une liste des maris ou amants trompés suivis de la profession qu'ils exerçaient. Toutes les classes sociales étaient représentées. En tête de la colonne masculine, on lisait même le nom d'un pape... Pendant son séjour en Italie, don Miguel avait en effet séduit une belle Florentine à qui, disait-on, Sa Sainteté avait accordé ses faveurs...

Ensuite venait un empereur. « L'énumération, dit Mme Esther Van Loo, sa principale biographe, continuait, brutale, directe, précise. C'était un ahurissant pêle-mêle d'évêques, de princes et de ducs régnants, de marquis, de comtes, de chevaliers, de bourgeois ou de modestes artisans. »

Un soir, en parcourant son étrange « comptabilité », il s'aperçut qu'il n'avait pas encore goûté de l'inceste. Ses sœurs étant religieuses dans un couvent dont la règle sévère interdisait tout espoir, il allait se résigner à abuser d'une de ses tantes, lorsqu'il se souvint de l'existence d'une demi-sœur, fille naturelle de son père, qui habitait la Corse.

Le lendemain, don Miguel s'embarquait.

La jeune fille fut rapidement conquise par ce bel Andalou qui se disait ami de son demi-frère. Mais au moment de célébrer leurs noces clandestines, par un raffinement démoniaque, il lui révéla son identité. Quelle victoire si la belle avait accepté de perdre son âme, et quelle saveur le goût du péché mortel aurait ajouté à la chose... Mais la jeune fille le repoussa et, l'ayant giflé, ameuta la maison. Le seigneur du lieu accourut, don Miguel le tua et, s'enfuyant, occit encore un domestique qui le poursuivait.

Ce premier échec marque le début d'une série d'événements qui vont impressionner vivement le jeune libertin.

Se rendant une nuit dans un couvent avec son écuyer pour y enlever une religieuse — d'ailleurs consentante — (ce genre de sacrilège manquait encore à son tableau de chasse), il entend des psaumes mortuaires chantés dans une église. Intrigué, il entre. L'église est vide.

A peine a-t-il fait quelques pas qu'un coup violent appliqué sur la nuque le jette par terre sans connaissance. Son compagnon le ranime et tous deux entendent distinctement une voix lugubre qui crie :

— Apportez le cercueil, il est mort !

Terrorisés, ils rentrent en courant chez eux et renoncent à l'enlèvement.

A partir de ce moment, les hallucinations se succèdent. Hélé par une jolie fille qui rêve à son balcon, il monte par une échelle de soie et trouve une chambre vide, tendue de noir où repose un squelette entouré de quatre cierges.

Il est au bord de la folie lorsqu'il rencontre la seule femme qu'il aimera : doña Jeronima. Il l'épouse et vit heureux avec elle pendant treize ans.

Tout Séville s'émerveille. Don Juan s'est assagi. Don Juan est fidèle. A la vérité, pour la première fois de sa vie, don Juan a trouvé l'amour qu'il recherchait passionnément...

Subitement, doña Jeronima meurt, et don Juan écrasé de douleur, est repris par ses hallucinations. Des hallucinations épouvantables qui le rendent malade. Pour retrouver la paix, il veut entrer dans un couvent. Son confesseur s'y oppose.

— Vous avez besoin d'activité. La vie contemplative ne vous convient pas.

Et don Miguel met sa fortune au service des pauvres, fonde des hospices, quête, soigne les malades, dirige le couvent de la Caridad avec la même passion qui le poussait jadis à la débauche.

Faisant en Espagne ce que saint Vincent de Paul fait en France, il s'épuise à la tâche et meurt, à cinquante-deux ans, entouré du respect de ses confrères et de l'admiration de l'Espagne tout entière.

Il est enterré dans la chapelle du couvent, sous une plaque où il a demandé que soient écrits ces mots :

> Ici gisent les os et les cendres
> Du pire homme qui fut au monde.
> Priez pour lui.

Bientôt, des miracles ont lieu près de son tombeau. Aujourd'hui, je l'ai dit, la Congrégation des rites se penche sur le dossier de canonisation de don Miguel et les femmes pourront, peut-être, implorer bientôt un nouveau saint qui ne manquera pas, du haut du paradis, d'exaucer leurs prières avec une tendresse toute particulière, et parfois, qui sait, un peu de mélancolie...

RÉPONSES A L'INCRÉDULE

— *Étonnante histoire que celle de ce libertin athée et criminel qui aura peut-être un jour prochain sa statue dans les églises... Mais je voudrais revenir sur le point le plus troublant de sa vie : ses visions. En eut-il beaucoup ?*

— Énormément ! Un soir, sortant de chez lui, il croise un groupe d'hommes qui marchent rapidement en portant une civière. Il s'arrête et demande aux porteurs pourquoi ils vont si vite. « Don Miguel de Mañara est mort ! » répondent-ils.

Il se précipite vers la civière et entrevoit un cadavre où il se reconnaît... C'est *lui* qu'on emporte...

Quelques jours plus tard, il rencontre une procession qui débouche d'une rue et s'avance sans bruit et sans déplacer le moindre souffle d'air. Des pénitents suivent en longues files, tenant des cierges allumés... Et il remarque que la flamme de ces cierges est rigoureusement immobile malgré la marche.

Ce cortège de cauchemar le glace littéralement jusqu'à la moelle. Il demande alors :

— Quel saint fêtez-vous là ?

L'un des pénitents s'arrête une seconde :

— Nous portons en terre don Miguel de Mañara...

Don Miguel éclate de rire. D'un rire nerveux qui s'arrête net car il aperçoit une bière recouverte d'un velours noir et soutenue par des moines. Derrière eux, les pénitents marchent d'un pas lent. Don Miguel insiste : « Que portez-vous là ? »

L'un des moines le regarde de ses yeux vitreux : « Nous allons enterrer don Miguel de Mañara. »

Le cortège continue sa route et entre dans l'église San Isodoro. Don Miguel le suit. Il entend des chants lugubres et assiste à une messe des morts. Quand elle est terminée, il ose s'approcher du cercueil placé au centre de la nef et il arrache le velours noir qui le recouvre. Il voit alors avec horreur que le visage du mort, encore une fois, est bien le sien.

Il s'évanouit. On le retrouva, sans connaissance, au petit matin, étendu dans l'église.

— *Toutes ses hallucinations étaient-elles aussi morbides ?*

— Toutes... Je vais vous donner un troisième exemple parmi des dizaines d'autres. Un jour qu'il se rend chez un homme d'affaires au sujet d'une ferme détruite par un incendie, il aperçoit une femme qui semble avoir exactement la taille et la démarche de sa chère Jéronima. Il la suit. L'inconnue marche de plus en plus vite et il est presque obligé de courir pour ne pas perdre sa trace. Elle entre dans une église. Il y entre aussi et s'approche d'elle. Il va la toucher quand elle se retourne. Sous la mantille, don Miguel voit avec terreur un squelette ricanant qui le regarde...

— *Ces hallucinations étaient-elles connues à Séville ?*

— Tout le monde en parlait...

— *Peut-on les expliquer ?*

— S'il avait été seul à les avoir, je pense qu'un psychiatre pourrait les expliquer par le dégoût qu'il avait de sa vie passée, du péché de la chair et même du corps humain. Mais bien souvent des amis —, parfois de grands personnages de Séville — partagèrent ses visions. Dès lors ces phénomènes sont inexplicables.

— *Ne pensez-vous pas qu'ils étaient dus simplement à l'état dans lequel il se trouvait après la mort de sa femme ?*

— Peut-être... Mais cela n'explique pas les hallucinations qu'il eut *avant* de se marier et dont les témoins certifient l'authenticité.

— *Finalement, ce sont toutes ces hallucinations qui ont entraîné sa conversion ?*

— Oui. Ces visions épouvantables le firent devenir un autre homme. Il fonda un hospice et voua complètement sa vie aux pauvres. Cela dura dix-huit ans ! On l'appelait d'ailleurs, à Séville, le père des pauvres... Sa seule distraction était de s'occuper des rosiers qu'il avait plantés dans le jardin de l'hospice. Or, en 1678, la peste s'abattit sur l'Andalousie, attaquant des milliers de personnes. Don Miguel se dévoua sans compter et mourut d'épuisement en 1679, après avoir soigné des centaines de malades... Sept mois plus tard, son corps fut exhumé pour être transféré. On constata alors qu'il était intact. Le visage était souriant, et sous ses chairs parfaitement saines, on avait l'impression que le sang coulait encore...

Quant aux rosiers qu'il avait plantés, ils continuent à fleurir chaque année, depuis plus de trois siècles.

SOURCES

Esther VAN LOO, *Le Vrai Don Juan, don Miguel de Mañara,* 1950.
Procès-verbaux du procès de canonisation.

Robespierre et la Mère de Dieu

LOUIS PAUWELS

SI ROBESPIERRE A FINALEMENT PERDU, C'EST PEUT-ÊTRE BIEN À cause d'une femme, d'une obscure prophétesse, dont l'Histoire n'a pas même retenu le nom.

En 1793, les « enragés », rassemblés autour du sanglant Hébert, ont résolu d'en finir avec l'Église. Leur porte-parole, Chaumette, un philanthrope, inventeur d'une guillotine à roulettes qui facilite grandement la besogne des trancheurs, est saisi d'une véritable frénésie anticatholique. Dans les cimetières, il fait remplacer les croix par des statues du Sommeil, puisque l'âme ne peut être immortelle et aux évêques « jureurs », il demande de jeter la mitre, la crosse et l'anneau, et de proclamer : « Tous les titres du charlatanisme sont déposés à la tribune du peuple, nous sommes régénérés ! »

Dans le chœur de Notre-Dame, il a fait constuire une immense montagne en carton. Sur ses pentes, des femmes, les seins nus, allaitent des bébés pour en faire de bons petits soldats de la Liberté. On chercherait en vain une effigie de saint. A sa place, il y a une statue monumentale qui représente le peuple, brandissant une massue. Un temple de la philosophie politique remplace le maître-autel. On y distingue les bustes de tous les Pères de la Révolution...

Et c'est la même chose, souvent en plus riant dans les cathédrales de Bourges, du Mans, de Limoges, de Pau et d'ailleurs, où les prostituées organisent de folles bacchanales.

Robespierre a plus de goût et d'esprit que ces gens-là. Et

une ambition plus haute. Il ne veut pas extirper du cœur des Français le sentiment religieux. Mais il veut qu'ils embrassent une religion nouvelle. Qu'ils remplacent l'adoration du Dieu de l'Eglise par le culte de l'Être Suprême, fondé sur la Raison et la Fraternité.

Le 18 floréal an II, plus prosaïquement 7 mai 1794, il fait voter par la Convention, où nul désormais n'ose le contredire, l'acte de naissance d'une religion, dont par droit divin, pourrait-on dire, il sera le Grand Prêtre pendant... un peu plus d'un mois ! C'est déjà beaucoup trop pour les partisans de l'athéisme absolu. Certes, Hébert vient d'être coupé en deux, mais ses amis, aux Jacobins et même à la Convention, cherchent et s'agitent. Pendant que Robespierre établit avec David le peintre et Chénier le poète les rites et les cantiques de la religion nouvelle, ils cherchent comment jeter au bas de ses autels cet Être-là et son infernal pontife. Ils cherchent avec l'obstination désespérée de ceux pour qui le chemin de la tribune au tranchoir, se raccourcit tous les jours davantage. Et en fin de compte, ils vont trouver...

□

Ce même jour du mois de mai 1794, deux hommes escaladent discrètement les six étages d'une maison d'allure misérable de la rue de la Contrescarpe. Ce sont des agents secrets, ou mieux des mouchards du comité de Salut Public. Ils se nomment Héron et Sénar, et sont dépêchés là par Vadier, un député montagnard qui exècre tout autant Robespierre que sa divinité et Barrère, surnommé l'« Anacréon de la guillotine », parce que la vue du panier à son bien rempli, lui met à la bouche d'exquises fleurs de littérature. Quant aux deux espions, autant dire que ce sont de franches crapules : Héron est un ancien marin au long cours que ces hommes appellent tout simplement le « Chef ». Peut-être tient-il son autorité du fait qu'il ne sort jamais sans une artillerie très complète : sous son habit il porte deux espingoles, des pistolets de poche et une seconde ceinture avec d'autres pistolets d'un calibre plus considérable, plus un large poignard et un tout petit stylet. Son épouse, une belle

Cancalaise dont il est très épris, le trompe avec un lieutenant en premier du régiment de Beauce et s'enfuit avec huit cent mille livres, fortune qui ne doit sûrement rien à sa solde de matelot. Il vient d'introduire une requête auprès de ses influents amis qu'il a de bonnes chances de voir aboutir : celle de faire guillotiner sa femme de toute urgence...

Sénar, au contraire, est un scrupuleux. Fils d'un procureur de Châtellerault, il passe pour noble et a même épousé une filleule de Louis XVI et de Marie-Antoinette. Jamais il ne réunit ses commissions militaires qui écument la province sans les faire assister d'abord à la messe. En toute chose il met du sérieux : élu procureur à Tours il établit sans retard la guillotine à demeure et « sur une solide base en maçonnerie ».

□

— Tâche surtout de prendre l'air dévot ! souffle Héron à son acolyte en frappant du majeur deux, puis trois coups à une porte palière.

Après un assez long moment, une servante passe le nez.

— Vous venez pour la Mère de Dieu ? dit-elle. Il va vous falloir attendre... Elle n'est pas encore levée !

Il est onze heures, nos deux lascars se plantent dans l'entrée exiguë et sombre.

— N'oublie pas..., dit encore Héron. Tu viens de la campagne !

Paraît alors un homme affublé d'une immense redingote blanche et portant une toque de petit-gris. Il élève un quinquet vers les figures des visiteurs et trace sur son front un signe de reconnaissance que Héron répète avec empressement. Avant qu'il ait pu dire un mot, la servante reparaît et lance avec emphase :

— Venez ! Hommes mortels, vers l'immortalité ! La Mère de Dieu vous permet d'entrer !

Elle les précède dans une chambre assez vaste mais tout aussi sombre où elle allume un réverbère à trois branches et dispose, sur des gradins bas, trois fauteuils bleus et rouges.

— L'heure s'avance ! dit-elle encore. La Mère de Dieu va paraître pour recevoir ses enfants !

A ce moment arrive un militaire portant son bonnet sous un bras, un long bancal au côté, suivi d'une citoyenne que l'homme à la toque salue comme étant l' « Éclaireuse ». Une autre vient des pièces du fond qu'on appelle la « Chanteuse », une autre encore, qui est singulièrement belle et qui se nomme la « Colombe ». Voici que l' « Éclaireuse » agite une sonnette.

— Frères, voici votre Mère !

Les rideaux d'une alcôve s'écartent et paraît une grande personne sèche et diaphane. Sa tête et ses mains sont d'une maigreur phénoménale et agitées de tremblements séniles...

Sénar, qui est resté prudemment en retrait, compte à présent une bonne dizaine de personnes, qui prennent place sur des tabourets et des sortes de chaises longues.

— Gloire à la Mère de Dieu ! crient les ouailles de Catherine Théot, en se précipitant sur ses pantoufles qu'elles baisent avec ferveur. Dans son coin, Sénar a du mal à ne pas rire.

Une collation est servie, mais à la prophétesse seulement. Deux jolies filles lui essuient ensuite tendrement le visage et les lèvres. D'une voix aigre et fêlée elle prononce alors ces mots : « Enfants de Dieu, Votre Mère est au milieu de vous. Je vais maintenant purifier les deux profanes !... »

Tout à l'heure au bas de l'escalier, Sénar a consulté une dernière fois sa fiche de police. Il y est dit que celle qui se fait appeler la « Mère de Dieu » par des adeptes de jour en jour plus nombreux, a soixante-neuf ans, qu'elle est fille de pauvre journalier normand et qu'elle a été très longtemps servante. A cinquante ans bien sonnés, elle a soudain sa Nuit. Elle se précipite chez un marchand d' « instruments de pénitence » et investit les économies de toute une vie dans un incroyable bric-à-brac de cilices, ceintures de fer, bracelets à « picquais » et jarretières métalliques, doublées de crin. La nuit elle dort sur une croix qui est un véritable chevalet de torture garni également de pointes d'acier. Quoique complètement illettrée, elle commence à catéchiser. Non sans succès, puisque l'archevêque de Paris, Mgr de Beaumont, s'inquiète et lui demande par lettre de lui faire part des lumières qu'elle pense avoir reçues. Une lettre de son archevêque ! Le peu de bon sens qui reste à Catherine Théot l'abandonne et la voici qui court les rues, ameutant les passants, interrompant les sermons et guettant les prédicateurs à leur sortie, pour les traiter d'hérétiques... L'un d'eux porte plainte et la visionnaire se retrouve pour trois ans à la Salpêtrière dans le carré des doux dingues. Une couturière la recueille ensuite, qui est aussi toquée qu'elle, et pendant dix ans, retirées, les deux bonnes femmes vont passer le temps à retoucher leurs visions cornues... Quand l'ouragan révolutionnaire déferle, elles refont surface et installent leur officine à mirages sur la montagne Sainte-Geneviève, où nous les retrouvons maintenant...

— Agenouillez-vous mortels ! s'écrie l'Éclaireuse. Vous allez recevoir les sept dons de Dieu !

Les deux moutons se prosternent.

— Savez-vous lire ?

— Un peu !

La Théot passe derrière Sénar et lui saisit la tête qu'elle presse fortement. Celui-ci sent la bouche de la vieillarde lui effleurer le front, les paupières, l'envers de l'oreille et par deux fois le menton.

— A votre tour ! exige la belle Éclaireuse.

Rude épreuve ! Mais en policier zélé, Sénar se soumet et embrasse la vieille partout.

— Fils et Mère, baisez-vous sur la bouche ! demande ensuite la Chanteuse.

Là, il faut de l'héroïsme, mais allons-y. Pour la République !

Héron écope des mêmes attouchements et dès qu'il a fini, tout le monde entre en transe, se prosterne, prie, et entame des cantiques. Une belle jeune femme garde sa bouche collée à celle de Catherine durant de longues minutes. Elle ne s'interrompt même pas quand la porte s'ouvre avec fracas, et que la Colombe apparaît dans tous ses états.

— Nous sommes trahis ! crie-t-elle. Il y a des soldats plein la rue !... Ils montent l'escalier !

L'homme à la houppelande blanche, qui est un ancien

chartreux défroqué du nom de Dom Gerle, ancien membre de l'Assemblée constituante aussi, veut s'enfuir. Héron lui pointe une de ses pétoires sur la figure, tandis que Sénar, plus mort que vif, trouve la force de tirer la fenêtre et de crier : « A la garde ! A moi les gendarmes ! »

□

Quelques instants plus tard, un étrange cortège dévale la rue de l'Estrapade : La « Mère de Dieu », tête branlante, trotte menu entre deux gendarmes, suivie de tout son troupeau d'illuminés encadré de gardes nationaux.

Devant, marchent les deux sycophantes, Héron, radieux, faisant sonner son artillerie, Sénar chafouin, la tête invisible sous son bicorne.

On arrive devant le ci-devant collège Louis-le-Grand, transformé en salle de police et en prison. Dans ce couloir, moins de quinze ans auparavant, Robespierre, alors étudiant en droit, ruminait, sombre et solitaire, ses rêves de grandeur. Vadier y occupe un petit bureau, où les accusés tout à l'heure seront interrogés.

Il apprendra que la Mère enseigne que l'Incorruptible est le nouveau messie, l'incarnation de l'Être suprême, envoyé sur la terre pour faire de la France le Paradis...

C'est tout ce qu'il voulait savoir.

□

Quelques jours après, c'est l'incroyable fête de l'Être suprême. La journée la plus étonnante de l'histoire de Paris. Ce jour-là, on veut abolir deux mille ans de christianisme et revenir aux grandes célébrations de l'Antiquité, avec chars de la Liberté, tirés par le peuple de Paris, crémation de la statue de l'Athéisme, et homélie de Robespierre, qui n'est plus déjà que le prêtre fanatique du grand culte de la Mort. Cette journée, pourtant, alors que la France halète et agonise à l'ombre bleue de la Machine, marque l'apogée de l'homme qui a concentré entre ses mains plus de pouvoir qu'aucun autre avant et après lui. Elle le précipite aussi vers une fin vertigineuse et absurde qui interviendra moins de deux mois plus tard.

A la Convention, huit jours après, Barrère fait éclater sa bombe : Robespierre était le disciple d'une vieille folle mystique ! C'est Catherine Théot, la Mère de Dieu, qui a inventé l'Être Suprême et qui a persuadé l'Incorruptible qu'il était le nouveau Messie !

Pour parfaire le traquenard, Vadier lui donne les couleurs du vaudeville. Il laisse entendre que Robespierre comptait effectivement au nombre des initiés de la secte et qu'il était le premier à sucer le menton de la vieille sorcière !

Tout cela est faux, bien sûr. Tout cela n'est qu'une machination diabolique, servie par une coïncidence heureuse. La Convention n'en a cure. Sur les bancs de la fameuse salle tout en longueur des Tuileries, les députés se tordent de rire, et un rêve immense s'écroule...

— Vrai de vrai, tu étais au fait des simagrées de la Théot, camarade citoyen ? Quel effet ça fait, d'embrasser sur la bouche la Mère de Dieu ?...

D'abord ahuri, Robespierre s'indigne. Longuement, comme toujours, il confie à ses collègues son étonnement et sa douleur devant cette indécente bouffonnerie.

— Comment ? rétorque Vadier. Cette conspiratrice, qui sacrifie à la superstition et aux vieilles idoles, n'est qu'une « femme à mépriser » ?

— Je n'ai pas dit cela ! interrompt Robespierre. Comprenez-moi...

Cette palinodie embarrassée, de celui qui a pulvérisé tant de fois des arguments autrement plus sérieux, est une erreur irréparable. On le hue, on refuse d'imprimer son discours et de l'envoyer aux départements. L'Incorruptible se laisse tomber sur son banc. Il sait ce que cet échec veut dire. Sa figure blême de chat se ferme un peu plus et il murmure : « Je suis perdu ! »

Dans quelques jours, Vadier enfoncera le clou en montrant une lettre d'un notaire genevois qui propose à Robespierre une constitution... surnaturelle ! Robespierre se rue sur la tribune. On lui refuse l'accès. Il hurle : « La mort ! La mort !

— Tu l'as méritée mille fois ! » lui répondent les conventionnels.

C'est fini. Au bout d'une bataille de trois heures, le célébrant de l'Être des Êtres est mort, tué par le ridicule. « Sortons ! s'écrie-t-il. Sortons en masse... cela fera plus d'effet ! » Ils sont cinq, en tout, à le suivre. Ou plutôt à être jetés dans les fourgons par les gendarmes, qui remplacent les huissiers défaillants.

Quelques jours plus tard encore, le 9 thermidor, celui qui avait voulu ramener l'âge d'or par la terreur et l'échafaud périt par l'échafaud, au milieu des chants, des danses et des cris d'allégresse.

□

Le lendemain de ce jour où la Révolution bascula Catherine Théot est conduite à la prison de la Force, et de là au Plessis. Robespierre s'était opposé à ce qu'on lui fasse du mal et elle risquait à présent d'être persécutée comme complice du tyran. Dans sa geôle, couverte de plaies dont on ne s'explique pas l'origine, la sibylle de la rue de la Contrescarpe, continue de prophétiser...

« Un grand coup me frappera sur la colline du Panthéon, dans une maison voisine de l'école de droit. Il annoncera mon rajeunissement et ma transformation en immortelle ! » avait-elle vaticiné dans sa première prison. Sa prophétie quant à son dernier lieu de détention se révéla exacte. Et de quel « grand coup » veut-elle donc parler ? Aux cuisiniers et aux guichetiers qui se moquent d'elle et la maltraitent elle dit : « Oui je vais mourir ! Mais pas sur un échafaud comme vous l'espérez ! Je mourrai de ma propre mort et malheur ! Quand je mourrai, vous verrez ! La terre tremblera, et ça s'écroulera de partout !... »

Le 31 août, la visionnaire, entourée de ses fidèles, entre en agonie. Elle meurt paisiblement à sept heures et demie. A cet instant précis, une formidable détonation ébranle les murs de la prison. La terre se met à trembler et toutes les vitres de Paris volent en éclats tandis que les portes de la prison voisine du Luxembourg s'ouvrent d'elles-mêmes.

Pour une raison qui ne fut jamais élucidée, la poudrière de Grenelle venait d'exploser, faisant des morts par centaines...

RÉPONSES À L'INCRÉDULE

— *C'est certainement une coïncidence...*

— Oui. C'est une coïncidence, bien sûr...

— *Dans la prison, l'impression a dû être profonde...*

— En effet ! Les geôliers de la Mère de Dieu ont pris ses prophéties au sérieux et, fous de terreur, ont installé son corps sur un grand lit de parade, croulant sous les fleurs et entouré de mille bougies ! Bien sûr, quand ils ont appris que c'était la poudrière centrale qui avait sauté et que l'illuminée n'y était pour rien, ils ont jeté son corps à la fosse commune sous un linceul de chaux...

— *Et Robespierre... la connaissait-il ?*

— Il ne l'avait jamais vue et ignorait son existence. Le parti des athées s'est tout simplement servi d'elle pour tourner en ridicule les idées religieuses de Robespierre.

— *... Qui étaient sincères ?*

— Certainement. Cet ancien élève des oratoriens, qui devait à l'évêque d'Arras sa bourse de collégien et d'étudiant, a vécu jusqu'à la fin, entouré de prêtres. Fervent disciple de Rousseau, qu'il avait peut-être rencontré dans sa retraite d'Ermenonville, il pourfendait Voltaire dans tous ses discours, au grand scandale des athées.

« Attaquer le culte, c'est attenter à la moralité du peuple ! » disait-il à la tribune de la Convention, où il émaillait à dessein ses interventions de retentissants « A Dieu ne plaise ! » A la veille et au début de la Révolution, le bon Dieu ne s'était encore jamais aussi bien porté d'ailleurs. Quand on se met à fermer les églises, les gens se tournent avec frénésie vers toutes les formes de mysticisme. Les plus naïves ou les plus égarées, révélations de somnambules et des nécromanciens, tarots et horoscopes, ceux de Mlle Lenormand surtout, qui a dans sa pratique Saint-Just, Barrère et Robespierre lui-même, qui tournait de l'œil chaque fois qu'il touchait le neuf de pique. Quand en 1793, on profane la châsse de Sainte-Geneviève, les sans-culottes du quartier veulent élever dans l'église un « autel, où de pieuses vestales entretiendraient un feu perpétuel ». Dans les familles, on adore le portrait de Chaumette placé entre deux bougies, et Pétion, le président de la Convention, a sa secte qui le trouve « très supérieur à Notre Seigneur Jésus-Christ ».

Dans la bonne société aristocratique ça ne va guère mieux. La duchesse de Bourbon recueille tout ce que Paris compte de somnambules, de sorciers, de cabalistes et d'augures. Tous les jours le prophète Elie tient des conférences très suivies dans le jardin des Tuileries, on se croit suivi par son ange gardien ou persécuté par son diable gardien et ceux qui ne s'adonnent pas au magnétisme, suivent la prophétesse Jeanne Labrousse, jusqu'à Rome, où elle se rend... pour convertir le pape !

Catherine Théot a du succès aussi, on l'a vu, avec une imagination encore plus fertile que les autres. La police trouve chez elle une recette pour fabriquer une épée magique qui rend invincible, mais surtout de nombreux brouillons de lettres, toutes adressées à son « cher fils » Robespierre et dans lesquels elle lui donne du « Guide des milices célestes » et de l' « Ange du Seigneur ».

— Les élucubrations de cette illuminée n'étaient pas des preuves de la culpabilité de Robespierre...

— C'est vrai. Mais on n'était pas à ça près ! Le seul élément quelque peu compromettant pour l'Incorruptible, c'est la présence au domicile de la Théot, de Dom Gerle, l'homme à la houppelande blanche.

Cet étrange personnage, ancien député de la Constituante, qui avait lancé à Paris la visionnaire Suzanne Labrousse, allait fournir à Vadier le seul élément politique de son rapport. Il s'agit d'une lettre de Robespierre à l'ancien chartreux, dans laquelle il se porte garant de son patriotisme et de ses convictions révolutionnaires et lui remet de plus une « carte de Sûreté », talisman précieux sans lequel le moindre déplacement dans Paris, peut se terminer à la Conciergerie.

— C'était le prétexte...

— En effet. A l'été 94 tout était bon pour abattre l'Ange de la mort qui ne tenait plus que par la pression de la populace. Le règne de la Terreur absolue était arrivé et n'importe qui en France pouvait être arrêté la nuit, jugé à midi et guillotiné à quatre heures, sans même avoir pu ouvrir la bouche. Temps atroces, où les députés n'osaient plus coucher dans leur lit, changeaient continuellement de place dans la salle de séance, passaient leur journée à courir dans les rues et à se glisser dans les immeubles à deux entrées, pour dépister les espions. Barras, dans ses *Mémoires,* raconte qu'un député, ivre de fatigue, se tenait à sa place, le front appuyé sur sa main. Soudain on le voit bondir sur son siège comme piqué par un scorpion. Simplement parce que le dictateur l'a dévisagé. Tremblant, décomposé, il se tourne vers un de ses collègues et balbutie : « IL va se figurer que je pense à quelque chose ! »

— *Ceux qui voyaient en Robespierre un Dieu avaient raison. Mais c'était un Dieu exterminateur...*

— Oui. Qui à l'intérieur comme à l'extérieur avait acquis un prestige immense, au point qu'il personnifiait à lui tout seul la Révolution. Et la Terreur. « Si Robespierre demande du sang, le sang sera versé ; s'il n'en demande pas, personne n'osera en demander ! » disait-on à la Convention. Les femmes surtout en remettent : « Tu es ma divinité suprême, je te regarde comme mon ange tutélaire », lui écrit une veuve Jaquin de Nantes... nantie de quarante mille livres de rente. Les municipalités lui écrivent qu'elles se jettent à ses pieds et qu'elles chantent des *Te Deum* en son honneur...

— *En fait, l'Être suprême, c'était lui !*

— C'est en tout cas de l'avoir laissé croire à ses ennemis qui l'a perdu.

— *Et qu'est devenu son principal détracteur Vadier ?*

— Jusqu'à sa mort, en 1828, l'ancien conventionnel ne cessait de répéter dans son exil bruxellois, l'histoire de Catherine Théot et le parti qu'il avait su en tirer. « Robespierre, disait-il avec son inimitable accent ariégeois, ze l'ai anéanti, ze l'ai abîmé, ze l'ai abattu d'un coup... Vous vous rendez compte ! il disait que l'athéisme est aristocratique ! »

L'implacable voltairien, qui avait fait mordre la poussière à un homme dont la puissance passait, et de loin, celle du Roi-Soleil lui-même, mourut pieusement le jour de la Pentecôte de 1828 et son corps fut présenté à la cathédrale Sainte-Gudule où le haut clergé, rassemblé, célébra un office solennel pour le repos de son âme...

SOURCES

P. Barras, *Mémoires.*
E. Hamel, *Histoire de Robespierre.*
A. de Lamarine, *Histoire des Girondins.*
G. Lenotre, *Le Mysticisme révolutionnaire. Robespierre.*

Joseph Smith, fondateur de la religion des Mormons

GUY BRETON

IL Y AVAIT EN 1820, PRÈS DE MANCHESTER, DANS L'ÉTAT DE New York, une famille de fermiers protestants dont les membres passaient leur temps à s'entre-déchirer à propos des moyens de parvenir à la félicité éternelle.

Ils s'appelaient Smith.

Les uns étaient paroissiens de l'Église presbytérienne, d'autres suivaient l'enseignement de l'Église baptiste, d'autres encore avaient opté pour la secte méthodiste.

Cette division troublait beaucoup le plus jeune garçon de la famille, Joseph, âgé de quinze ans, qui, devant tant de voies pouvant mener au Paradis, demeurait perplexe. Laquelle choisir ?

Après bien des hésitations, il décida de demander conseil à Dieu lui-même. Il se rendit alors dans une forêt où, invoquant le Seigneur, il Lui expliqua à haute voix ce qui le tourmentait.

Il avait à peine terminé son monologue que, raconte-t-il, des ténèbres l'environnèrent. Effrayé, il allait appeler au secours lorsqu'une colonne de lumière « plus brillante que le soleil » descendit peu à peu jusqu'à lui. Il vit alors deux personnages « dont l'éclat glorieux défiait toute description », écrira-t-il plus tard, se tenant au-dessus de lui, dans les airs. Celui qui paraissait le plus âgé l'appela et lui dit, en montrant son compagnon :

— Joseph, voici mon Fils bien-aimé. Écoute-le !

Le jeune Smith fut naturellement très impressionné ; mais

il reprit vite son sang-froid et, tout heureux de pouvoir s'entretenir directement avec deux personnes de la Sainte Trinité, se permit de demander quelle secte possédait la vérité.

Il lui fut répondu que baptistes, méthodistes et presbytériens étaient pareillement abominables et leurs prêtres corrompus.

Sous le coup de ces révélations, Joseph s'évanouit. Lorsqu'il revint à lui, il était couché sur le dos et les deux personnages avaient disparu. Fort perplexe, il rentra chez lui et raconta son aventure. Mais les gens du village étaient des esprits forts. Ils ne le crurent point et se moquèrent de lui, allant jusqu'à le traiter de menteur. Les plus méchants le bombardèrent avec des fruits pourris ou des queues de poireaux. Bref, le pauvre Joseph connut le sort douloureux de ceux que le Seigneur a distingués...

Outragé, il se compara dans son for intérieur à saint Paul, persécuté pour avoir raconté sa vision sur le chemin de Damas et en tira un naïf orgueil. Hélas ! au cours des années qui suivirent, il n'eut point la conduite qu'on eût été en droit d'attendre d'un jeune homme ayant conversé amicalement avec le Seigneur. Au contraire. Au sortir de l'adolescence, Joseph sombra dans la débauche. Poussé par une sorte de folie de luxure, il fréquenta les mauvais lieux, connut les prostituées et eut des liaisons avec des fermières. Excès déplorables dus, d'après lui, au fait qu'il était doué d'un tempérament « jovial »...

Un soir — c'était le 23 septembre 1823 — pris de remords, il se mit en prière, la tête dans les mains. Alors qu'il récitait avec ferveur un acte de contrition, sa chambre fut brusquement inondée par une grande lumière et un personnage vêtu de blanc, dont les pieds ne touchaient pas le sol, apparut à côté du lit.

Joseph comprit que c'était un ange. Comme il avait maintenant l'habitude des êtres de l'au-delà, il engagea la conversation sans aucune timidité :

— Qui êtes-vous ? demanda-t-il.

— Je suis un messager de Dieu et mon nom est Moroni. Je viens t'annoncer que le Seigneur t'a choisi pour créer une nouvelle religion dont l'Évangile se trouve écrit sur des plaques d'or enfouies dans la colline de Cumorah depuis quatorze siècles.

L'ange ajouta qu'une partie de cet Évangile contait l'histoire des premiers habitants du continent américain et faisait connaître leur origine.

— Pour le lire, précisa-t-il, tu trouveras dans la même cachette deux pierres magiques, l'*Urim* et le *Thummim,* qui ont la propriété de donner le don des langues. Mais attention, tu ne devras montrer à personne ni les plaques d'or, ni l'*Urim,* ni le *Thummim,* faute de quoi tu serais anéanti aussitôt !

Joseph s'apprêtait à demander quelques renseignements utiles quand l'ange, avec beaucoup de prévenance, lui envoya une vision précise du lieu où se trouvaient enfouies les plaques d'or.

— Regarde bien, tu ne peux pas te tromper !...

Quand l'image eut disparu, le jeune Smith, dont la vie devenait vraiment intéressante, vit se former au milieu de la chambre une sorte de colonne lumineuse.

Intrigué, il leva la tête et constata qu'elle montait « jusqu'au Paradis ».

L'ange alors pénétra dans ce couloir de lumière qui l'enveloppa entièrement, fit un petit signe d'adieu et partit comme une fusée en direction du ciel.

Joseph se coucha. Il avait besoin de réfléchir. Mais il ne parvint pas à se concentrer comme il l'aurait voulu car à trois reprises, au cours de la nuit, l'ange revint pour lui répéter longuement ce que le Seigneur attendait de lui.

Finalement, le coq chanta et le jeune homme, renonçant à dormir, s'habilla et s'en alla aux champs où du travail l'attendait.

Chemin faisant, il entendit qu'on l'appelait. Levant les yeux, il vit l'ange Moroni qui flottait dans l'air au-dessus de lui.

— Ne va pas aux champs, dit l'ange. Va trouver ton père et révèle-lui la mission que tu as reçue.

Joseph courut trouver le père Smith et lui raconta en détail l'étrange nuit qu'il avait vécue.

Le vieux fermier presbytérien était respectueux de la volonté divine. Il engagea son fils à obéir sans tarder.

Joseph partit donc immédiatement en direction de la colline Cumorah et, grâce à la vision, trouva facilement l'endroit où il devait faire des fouilles. Après une heure de travail, il mit à jour une espèce de sarcophage de pierre dont il parvint à soulever le couvercle avec un levier. Alors ses yeux s'emplirent de larmes : les plaques d'or annoncées par l'ange Moroni étaient bien là, scintillantes sous le soleil, ainsi que l'*Urim* et le *Thummim,* les deux diamants qui allaient lui permettre de déchiffrer le nouvel Évangile...

Fou de joie, Joseph se pencha pour prendre quelques plaques et les rapporter chez lui. Mais l'ange apparut et arrêta sa main :

— Non ! Pas aujourd'hui. Les temps ne sont pas encore venus. Le Seigneur a voulu que tu voies ce dépôt sacré, mais tu n'en prendras possession que dans quatre ans !

Puis Moroni disparut.

Un peu déçu, le jeune homme recouvrit soigneusement le sarcophage avec de la terre et rentra à la ferme paternelle.

□

Quatre années passèrent pendant lesquelles Joseph, repris par ses démons familiers, recommença à fréquenter les lupanars, à trousser les fermières et à s'enivrer comme un porc. De temps en temps, l'ange venait bien le morigéner, lui démontrant que sa conduite était indigne d'un futur fondateur de religion, mais la chair de Joseph Smith était une des plus faibles que l'Humanité ait connues... Et le malheureux, malgré ses remords et ses promesses, retombait régulièrement dans le stupre.

Enfin, le 21 septembre, vers minuit — quatre ans exactement après l'apparition de l'ange Moroni — il monta dans une carriole en compagnie de sa femme (il venait de se marier) et se rendit sur la colline de Cumorah. Là, il retrouva le sarcophage, l'ouvrit — en présence de l'ange qui n'avait pas tardé à descendre du ciel dans sa colonne de lumière — et transporta dans sa voiture l'*Urim,* le *Thummim* et les plaques d'or. Puis il rentra chez lui où il cacha le tout dans un tonneau de haricots.

Après avoir pris quelque repos, il alla examiner son trésor, compta cinquante plaques d'or et constata qu'elles étaient couvertes de caractères bizarres et incompréhensibles. Plaçant alors l'*Urim* et le *Thummim* devant ses yeux comme des bésicles, il vit avec stupeur les étranges hiéroglyphes se transformer magiquement en mots anglais. Toute la journée, caché dans le fond d'une grange, il put lire ainsi, à la lueur d'une chandelle, l'extraordinaire histoire qui se trouvait gravée sur les plaques d'or.

Je la résume ici : vers l'an 600 avant Jésus-Christ, la famille de Lehi, qui vivait à Jérusalem, fut avertie par un homme « proche de Dieu » que la ville allait être détruite sous le règne de Sédécius. Elle partit aussitôt vers la mer, construisit un bateau, fit voile vers l'ouest et aborda un beau jour, grâce à un « compas-directeur » descendu mystérieusement du ciel, sur une terre qui devait devenir l'Amérique centrale.

De la tribu de Lehi devaient sortir deux peuples : les Néphites, issus de Nephi, et les Lamanites, fils de Laman. Les Néphites, qui avaient continué d'observer la loi mosaïque et de se transmettre les paroles des prophètes, attendaient le Messie. Ils furent récompensés. Un jour, Jésus leur apparut et, assis sous un séquoia, leur raconta sa vie en Galilée, sa crucifixion, sa mort, sa descente aux Enfers, sa résurrection et son ascension. Puis, comme il l'avait fait en Palestine, il fonda une Église parmi eux avant de remonter au ciel sur un nuage. Alors, les Néphites, chassés par les Lamanites qui occupaient un immense territoire allant de la Floride au Canada, émigrèrent vers l'Ouest et s'installèrent près du lac Ontario. Plus tard, un homme d'une grande sagesse, nommé Mormon, fut chargé par ses frères d'écrire l'histoire de ces Hébreux venus de Judée pour peupler le nouveau continent et d'y ajouter une relation de la visite du Christ. Le sage obéit et grava ses récits sur des plaques d'or que l'on enterra dans la colline de Cumorah. Cela se passait en 421 après Jésus-Christ...

□

Joseph Smith fut émerveillé par les révélations qu'apportait le texte de Mormon. Émerveillé et ravi car il savait, pour en avoir souvent entendu parler autour de lui, que les Américains étaient profondément choqués par le silence de la Bible à l'égard du Nouveau Monde. Or l'histoire qu'il venait de lire apportait une réponse à ceux qui s'interrogeaient sur l'origine des Peaux-Rouges. C'était simple : les Peaux-Rouges venaient d'Israël !

Œil-de-Faucon et Fleur-de-Prairie étaient des Israélites qui s'ignoraient.

Joseph Smith alla sans tarder mettre ses frères et quelques amis au courant de sa découverte. Il se heurta à une profonde incrédulité.

— Montre-nous les plaques d'or, lui dit-on.

— Impossible, l'ange m'a assuré que quiconque verrait les plaques mourrait aussitôt.

Ce fut suffisant pour faire réfléchir les plus audacieux.

— Mais, ajouta le jeune Smith, je suis prêt à dicter la traduction du texte de Mormon à n'importe lequel d'entre vous. Vous verrez alors que je dis la vérité.

Cette fois, les garçons haussèrent les épaules et allèrent raconter à tout venant que Joseph était devenu fou et qu'il cherchait quelqu'un pour transcrire un texte apporté par un ange...

Or il y avait dans le village un personnage extravagant, nommé Martin Harris, qui prétendait être allé dans la lune, avoir rencontré le Démon sous la forme d'un âne « aux poils ras et lisses comme ceux d'une souris », et s'être entretenu avec le Christ, lequel, précisait-il, avait pris pour cette conversation amicale, l'aspect d'un beau daim tacheté...

L'histoire de l'ange Moroni ne pouvait que séduire un tel personnage. Martin Harris courut chez Joseph Smith et se déclara prêt à l'aider. Ce fut le premier disciple de la religion mormone...

Dès le lendemain, les deux hommes entreprirent la transcription de ce qu'on devait appeler un jour le Troisième Testament. L'opération exigeait quelques précautions.

Joseph ne voulait pas, en effet, que Martin Harris fût foudroyé par la vue des plaques d'or ou des pierres magiques. Il se tenait donc caché derrière un rideau d'épaisses couvertures et, de là, dictait le texte que l'*Urim* et le *Thummim* lui permettaient de lire. Le disciple n'avait plus qu'à écrire.

En quelques semaines, la Bible d'or fut transcrite. Elle remplissait plus de dix cahiers de cent pages que Joseph Smith désira publier.

Pour couvrir les frais d'impression, le jeune homme utilisa un moyen commun à toutes les religions : la quête. Mais une quête qu'il pratiquait de façon toute personnelle. Lorsqu'il rencontrait un voisin dont il connaissait la piété et la fortune, il l'abordait en ces termes :

— Ah ! quelle chance vous avez... Dieu m'a ordonné de demander au premier homme que je rencontrerais dans la rue cinquante dollars pour m'aider à publier la Bible d'or... Et il se trouve que c'est vous...

Puis il ajoutait :

— Vous êtes vraiment béni du ciel !...

L'autre, flatté, versait généralement les cinquante dollars sans trop se faire prier.

Finalement, la Bible d'or fut publiée sous le titre de *Livre de Mormon.*

Après quoi, Joseph Smith annonça à ses amis qu'il avait rendu les plaques d'or et les deux pierres magiques à l'ange Moroni...

□

Le *Livre de Mormon* fut diffusé par Joseph — qui avait pris le titre de prophète — et bientôt la nouvelle religion eut un millier d'adeptes. Hélas, ces braves gens qui venaient avec émerveillement écouter la bonne parole, étaient loin de se douter qu'au moment même où il leur lisait les versets de la Bible d'or, le prophète Joseph était tourmenté par des pensées impures. Bien qu'il fût marié, en effet, le sacripant continuait à considérer avec concupiscence les femmes de son entourage et — ô horreur — tout particulièrement les épouses de ses disciples... Bien entendu, le Prophète ne résistait pas toujours à la tentation et de nombreuses catéchumènes entraînées dans la grange sous le prétexte anodin de voir le tonneau de haricots où avaient séjourné les plaques d'or, se retrouvaient dans des postures qu'elles eussent été fort embarrassées de décrire à leur mari...

Or, malgré la discrétion dont elles firent preuve, quelques maris finirent par soupçonner Joseph Smith d'utiliser son tonneau de haricots à des fins fort peu édifiantes. Des rumeurs coururent. C'est alors que le ciel montra combien il était bon avec les Prophètes.

Une nuit, l'ange Moroni apparut à Joseph et lui dit en souriant :

— Je t'apporte un message du Seigneur : tu dois prendre plusieurs femmes !

Dès le lendemain, le Prophète réunit ses disciples et leur fit part de l'ordre qu'il avait reçu de Dieu. Constatant que les braves fermiers montraient un visage renfrogné, il expliqua qu'il avait tenté de se détourner de cet étrange commandement, mais que l'ange avait tiré un glaive nu de dessous sa robe et l'avait menacé de le transpercer s'il désobéissait.

— J'ai donc décidé de me soumettre, conclut-il.

Comme les mines étaient de plus en plus renfrognées, il crut bon de préciser d'un air grave :

— Naturellement, cet ordre concerne tous les hommes de notre Église...

Propos qui détendirent nettement l'atmosphère.

Tous les disciples promirent alors du fond du cœur d'avoir le plus grand nombre possible d'épouses.

Joseph ajouta qu'il avait noté les paroles du Seigneur à mesure que l'Ange les lui transmettait et, tirant un papier de sa poche, il lut l'étonnant texte divin que voici :

« Si un homme épouse une vierge et qu'il désire en épouser une autre et que la première lui accorde son consentement, et s'il en épouse d'autres et qu'elles soient vierges et qu'elles ne soient promises à aucun autre homme, alors il se trouve justifié ; il ne commet pas d'adultère, car elles lui sont données. Et s'il reçoit dix vierges, il ne commet pas d'adultère car elles lui appartiennent et elles lui sont données. Il est ainsi pleinement justifié ! »

La plupart des disciples, les yeux un peu brillants, déclarèrent en chœur que c'était là une bien bonne loi. D'autres, qui demeuraient attachés aux anciens commandements, étaient plongés dans une profonde perplexité. Se grattant le crâne, ils se demandaient comment le Seigneur, dans Sa Sagesse, Lui qui, depuis Moïse, était si pointilleux au sujet de la chair, pouvait brusquement leur ordonner de mener une vie de patachon.

Les voyant hésiter, Joseph déclara que l'homme qui mettait dans son lit un grand nombre d'épouses vivait selon le désir du Seigneur et contribuait à Sa plus grande gloire.

— La polygamie, ajouta-t-il, est d'essence divine. Est-ce que dans la Bible traditionnelle les Patriarches n'ont pas de nombreuses épouses ? Et David ? Et Salomon ?

Dès lors, les hésitants n'hésitèrent plus. Et les Mormons instituèrent le « mariage plural » qui « scellait » un homme à deux, cinq, dix, vingt, trente femmes et plus. Mais soucieux du qu'en-dira-t-on, ils tinrent assez longtemps cette pratique secrète. Une inconséquence des maris devait la révéler au monde. Ces messieurs avaient en effet pris l'habitude de désigner leurs épouses par des numéros. Il y avait, par exemple, Mrs Smith n° 1, Mrs Smith n° 2, Mrs Smith n° 3, etc. Appellation étrange qui ne tarda pas à éveiller l'attention des non-mormons. Bientôt, des journalistes ayant enquêté, publièrent des articles d'une extrême violence sur les disciples de Joseph Smith qui furent traités de débauchés et d'immondes pourceaux. Alors, les pauvres, qui vivaient déjà tiraillés, malmenés, assourdis par des épouses braillardes et tyranniques, furent l'objet de persécutions. Les juges de l'État de New York les firent jeter en prison pour polygamie notoire et excessive...

Ceux qui échappèrent au cachot s'enfuirent vers l'Ouest et s'installèrent d'abord à Nauvoo. Mais leur façon de vivre scandalisa les habitants de l'Illinois qui les dénoncèrent à leur tour.

On était alors en 1844. L'Église des mormons, qui avait pris le nom d' « Église des saints du dernier jour », existait depuis douze ans et comptait quarante mille membres. Est-ce le succès remporté par sa communauté qui le grisa ? On vit un jour Joseph Smith se lancer dans la politique et annoncer qu'il était candidat à la présidence des États-Unis. Ses espérances dans ce domaine furent de courte durée. Arrêté à la suite d'incidents, il fut assassiné dans sa prison.

Il laissait trente-deux veuves...

□

Après la mort du Prophète, les mormons décidèrent de fuir les persécutions et de partir vers l'Ouest. Ayant organisé un extraordinaire convoi de deux mille chariots ils prirent la route, sans but précis, sous la direction d'un jeune forgeron, Brigham Young, devenu chef de l'Église.

Cet exode dura des mois et fut atrocement meurtrier. Minés par les fièvres, décimés par les Indiens, terrassés par d'étranges maladies, six mille disciples de Joseph Smith moururent en cours de route. Un jour enfin, complètement épuisés, les survivants arrivèrent devant le Grand Lac salé. Brigham Young leur dit :

— Mes frères, c'est là que nous devons nous arrêter. Nous avons atteint la Terre promise. Ce lac n'est-il pas situé au-dessous du niveau de la mer, comme la mer Morte ? Et n'est-il pas traversé par une rivière qui nous rappelle le Jourdain ?

Émerveillés, les mormons se jetèrent à genoux et crièrent : « Hosanna ! Hosanna ! »

□

Isolés, n'ayant plus à craindre de persécutions, les mormons purent dès lors vivre selon les commandements divins transmis par l'ange Moroni à Joseph Smith. Ils bâtirent un temple avec piscine pour les baptêmes par immersion complète, et Brigham Young officialisa, par décret, la polygamie parmi ses disciples.

— Cette institution va nous permettre d'avoir beaucoup d'enfants. Or l'Ange a dit que ceux qui se retrouveraient, après la mort, dans le jardin du Seigneur, entourés d'une nombreuse famille, auraient un sort des plus doux...

On assista alors à d'étranges mariages. Un homme épousa

la mère et la fille le même jour. Un autre, qui aimait la diversité, prit pour femmes, au cours d'une seule cérémonie, quatre jeunes filles, leur mère (qui était veuve) et leur grand-mère... On vit aussi deux demoiselles, amies depuis l'enfance, épouser le même garçon pour ne point se séparer. Bien entendu, de telles pratiques créaient parfois des situations vaudevillesques. C'est ainsi qu'un fermier, qui avait pris pour son plaisir une seconde — et très jeune — épouse, en choisit une troisième, pour servir de bonne à sa première femme. « Celle-ci devenait vieille, expliqua-t-il, et avait besoin d'une personne plus alerte pour l'aider dans les travaux du ménage. Maintenant, tout le monde est content à la maison ! »

Brigham, pour sa part, s'unit à vingt-sept femmes qui lui donnèrent cinquante-six enfants. Cette vie conjugale, digne d'un chef musulman, lui fit connaître des moments exceptionnels. Un jour, il épousa une femme après le petit déjeuner, une autre après le déjeuner, une troisième dans l'après-midi et une quatrième à l'heure du dîner. Il lui arriva aussi une aventure qui prouva à tout le monde qu'il était aimé non seulement des femmes, mais du Ciel. Un soir, une troupe théâtrale vint donner une représentation à Salt Lake City. La vedette était une ravissante personne dont Brigham Young voulut immédiatement faire son épouse, intention qu'il annonça à la fin du spectacle. Trois spectateurs déclarèrent alors qu'ils avaient eu la même idée. Que faire ? Les quatre hommes se réunirent et il fut décidé que chacun irait prier le Seigneur pour connaître Sa volonté. Le lendemain matin, Brigham convoqua ses « concurrents » et leur demanda s'ils avaient reçu une réponse. Les malheureux avouèrent que le ciel était resté muet. Alors le Prophète révéla qu'au cours de la nuit, l'ange Moroni lui était apparu pour lui dire que le désir de Dieu était qu'il épousât la comédienne. Les disciples se retirèrent avec des excuses et la jeune femme devint la vingt-deuxième Mrs Young...

□

Ces étranges pratiques devaient, curieusement, retarder la création d'un nouvel Etat américain. En effet, lorsque les mormons demandèrent que l'Utah, où ils étaient installés, fût admis dans l'Union, les autorités fédérales refusèrent sous le prétexte qu'ils étaient polygames...

Les arguments des disciples de Joseph étaient pourtant pleins de bon sens :

— Sous le régime chrétien de la monogamie, disaient-ils, un homme de soixante-dix-huit ans ne peut avoir que cent cinquante-deux héritiers. Tandis qu'un polygame du même âge peut réunir dans un déjeuner de famille près de trois millions de convives... Ce qui explique pourquoi le Tout-Puissant avait institué la polygamie parmi les Justes des temps anciens, car c'était le moyen le plus efficace de multiplier rapidement la semence de vie sur la terre...

Finalement, les mormons, qui voulaient voir leur État admis dans l'Union, annoncèrent en 1890 qu'ils renonçaient à la polygamie. L'Utah fut alors officiellement reconnu et l'Église des saints du Dernier Jour considérée avec bienveillance par les autorités.

Il y eut pourtant quelques polygames irréductibles qui, rompant avec leurs frères renégats, s'en allèrent en Arizona, à Short Creek, où, derniers disciples de Joseph Smith, ils continuèrent pendant des années à observer chaque jour l'enseignement apporté par l'ange Moroni, et à coucher chaque soir avec les nombreuses et séduisantes épouses que le Seigneur, dans Sa bonté, leur avait impérieusement commandé de mettre dans leur lit...

RÉPONSES À L'INCRÉDULE

— Extraordinaire histoire !... Avant toutes choses, je voudrais savoir combien il y a aujourd'hui, dans le monde, de mormons qui considèrent Joseph Smith comme un prophète ?

— Environ trois millions, dont cinq mille en France.

— *Bien ! Maintenant, revenons au commencement et aux rencontres de Joseph Smith avec Dieu, Jésus et l'ange Moroni. Comment les connaît-on ?*

— Je dois avouer qu'il n'existe qu'une source : Joseph Smith lui-même.

— *Et les plaques d'or ?*

— Personne ne les a vues.

— *Vous avez parlé de signes étranges qui s'y trouvaient gravés et que Joseph Smith traduisit grâce à ses « bésicles » magiques. De quels signes s'agissait-il ?*

— Un jour, Martin Harris en demanda une copie à Joseph Smith. Celui-ci se fit tirer l'oreille. Alors Harris, qui entretenait le Prophète, déclara qu'il ne lui donnerait plus d'argent tant qu'il n'aurait pas obtenu satisfaction. Le lendemain, Smith lui apporta un papier couvert de signes mystérieux qu'Harris alla montrer à un érudit de la région, le docteur Clarke. Le médecin jeta un coup d'œil et déclara qu'il s'agissait d'une plaisanterie. Harris se rendit alors à New York et soumit le papier au professeur Authon qui était fort réputé pour sa connaissance des langues orientales.

— *Et que dit le professeur ?*

— Voici sa réponse : « Ce papier est couvert d'un singulier griffonnage. Il comprend toutes sortes de caractères biscornus disposés en colonnes qui ont, de toute évidence, été dessinés par une personne ayant sous les yeux un livre contenant divers alphabets. Des lettres grecques et hébraïques, des croix et des fioritures, des lettres romaines renversées ou placées de côté, sont disposées en colonnes perpendiculaires. Le tout se termine par un dessin grossier représentant un cercle divisé en compartiments ornés de différents signes étranges, évidemment copiés sur le calendrier mexicain donné par Humboldt, mais copiés de façon à ne pas trahir son origine »... Harris revint fort perplexe et eut une longue conversation avec le Prophète. Celui-ci lui expliqua alors d'un ton sans réplique que le professeur Authon était un âne qui n'avait pas su reconnaître des « caractères égyptiens reformés »... Et Harris s'en tint à cette explication.

— *Joseph Smith aurait donc tout inventé. Mais alors, où serait-il allé chercher l'histoire de ces Israélites ancêtres des Peaux-Rouges et tous les détails concernant les combats entre les Néphites et les Lamanites ? Car il est bien difficile de croire qu'un jeune fermier sans instruction ait été capable d'imaginer un récit aussi complet ?*

— L'explication généralement admise est que Joseph Smith aurait plagié purement et simplement un livre de Spaulding. En 1812, le révérend Salomon Spaulding avait publié un roman historique intitulé *Un manuscrit retrouvé.* L'auteur racontait la découverte de plaques d'or enterrées dans l'Ohio sur lesquelles était écrit, en caractères égyptiens, le récit des pérégrinations de tribus venues d'Israël en Amérique précolombienne... Vous voyez que tout y est !...

— *Et l'enseignement religieux ?*

— Il semble que ce soit un mélange habile de tout ce que le jeune Smith a entendu chez les presbytériens, les méthodistes et les baptistes de sa famille...

— *Quelle est aujourd'hui la doctrine des mormons ?*

— Elle peut se résumer en douze points :

1° Foi en la sainte Trinité.

2° Refus du péché originel et de l'enfer.

3° Baptême par immersion complète. Possibilité pour les vivants de recevoir le baptême aux lieu et place des défunts de la famille.

4° Mariage céleste qui permet d'unir non seulement les couples, mais encore ceux-ci à leurs enfants. (L'union céleste se prolonge dans l'autre vie et rend impossible le divorce.)

5° Les cérémonies ne peuvent avoir lieu que dans des temples américains.

6° L'Évangile existait sur la terre longtemps avant Jésus-Christ. Il fut rejeté et ensuite restauré plusieurs fois.

7° Dieu est un personnage ayant forme et dimensions.

8° Chaque être humain a vécu avant de venir sur la terre. Son esprit était « au commencement avec le Père ».

9° Les gens continuent à vivre en tant qu'êtres personnels vivants, après la mort.

10° Les mormons sont conseillés par des anges, ils ont le don des langues, des prophéties, de la vision et de la guérison.

11° Restauration des dix tribus d'Israël aux États-Unis. Retour de Jésus-Christ qui régnera en personne sur la nouvelle Sion (l'Amérique). Les U.S.A. deviendront un nouveau paradis terrestre.

12° Ils adorent Dieu, tout-puissant, et concèdent à tous les hommes le privilège d'adorer comme ils veulent et *ce qu'ils veulent...*

— *Et la polygamie ?*

— Cette pratique qui, pour certains, était le côté le plus charmant de la religion mormone, est aujourd'hui interdite. Elle entraîne même l'excommunication. Ce qui n'empêche pas quelques traditionalistes, les « intégristes » mormons en quelque sorte, de vivre secrètement avec plusieurs femmes pour rester fidèles aux commandements de l'ange Moroni. De temps en temps, on leur fait un procès. Ils payent une amende, puis ils retournent vers leur harem...

— *Si j'ai bien compris, les mormons croient que le Christ renaîtra aux États-Unis ?*

— Oui. Ils prétendent que le Seigneur leur a révélé que les U.S.A. était la nouvelle Terre promise et que Jésus régnera en personne sur le continent américain.

— *Et que font-ils en attendant de voir le Christ s'installer à la Maison Blanche ?*

— Ils font la charité, vivent frugalement, refusent le vin, le thé, le café, le tabac et l'alcool, s'entretiennent quotidiennement avec des anges américains qui les conseillent dans leurs affaires, remettent 10 p. 100 de leurs revenus à l'Église, consacrent deux ans de leur vie à faire de l'apostolat en Europe (on a signalé des missionnaires mormons dans les contrées perdues du Val-d'Oise et même de l'Eure-et-Loir !) ; enfin, ils édifient des églises et chantent des psaumes avec le bel entrain de ceux qui ont le cœur pur et la certitude de détenir la Vérité...

SOURCES

Léon LEMONNIER, *Les Mormons,* 1948.
Robert R. MULLEN, *Les Saints des derniers jours,* 1970.
Irving WALLACE, *La Vingt-Cinquième Épouse du Mormon,* 1963.
Le Livre de Mormon.

4

Les grands mystères

Un homme venu du passé

GUY BRETON

LE MERCREDI 14 JUIN 1950, VERS VINGT-TROIS HEURES quinze, les théâtres et les cinémas de Broadway se vidaient lentement, déversant sur les trottoirs des flots de spectateurs, lorsqu'on entendit des cris.

Un homme d'une trentaine d'années, qui s'était inconsciemment élancé sur la chaussée, venait d'être heurté de plein fouet par une voiture. Il gisait maintenant au milieu d'une mare de sang où se reflétaient les enseignes lumineuses de Times Square.

Les gens qui s'amassaient autour du corps remarquèrent alors que l'inconnu était vêtu de façon surannée. Il portait une jaquette grise avec une rangée de boutons dans le dos, des pantalons collants à carreaux noirs et blancs, sans pli ni revers, et des souliers montants à boucles. Non loin de lui, son chapeau avait roulé sur l'asphalte, et c'était un haut-de-forme...

A la morgue, un policier fouilla les poches du curieux personnage. Ce qu'il trouva lui causa quelque surprise. Il y avait :

- une pièce de bronze démonétisée,
- une note d'écurie de Lexington Avenue portant la mention : « Pour la nourriture et le logement d'un cheval et pour le remisage d'une voiture de place : 3 dollars »,
- soixante-dix dollars en billets anciens,
- quelques cartes de visite gravées au nom de Rudolf Fentz, domicilié dans la Cinquième Avenue, au n° 372,

• une lettre adressée à Mr. R. Fentz et portant le cachet postal de juin 1876.

Le fonctionnaire transmit ces objets à son supérieur qui demeura perplexe.

— Et vous dites qu'il portait une jaquette, des pantalons à carreaux, des bottines montantes et un haut-de-forme. Il était donc déguisé. Or, lorsqu'on se déguise, on ne pousse pas le soin jusqu'à avoir sur soi de l'argent correspondant à l'époque de son costume... Il y a là quelque chose de bizarre.

— On ne se donne pas non plus le mal de se fabriquer de faux papiers anciens, dit un autre policier en montrant la note d'écurie et la lettre dont l'état de fraîcheur et les pliures à peine marquées prouvaient qu'elles étaient de date récente.

— Vous croyez que nous avons affaire à un de ces détraqués qui refusent notre civilisation moderne et s'imaginent vivre à une autre époque ?

— A moins qu'il ne s'agisse tout simplement d'un comédien qui jouait dans une pièce dont l'action se déroule en 1876 et qui avait sur lui de l'argent et différents documents de cette époque pour les besoins d'un jeu de scène...

— Il serait sorti dans la rue en costume ?

— Avec les comédiens, tout est possible !...

Cette dernière hypothèse, de loin la plus plausible, fut finalement retenue et l'officier de police envoya deux inspecteurs dans les théâtres de Broadway avec une photo de la victime, tandis qu'un troisième se rendait à l'adresse indiquée sur les cartes de visite, qu'on épluchait les annuaires téléphoniques et que les empreintes digitales du mystérieux personnage étaient adressées aux sommiers de New York et de Washington.

Le soir, les policiers revinrent bredouilles. Aucun comédien n'avait reconnu l'homme de Times Square, le nom de Rudolf Fentz était totalement inconnu au 372 de la Cinquième Avenue, les annuaires téléphoniques ne comportaient aucun Fentz et les sommiers ignoraient les empreintes du mort...

L'affaire fut alors confiée au capitaine Hubert V. Rihm qui était chargé des recherches de personnes disparues. L'officier déclara aussitôt :

— Il faut savoir d'où venait ce personnage avant qu'il ne se fasse écraser aussi bêtement. Sortait-il d'un magasin, d'un spectacle, d'un restaurant ? Publiez dans la presse un dessin le représentant dans son extravagant costume. Peut-être des gens nous donneront-ils une indication.

Le portrait parut le lendemain dans la presse new-yorkaise et quelques personnes qui se trouvaient dans la foule de Times Square le 14 juin, à vingt-trois heures quinze, se présentèrent au bureau du capitaine Rihm. Hélas, leurs témoignages, loin d'apporter quelque lumière sur l'affaire, l'obscurcirent encore davantage.

Une certaine Mrs. Kinners déclara :

— Je sortais du cinéma avec des amis. Il y avait beaucoup de monde sur le trottoir. Soudain, cet homme a surgi au milieu de nous de façon inexplicable. Je me souviens de m'être dit : « D'où sort-il celui-là ? » Puis, j'ai pensé qu'il s'agissait d'un personnage faisant de la publicité pour un spectacle. Je croyais qu'il allait distribuer des prospectus. Mais il regardait les enseignes lumineuses avec un air apeuré qui me frappa. Il me demanda : « Que se passe-t-il ? Il y a un incendie ? » Et sans attendre ma réponse, il s'enfonça dans la foule en direction de la chaussée...

Un autre témoin, Mr. Barnett, ami de Mrs. Kinners, vint dire de son côté :

— Nous sortions du cinéma et j'allais faire un pas en direction de l'amie qui me précédait quand, brusquement, ce personnage s'est trouvé entre nous. Comment était-il là ? Je l'ignore. Tout ce que je peux dire, c'est qu'il n'y était pas une seconde auparavant. Vous pensez bien que je l'aurais remarqué à cause de son costume et de son gros cigare. Le plus curieux, c'était son air. C'est lui qui semblait étonné en me regardant, comme si j'avais été un phénomène. Puis il tourna la tête dans toutes les directions et parut affolé de se trouver dans cette foule. Enfin, il leva les yeux vers les gratte-ciel et murmura : « Mon Dieu ! » Après quoi, il dit quelque chose à propos d'un incendie et, brusquement, se dirigea vers la chaussée, comme s'il voulait nous fuir...

D'autres témoins vinrent déposer auprès du capitaine Rihm. La plupart répétèrent à peu près mot pour mot ce qu'avaient dit Mr. Barnett et Mrs. Kinners au sujet de l'apparition soudaine du personnage. Mais l'un d'eux qui se trouvait au bord du trottoir au moment de l'accident apporta un détail supplémentaire : « Lorsque l'individu arriva près de la chaussée, dit-il, je remarquai qu'il observait d'un air effaré les feux de croisement, comme s'il n'en avait jamais vu auparavant. Puis il sembla découvrir la circulation, se tourna vers moi et me dit, en désignant les voitures qui passaient : " Mais qu'est-ce que c'est ? "... Il avait l'air épouvanté. Tout à coup, il s'élança vers la rue. Je lui criai : " Attention ! " Mais il ne dut même pas m'entendre. La voiture l'avait déjà fauché... »

Quel était donc cet étrange personnage habillé comme un dandy de 1870, qui paraissait ignorer l'existence des gratte-ciel, des enseignes lumineuses, des feux de croisement et des automobiles ?

Le capitaine Rihm poursuivit ses recherches et finit par découvrir dans un annuaire téléphonique de 1939 un Rudolf Fentz junior demeurant au 112 Est de la 21e Rue. Il s'y rendit et apprit que ce Fentz, à l'époque où il habitait l'immeuble, était un homme d'une soixantaine d'années qui travaillait dans une banque du voisinage.

— En 1940, précisa une locataire, il a pris sa retraite et quitté le quartier. Depuis, nous n'avons plus jamais eu de ses nouvelles.

Le policier fit une enquête à la banque où on lui dit que Rudolf Fentz était mort en 1945, mais que sa veuve vivait toujours en Californie.

Rihm prit un avion et alla l'interroger. Les réponses de Mrs. Fentz peuvent se résumer ainsi :

— Non, elle n'avait ni fils, ni neveu, ni même un cousin qui portât le nom de Rudolf Fentz. Non, son mari n'avait pas été marié avant de l'épouser. Non, personne dans sa famille n'avait de goût pour les déguisements. Non, elle n'avait jamais habité sur la Cinquième Avenue, mais son mari, oui, quand il était enfant. Il lui avait même souvent montré l'endroit où se trouvait l'immeuble de ses parents. Non, elle ne connaissait pas les cartes de visite que lui présentait le capitaine, mais l'adresse pouvait bien être celle de son beau-père. 1876 ? Oui, cette date lui rappelait quelque chose : c'était la date de naissance de son mari. Oui, elle possédait un album de photos de famille...

Et elle le montra.

Le capitaine voulait savoir s'il y avait, parmi les parents de Rudolf Fentz junior, quelqu'un qui ressemblait à son mystérieux personnage.

Après avoir tourné quelques pages, il s'arrêta soudain, comme pétrifié, devant une photo représentant un homme vêtu d'une jaquette et d'un pantalon à carreaux noirs et blancs, chaussé de bottines à boucles et coiffé d'un haut-de-forme...

Sous cette coiffure démodée, un visage souriait, et ce visage, bien que le document fût jauni, le capitaine Rihm le reconnut immédiatement : *c'était celui de l'inconnu de Times Square.*

— Qui est-ce ?

— Mon beau-père, dit Mrs. Fentz ; et le bébé qu'il tient dans les bras est mon mari... Enfin, mon futur mari...

— Avez-vous d'autres portraits de votre beau-père ?

— Non, c'est le seul que je possède. Il faut dire que le malheureux a disparu mystérieusement peu de temps après qu'on eut pris cette photographie.

— Disparu ?

— Oui. Sa femme ne pouvait supporter l'odeur du tabac. Il avait donc l'habitude, après dîner, d'aller faire une petite promenade pour fumer un cigare. Et un soir, il n'est pas rentré. Sa famille a fait faire des recherches par la police, mais on ne sut jamais ce qu'il était devenu...

— Savez-vous à quelle date eut lieu cette disparition ?

— C'est bien simple, ma belle-mère me l'a souvent raconté : mon mari avait trois mois. Or il était né en mars. Mon beau-père a donc disparu au mois de juin 1876...

Très impressionné, le capitaine Rihm rentra à New York où il retrouva, dans les archives de la police, la liste des personnes recherchées en 1876. A la date du 14 juin figurait le nom de Rudolf Fentz, âgé de vingt-neuf ans, « vêtu, précisait la fiche, d'une jaquette grise, de pantalons à carreaux noirs et blancs, chaussé de souliers à boucles et coiffé d'un haut-de-forme »...

RÉPONSES A L'INCRÉDULE

— *Votre histoire ressemble à un conte de science-fiction.*
— Elle est pourtant rigoureusement authentique.

— *Comment la connaissez-vous ?*
— Par Jacques Bergier qui en avait trouvé trace dans une revue américaine de parapsychologie et s'était mis en rapport avec le capitaine Rihm. A cette époque, celui-ci était en retraite, mais il se souvenait parfaitement des détails essentiels de l'affaire, ce qui permit à Jacques Bergier d'en donner un résumé dans son ouvrage *Le Livre du Mystère.* Par la suite, j'ai repris moi-même l'enquête et j'ai pu obtenir, grâce à des journalistes qui ont eu accès aux dossiers de police, des précisions que Bergier n'avait pas eues.

— *Le problème, en somme, tient en deux points : 1. Un homme disparaît mystérieusement à New York au soir du 14 juin 1876 sans laisser de trace. 2. Un individu ayant les traits et le costume du disparu surgit non moins mystérieusement dans la foule de Broadway le soir du 14 juin 1950. De là à penser que l'homme de 1876 a, de façon inexplicable, fait un bond dans le futur, il n'y a qu'un pas, mais vous admettrez qu'il est difficile à franchir... D'autant que, si le premier fait se rapporte indiscutablement à Rudolf Fentz senior, le second, en revanche, n'implique pas forcément une « réapparition » du personnage de 1876. On peut lui trouver de nombreuses explications.*
— Vous pensez à une hallucination collective. Il faut l'exclure puisque le corps de l'homme écrasé à Times Square a été autopsié et inhumé.

— *Bon. Mais ne peut-on pas imaginer qu'un ami de la famille Fentz, au courant de la disparition de Rudolf Fentz, se soit amusé à monter un canular ?*

— Si je comprends bien votre pensée, ce personnage hypothétique aurait revêtu en 1950 des vêtements semblables à ceux du disparu, se serait mêlé à la foule de Broadway, aurait attiré l'attention par un comportement étrange et se serait ensuite suicidé à seule fin que la police, en découvrant dans ses poches des dollars et des papiers datant de 1876, soit placée devant une énigme insoluble ?... Avouez que c'eût été pousser un peu loin le goût du canular...

— *Alors ?*

— Il faut se contenter, pour le moment, de l'explication de Jacques Bergier qui disait (je cite) : « On se trouve là devant un exemple flagrant, irrécusable, de " chronotransfert " instantané ou voyage dans le temps. » Cet homme d'après lui, aurait, sans le savoir, pénétré dans « quelque faille du continuum spatio-temporel ». Le coauteur du *Matin des Magiciens* ajoutait d'ailleurs : « Peut-être n'est-il pas le seul... » Sans doute faisait-il allusion aux personnes qui disparaissent subitement de façon inexplicable...

— « *Inexplicable* », *c'est vous qui le dites. Il y a les gens qui font des fugues, les alpinistes qui tombent dans des crevasses, les navigateurs solitaires qui coulent en pleine mer, les promeneurs qui périssent dans des incendies de forêt. Il y a aussi les crimes parfaits...*

— Je ne parle pas de ce genre de disparitions. Je pense aux gens qui se « volatilisent » littéralement sous les yeux de témoins. Je vais vous en donner un exemple. Il s'agit d'un fait qui s'est passé aux États-Unis en 1880. Le 23 septembre exactement. Ce jour-là, il fait beau et David Lang, fermier des environs de Gallatin, dans le Tennessee, se promène dans un champ avec sa femme et ses enfants. Vers six heures, comme le soleil commence à descendre, les Lang reviennent vers la ferme. Au moment où ils se trouvent à moins de cinquante mètres de la route, les enfants voient arriver la voiture d'un ami de la famille, le juge August Peck. Ils crient :

— Papa ! Regardez ! Voilà monsieur Peck !

David Lang aussitôt lève la main et crie :

— Hello, August !

De son côté, Mrs. Lang fait des signes d'amitié. Puis elle se tourne vers son mari et demeure stupéfaite : il a disparu ! Elle cherche autour d'elle. Personne. Alors elle appelle :

— Mais enfin, David, où es-tu ?

Le juge Peck a sauté de sa voiture. Il arrive en courant. Il est livide.

— Qu'est devenu David ? dit-il.

— Je l'ignore, répond Mrs. Lang, il était là à l'instant...

— Je sais, dit le juge, je l'ai vu me faire signe... Et j'allais lui répondre quand, avant même qu'il n'ait rabaissé le bras, il a disparu.

Tout le monde alors inspecte le sol sans trouver le moindre trou, la moindre faille où le malheureux fermier aurait pu tomber.

Pendant des jours, on sonda le terrain sans découvrir la plus petite trace d'excavation. Et personne ne sut jamais ce qu'était devenu David Lang qui avait disparu dans un champ, au milieu de sa famille, et sous les yeux même de son ami le juge Peck...

— Et vous croyez que ce David Lang a pu se retrouver, lui aussi, à une autre époque ?

— Je ne crois rien. Et je me garderais même d'avancer la moindre supposition dans ce domaine. Mais c'est une hypothèse qui n'est pas écartée aujourd'hui par certains scientifiques.

— Qu'en concluez-vous ?

— Que les yeux s'ouvrent, que la science avance à pas de géant et qu'on racontera peut-être un jour comme un fait divers, rare sans doute, mais parfaitement explicable, que Mr. Rudolf Fentz senior ne rentra pas chez lui, un soir de juin 1876, parce qu'il était allé se faire écraser par une automobile, en 1950...

SOURCES

Jacques BERGIER et Georges H. GALLET, *Le Livre du Mystère,* Albin Michel.
Revue *Fakta* n° 1, 1973.

La Bête du Gévaudan

GUY BRETON

UN SOIR DE JUIN 1764, UNE JEUNE BERGÈRE DE QUATORZE ANS qui habite Langogne, dans le Gévaudan, rentre chez ses parents en pleurant. On se précipite. Ses vêtements sont déchirés, sa poitrine griffée, ses mains en sang.

— J'ai été attaquée par une bête sauvage, dit-elle, une bête énorme ! Heureusement que mes vaches m'ont défendue et l'ont chassée à coups de cornes, sans quoi, j'aurais été dévorée...

— Et les chiens ?

— Oh !... ils ont eu si peur qu'ils se sont enfuis...

Il semble en effet que les chiens aient été véritablement épouvantés car, lorsqu'on les retrouve deux heures plus tard, terrés dans un buisson, ils tremblent encore.

On en conclut cependant que la jeune bergère a eu affaire à un loup.

Mais, au bout de quelques semaines, on apprend que le cadavre d'une jeune fille de Saint-Étienne-de-Lugdarès a été retrouvé la tête arrachée, les épaules et la poitrine dévorées.

Bientôt, les agressions se multiplient. Le 8 août, une adolescente de Masméjan est découverte atrocement mutilée ; fin août, deux jeunes vachers de Chandeyrac sont décapités ; le 6 septembre, à Arzenc-de-Randon, une femme de trente-six ans est attaquée dans son jardin par le monstre qui la saisit au cou et lui perce la veine jugulaire ; le 16, un petit garçon de Saint-Flour-de-Mercoire a le thorax ouvert et les poumons arrachés...

Dès lors, la Bête — car on va dire la Bête avec un grand B comme celle de l'Apocalypse — va terroriser la région. Elle attaque presque chaque jour des bergers, des bergères et des enfants. Au bout de trois mois, plus de vingt-cinq personnes ont été déchiquetées. La Bête, en effet, ne dévore pas complètement ses victimes. Elle se contente de leur manger la tête et la poitrine. Il semble aussi qu'elle aime à sucer leur sang : les cadavres que l'on retrouve sont exsangues. Quel est donc ce monstre sanguinaire et maniaque dont tout le monde parle maintenant avec effroi ? Un loup géant ? Les paysans n'y croient guère. Pas plus qu'à une hyène ou à un loup-cervier, c'est-à-dire un lynx, animaux qui, dit-on, hantent encore quelques régions de France.

— Non, disent les habitants du Gévaudan. C'est un monstre inconnu, une Bête.

Et ce mot, qu'ils prononcent avec épouvante, va lui rester. On le retrouve dans tous les récits du temps et dans tous les registres de paroisse où certains actes de sépulture portent la mention : « Mangé par la Bête »...

Terrorisés, les paysans se barricadent chez eux et organisent une défense. Comme ils ont peu de fusils, ils fixent au bout de longues cannes des couteaux très effilés et arment leurs bergers de ces baïonnettes de fortune.

Un soir, le 11 octobre, la Bête surgit brusquement devant un groupe de jeunes garçons qui gardent un troupeau. Quelques-uns s'enfuient, épouvantés, mais le monstre les rattrape et leur arrache la tête. Alors, deux d'entre eux, plus courageux que les autres, se jettent sur l'animal, le blessent avec leurs couteaux emmanchés et le forcent à battre en retraite.

Mais ils ont eu si peur qu'ils tombent malades. Il faut avouer que le signalement qu'ils donnent de la Bête est effrayant :

— Elle est grosse comme un veau, disent-ils, avec les pattes de devant plus courtes que celles de derrière. Et celles de derrière ont des sabots, tout comme un cheval. Son dos est couvert de poils rougeâtres. Une raie noire, large de quatre doigts, le partage du col à la queue. Une queue qu'elle a très longue. Elle a aussi d'énormes griffes. Mais le plus repoussant est sa tête. Elle se termine par un groin, comme celle d'un porc. La gueule est énorme et pourvue de dents tranchantes. Enfin, les oreilles sont droites comme de petites cornes.

Un détail, qui est rapidement colporté, apporte la preuve qu'il ne s'agit ni d'un loup ni d'une bête connue dans la région ; l'animal fait des bonds de vingt à trente pieds — c'est-à-dire d'environ dix mètres.

Cette dernière précision permet, d'ailleurs, d'expliquer comment des meurtres peuvent être commis par la Bête au cours de la même semaine en des points fort distants les uns des autres. Car le monstre, conscient, semble-t-il, de la frayeur qu'il suscite, se promène à travers la province sans se cacher.

A l'automne, devant le nombre croissant des attaques de la Bête (il y a maintenant près de quarante victimes), les autorités, un moment sceptiques, finissent par s'émouvoir. Une troupe de dragons est envoyée dans le Gévaudan. Des battues sont aussitôt organisées, mais, fait troublant, la Bête, qui semble douée d'intelligence, quitte le Gévaudan dès l'arrivée des troupes et se réfugie un moment en Auvergne.

Puis le temps passe, et l'histoire devient de plus en plus fantastique. C'est ainsi qu'on raconte que la Bête se déplace souvent dressée sur ses pattes de derrière ; qu'il lui arrive de s'asseoir et de gesticuler avec ses pattes de devant, comme pour narguer ses futures victimes et qu'elle traverse les rivières en deux ou trois sauts. Certains assurent même qu'ils l'ont vue marcher sur l'eau sans se mouiller ; d'autres qu'il l'ont entendue rire et parler. Enfin, tous affirment qu'elle est invulnérable et que les coups de fusils ne semblent pas l'incommoder…

Alors, l'évêque de Mende, ému par la terreur des habitants de son diocèse, fait, comme au temps des grandes calamités publiques, exposer le Saint Sacrement dans la cathédrale… Hélas ! les battues ne donnent aucun résultat et la population en conçoit une frayeur plus grande encore.

Toute la France est, bien entendu, au courant de ce qui se passe dans le Gévaudan. Des images d'Épinal montrent la Bête en train de dévorer des familles entières avec des légendes de ce genre : « *Figure de la Bête féroce qui dévore les hommes et principalement les femmes et les enfants, leur arrache les mamelles, leur mange le cœur et le foie et leur broie la tête. Elle fait ce carnage sur les limites du Gévaudan et de l'Auvergne.* » Et déjà on parle à voix basse de phénomènes surnaturels observés sur le passage de la Bête... Des sorciers sont soupçonnés...

Enfin, alors que les restes de la soixante-troisième victime viennent d'être enterrés, une battue monstre est organisée. Vingt mille hommes y prennent part, dirigés par un grand chasseur de loups, M. Denneval, venu tout spécialement de Normandie. Et le 1er mai 1765, dans les rochers de Prunières, l'animal est cerné et tiré à cinquante pas de distance. Atteint par trois balles, on le croit mort ; mais il se relève. Frappé par une nouvelle décharge, il pousse un cri terrible et s'effondre. En a-t-on fini avec le monstre ? Non. Lorsque les chasseurs, qui se sont précipités, arrivent près des rochers encore dégoulinant de sang, la Bête a disparu. Ils partent alors à sa recherche et marchent toute la nuit. Au petit jour, ils parviennent à un village où on leur apprend une nouvelle qui les stupéfie : pendant qu'ils parcouraient la campagne, la Bête, que l'on croyait mortellement atteinte, a attaqué une bergère que l'on a retrouvée morte, la gorge tranchée et une joue arrachée...

Les hommes, alors, se réunissent, perplexes. Quel est donc cet animal qui meurt, ressuscite et disparaît comme par enchantement ?

□

Pendant tout l'été, de nombreuses personnes tombent encore sous les crocs de la Bête. Des paysans courageux l'attaquent à plusieurs reprises et croient la tuer. Mais, selon le scénario habituel, au moment où l'on s'approche de ce que l'on croit être sa dépouille, elle se remet sur pattes d'un bond et détale à une vitesse prodigieuse...

Ces faits sont tellement extraordinaires que les marchands, les colporteurs, les cavaliers de passage auxquels on les raconte, n'en écoutent les détails qu'en se protégeant d'un signe de croix...

Bientôt, l'histoire de la Bête du Gévaudan passe les frontières et les journaux anglais en profitent pour ridiculiser la France. L'un d'eux va jusqu'à annoncer gravement qu'une armée française de cent vingt mille hommes a été défaite par l'animal qui a dévoré vingt-cinq mille soldats !...

Louis XV, furieux d'un tel affront, rappelle M. Denneval et le remplace par un certain M. de Beauterne qui a pour seul objectif, non de tuer la Bête du Gévaudan, mais *d'annoncer sa mort !*

Et quelques semaines plus tard, le 21 septembre 1765, à la suite d'un combat assez confus et sur lequel on manque de renseignements précis, faute de témoignage direct, M. de Beauterne rédige un procès-verbal certifiant que le monstre a été tué... D'après lui, il s'agit d'un énorme loup de cinq pieds sept pouces pesant cent trente livres... Et il rentre à Versailles où il est chaleureusement félicité par Louis XV.

Est-ce fini ? Non ! Un mois après sa mort officielle, la Bête reparaît et dévore trois jeunes filles. La nouvelle de ce nouveau massacre fait sensation à Versailles où l'on est présentement en train de faire embaumer le malheureux loup tué par M. de Beauterne...

Et la Bête continue ses méfaits pendant deux ans encore. (On comptera finalement plus de cent victimes.)

Le 19 juin 1767 enfin, un jeune chasseur nommé Jean Chastel rencontre, à la Sogne d'Auvert, près de Saugues, un fauve monstrueux qui correspond au signalement donné par les bergers : une bête effrayante comme on n'en a jamais vu. Mais il n'a pas peur : il a dans son fusil deux balles bénites. Avant toute chose, il récite les litanies de la Vierge ; puis, ayant refermé son livre de prières, il retire tranquillement ses lunettes, les plie et les glisse dans leur étui. La Bête ne bouge pas. Elle le regarde de ses yeux hideux. Toujours aussi calme, Jean Chastel prend son fusil, épaule, vise et tire. La Bête s'écroule, tuée net.

Le jeune homme abaisse alors son arme et dit :

— Bête, tu n'en mangeras plus !

Va-t-on savoir cette fois quel est cet animal qui ne

ressemble à rien de connu ? Hélas ! non ! Chastel le fait dépouiller et part pour Versailles avec la peau qu'il veut montrer au roi. Mais on est en été, et, quand le chasseur arrive à la Cour, les restes du monstre sont dans un tel état de putréfaction qu'on doit bien vite les enterrer sans pouvoir les examiner.

On ne saura donc jamais ce qu'était la Bête du Gévaudan…

RÉPONSES A L'INCRÉDULE

— *Est-ce que l'on sait, finalement, ce qu'était ce monstre ?*

— Non ! On n'est pas plus avancé aujourd'hui qu'il y a deux cents ans.

— *N'était-ce pas tout simplement un loup ?*

— Non ! Les descriptions que l'on a données de la Bête, je l'ai dit, ne correspondent absolument pas au signalement d'un loup. Même d'un loup géant… Pas plus qu'à celui d'une hyène ou qu'à celui d'un lynx, animaux que l'on trouvait encore assez souvent, au XVIIIe siècle, dans certaines régions de France, notamment dans les Pyrénées, et dans le Gévaudan…

— *Ne peut-on pas penser que les descriptions sont sujettes à caution ? Les paysans qui les ont faites, pouvaient avoir eu de l'animal une vision déformée par la peur…*

— Je vous l'accorde. Mais il y a tout de même des éléments constants dans les témoignages, et des éléments fort étranges. Que nous dit-on, en effet ? Souvenez-vous : Que la Bête était grosse comme un âne ou un veau, qu'elle était de couleur rougeâtre, qu'elle avait une tête qui se terminait par un groin, comme un porc, qu'elle avait les pattes de devant beaucoup plus petites que celles de derrière, que celles de derrière étaient dotées de sabots comme un cheval… On nous dit encore que cette Bête — détail très souvent mentionné dans les rapports et les procès-verbaux —

marchait parfois debout sur les pattes de derrière. On nous dit aussi qu'elle s'amusait à faire mille singeries assise, et même qu'on l'entendait rire et parler...

Tout cela, évidemment, ne correspond pas du tout à ce que l'on sait des loups, des hyènes, des lynx, et même des animaux en général.

— Cette bête qui marche debout sur les pattes de derrière ne vous fait-elle pas penser à un ours ?

— Sans doute ; mais les ours n'ont pas de sabots, et, de plus, il est rare de les entendre rire et parler...

— Alors ?

— Eh bien, certaines personnes ont pensé qu'il ne s'agissait peut-être pas d'un animal, mais d'un homme, un sadique, qui se serait caché sous la peau d'une bête pour se livrer à des crimes abominables et à des actes de vampirisme. Car c'est un fait qu'il faut souligner : la plupart des victimes dont on a retrouvé les corps étaient *exsangues*. On leur avait sucé le sang.

Il y a d'ailleurs un autre détail qui a frappé les chercheurs et les historiens : c'est que cette Bête ne mangeait jamais complètement le corps de ses victimes. Elle leur arrachait la tête, elle leur dévorait la poitrine, le foie et les entrailles, et elle laissait le reste, ce qui est extrêmement étrange. Il n'y a pas un animal qui procède de cette façon.

— A votre avis, il s'agirait donc d'un homme ? D'un personnage revêtu d'une peau de bête ? D'une espèce de loup-garou ?...

— Non ! Cette hypothèse, pour séduisante qu'elle soit, ne peut pas non plus être retenue. Car la créature que Jean Chastel a tuée et dont il a rapporté la peau à Versailles, n'était pas un homme travesti... C'était un animal. Vous pensez bien que s'il avait découvert un homme vêtu d'une peau de bête, il l'aurait dit et la vérité aurait éclaté tout de suite. Donc, il faut éliminer également l'homme.

— Que reste-t-il ?

— Mille hypothèses plus invraisemblables les unes que les autres. N'est-on pas allé jusqu'à dire qu'il pouvait s'agir d'un animal préhistorique dont la race se serait perpétuée mystérieusement dans ces contrées sauvages de la France ?... On a parlé aussi d'un monstre fabriqué par des sorciers. Enfin, dernière supposition émise il y a quelque temps par certains auteurs qui ne reculent devant aucune extravagance : la Bête du Gévaudan serait d'origine extra-terrestre. Elle aurait été apportée par un astronef, un O.V.N.I. au XVIIe siècle, et aurait été déposée, on ne sait pourquoi, dans le Gévaudan... Je suis ouvert à toutes les hypothèses, mais je crois tout de même qu'il faut éliminer cette Bête venue du ciel en soucoupe volante...

Alors, encore une fois, que reste-t-il ? Eh bien, rien ! Il semble que l'on se trouve devant un monstre inconnu des zoologistes, un monstre inclassable qu'il faut ranger dans la galerie des animaux fabuleux aux côtés des dragons, des licornes et des serpents à plumes...

SOURCES

Docteur CABANÈS, « Le Monstre du Gévaudan » (*Dans les coulisses de l'Histoire,* troisième série).

Abel CHEVALLEY, *La Bête du Gévaudan.*

Alain DECAUX, « La Bête du Gévaudan était-elle un sadique ? », Revue *Historia,* n° 370.

G. LENOTRE, « La Bête du Gévaudan », *Lectures pour tous.*

Abbé Xavier PIC, *La Bête qui mangeait le monde en pays de Gévaudan et d'Auvergne,* Albin Michel, 1976.

Abbé POURCHER, *Histoire de la Bête du Gévaudan,* 1889.

Docteur P. PUECH, *Qu'était la Bête du Gévaudan ?,* 1962.

La Pythie de Thrace

LOUIS PAUWELS

ICI, PRESQUE RIEN N'A CHANGÉ DEPUIS CINQ MILLE ANS. LES mêmes moutons transhument par ces montagnes qui ont vu les combats de Philippe et d'Alexandre contre les guerriers thraces, les plus belliqueux de l'Antiquité. Aujourd'hui, on appelle ce pays qui ne fait guère parler de lui, « la Suisse des Balkans ». Mais ce pays discret, qui vit replié sur ses pâturages, possède la voyante la plus éloquente du monde. Qui, contrairement à ses sœurs grecques de l'Antiquité, n'a pas besoin de trépied ni de gaz volcaniques pour prédire l'avenir. Ni même d'yeux pour sonder un futur que nos regards de voyants fixent en aveugles...

Nous sommes à Petrich en Bulgarie et l'oracle habite une petite maison basse de ce bourg montagneux. Mais dans ce pays socialiste où tout est planifié, les dons stupéfiants de Wanga ne donnent lieu à aucune manifestation publique spectaculaire, ni même à ces longues queues qui sont la marque des pays de l'Est. Celui qui veut consulter Wanga Dimitrova, la prophétesse bulgare, doit passer par une sorte de comité qui lui fixera un rendez-vous longtemps à l'avance. Lui évitant ainsi une trop grande attente, et une fatigue excessive à la voyante aveugle depuis l'adolescence. Et quels sont les pouvoirs de Wanga ? Comme Gérard Croiset, dont nous avons raconté l'histoire [1], elle sait déchiffrer l'avenir et le passé avec une précision confondante, retrouver les

1. Voir *Nouvelles Histoires magiques :* « Le Hollandais voyant ».

disparus et révéler les maladies, comme seuls deux ou trois de ses pairs au monde savent le faire. Avec cette différence qu'elle a horreur autant de se donner en spectacle que de quitter un instant ses montagnes du Rhodope.

Il y a quelques années elle est tombée malade et deux médecins ont alors pu l'examiner longuement.

— Je déteste les médecins, pourquoi êtes-vous venus ? leur a-t-elle lancé lors de leur première entrevue.

— Pourquoi donc ? a demandé un des praticiens.

— Quand j'étais petite, je souffrais des yeux. Ils m'ont tellement bien traitée que je suis aveugle !...

— Ce n'est pas ma faute...

— C'est vrai ! Mais je ne vous aime pas... Partez !

Les médecins font semblant d'obtempérer, mais comme ils veulent absolument établir un rapport, reviennent une heure après. La voyante est assise seule sur un divan turc et les reçoit encore plus mal :

— Puisque je ne veux pas vous recevoir !... D'ailleurs je ne vois jamais rien chez les sceptiques de votre espèce !

Les deux hommes saisissent au vol la perche que Wanga vient de leur tendre.

— Dînez donc tranquillement, Madame, dit l'un d'eux. Nous savons que vous avez reçu plus de quarante personnes aujourd'hui... A tout à l'heure peut-être ?

La prophétesse ne dit ni oui ni non. Une demi-heure plus tard, elle sort de sa cuisine et s'emporte à nouveau.

— Puisque je vous ai dit que je ne voulais vous recevoir que demain !...

Ses visiteurs lui font valoir qu'ils sont venus de fort loin, et qu'ils doivent repartir le soir même. Wanga à cet instant est debout dans l'embrasure de la porte. Soudain ses traits s'altèrent. Elle a du mal à respirer. Elle semble suivre des yeux un objet qui se déplace sur le plafond... Maintenant elle titube, et toute la partie gauche de son visage s'affaisse. Dans un geste dément, haletante et décomposée, elle sabre sa paume gauche de ses cinq doigts rassemblés.

— Qui est Grégor ? crie-t-elle.

— C'est le nom d'un de mes gendres..., répond un des visiteurs.

— Qui est Stéphana ?

— C'est la mère de mon gendre...

— Ton père Alexandre est mort ?...

— Oui...

— Ta mère Flora est morte aussi ?...

— Oui.

— Vous étiez cinq enfants...

Peu à peu, le ton de Wanga devient plus affirmatif. Comme si elle lisait maintenant dans un livre ouvert.

— Ton frère Pierre aimerait bien me dire quelque chose de très important. Mais je ne le comprends pas très bien... Je suis si fatiguée ! Mais c'est très, très important !...

Le visage de Wanga est congestionné. Ses yeux roulent lentement dans ses orbites... Soudain elle refait le geste de ses mains, avec plus de violence encore. Comme si elle souffrait atrocement, elle hurle.

— Ta femme est malade ! Très gravement malade ! Tu crois que c'est la ménopause... ce n'est pas ça du tout ! Je vois du sang, énormément de sang ! Ce n'est pas la ménopause... C'est le cancer !

Maintenant la paragnoste est en pleine transe hystérique. Avec de grands gestes dramatiques, elle martèle les mêmes mots, en proie à une abondante transpiration. Sur un ton provocant, elle s'adresse à l'autre visiteur.

— Alors mon cher ! Pourquoi te fais-tu passer pour citadin alors que tu es un campagnard, né dans le district de Plovdiv ?

— C'est vrai, mais à présent je suis médecin et citadin...

— Toi, tes parents sont bien vivants ! Tu as deux sœurs dont l'une est maîtresse d'école et, en ce moment, tes parents et ta sœur construisent une nouvelle maison dans ton village natal. Tu devrais les aider un peu plus ! Quant à ta femme, elle est au cinéma en ce moment !...

Toutes ces affirmations se révèlent bien sûr exactes. De retour chez lui, un des médecins trouve sa femme baignant dans son sang, victime d'une hémorragie provoquée par un cancer jusque-là insoupçonné...

Une jeune femme, haut fonctionnaire du gouvernement bulgare, raconte : « Comme beaucoup d'autres gens, mon père est allé un jour rendre visite à la clairvoyante. Il y avait foule, mais il n'a pas eu à attendre longtemps. Wanga est venue sur le seuil de sa petite maison et l'a reçu le premier, disant que c'était parce qu'il était le seul dans l'assistance à ne pas croire à son don... Ensuite elle s'est mise à lui raconter avec une précision stupéfiante de nombreuses circonstances de sa vie, et notamment ses trois mariages.

— Vous avez encore quatorze années à vivre ! lui a-t-elle dit en indiquant que moi-même perdrais mon mari après la naissance de notre premier enfant.

« Elle ajouta que je me remarierais, mais que mon nouveau foyer se détruirait à la suite d'une erreur commise par moi. Enfin, et pour couronner le tout, elle m'a révélé que mon frère se tuerait à vingt ans dans un accident " stupide ".

« Tout cela est hélas ! arrivé au moindre détail près, y compris la mort de mon frère qui, en sautant imprudemment d'un tramway, s'est fait écraser. Comment mon existence future tout entière a-t-elle pu défiler en un instant derrière les yeux de Wanga qui n'y voyaient plus, et alors que je n'étais moi-même qu'une toute petite fille ? »

Et cette jeune personne, férue de matérialisme dialectique, ajoute songeuse : « Je ne crois ni aux miracles ni à la religion... Mais cette femme qui est installée sur un observatoire, d'où elle peut discerner dans les moindres détails comment se noue la boucle des destins, me fait croire qu'il y a quelque chose... »

Récemment un écrivain est allé voir Wanga. Il souhaitait, lui aussi, avoir réponses aux questions que tout le monde se pose. Serai-je malade ? Vais-je aimer ? Devenir riche et célèbre ? Et une autre, à laquelle la clairvoyante, quoi qu'il lui en coûte, ne refuse jamais de répondre : quand vais-je mourir ?

Pour une fois, Wanga refusa en bloc de répondre.

— Il y a bien plus important que tout cela..., dit-elle. Vous venez de faire le récit d'une aventure qui est réellement arrivée. Pourquoi, à la fin, faites-vous mourir votre héroïne, alors qu'elle vit toujours ? Si vous savez respecter la vérité, votre livre n'en sera que meilleur...

Ainsi parle Wanga, qui connaît les moindres avatars

matériels de la vie de tous ceux qui viennent la trouver. Mais qui parfois refuse de répondre. Comme si pour elle le psychique et le spirituel étaient plus importants. Comme si cette fille de la Thrace, terre d'Orphée, prophète et magicien des arts, ne croyait qu'à la poésie, à l'intelligence, à la conscience. Une conscience qui englobe l'intelligence elle-même, et qui flotte sur cet océan de coexistence, dont on commence seulement à explorer les plus proches rivages.

RÉPONSES À L'INCRÉDULE

— *A première vue, votre prophétesse a, en effet, certaine ressemblance avec la pythie antique... Celle dont on dit « deux oracles ne peuvent se regarder sans rire ! »*

— Détrompez-vous ! Dans la très socialiste république bulgare inconditionnellement alignée sur les Russes, les pseudo-prophètes feraient vite long feu. Dans les Balkans, Wanga Dimitrova est aussi connue que le sont chez nous Bernadette Soubirous ou Jean-Marie Vianey, le curé d'Ars[1], avec lequel elle a d'ailleurs plus d'un point commun.

— *Pourquoi est-elle aussi peu connue en Occident ?*

— En ce moment, les Russes, qui ont toujours pratiqué en matière de parapsychologie la politique du pendule, ne semblent pas s'opposer à une certaine publicité autour de leurs médiums les plus doués. Est-ce pour exalter l'*homo sovieticus,* ou tout simplement parce qu'il est impossible de garder sous le boisseau des exploits aussi fantastiques que ceux de Dschuna ou de Wanga ?

Peut-être verrons-nous enfin, dans les gazettes de Sofia, apparaître

1. Voir *Histoires magiques de l'Histoire de France,* t. II : « Le curé d'Ars ».

également le visage de la Pythie de Thrace, dont il n'existe jusqu'ici aucune photo.

— *Au pays du matérialisme triomphant, c'est tout de même singulier...*

— Oui, mais le paradoxe n'est qu'apparent. Comme dans le cas de Wolf Messing, les autorités s'intéressent ici énormément aux pouvoirs de Wanga. Dans l'espoir de les « domestiquer » ou, à tout le moins, de leur donner une explication physique et rationnelle. A telle enseigne que Wanga est devenue la première devineresse des temps modernes salariée par le gouvernement et protégée et même encouragée, pour le rôle social qu'on lui reconnaît. C'est là une absence de préjugés dont nous devrions nous inspirer...

— *Et ce Comité d'organisation ?*

— Il a été mis en place par l'Institut de... suggestologie (!) et de parapsychologie de Sofia. C'est une institution très sérieuse qui établit les archives des révélations de Wanga et vérifie si ses prophéties se réalisent. Wanga dispose de deux secrétaires et tout ce qu'elle dit ou fait est examiné dans les laboratoires de l'Institut. Une trentaine de chercheurs y travaillent sous la direction de Georgi Lozanov, qui est docteur en médecine et s'occupe depuis 25 ans de parapsychologie. Il est très connu à ce titre dans le monde communiste et depuis quelque temps, des chercheurs américains viennent le voir, pour échanger avec lui des informations sur les forces cachées du psychisme.

— *Combien, le salaire de Wanga ?*

— Environ 1 500 F. Ce qui pour la Bulgarie est décent.

— *Les consultations sont-elles gratuites ?*

— Pas du tout ! Le prix d'une consultation est de trente francs environ pour les Bulgares, et les étrangers payent cinq fois plus cher ! L'argent revient à l'État qui subventionne assez généreusement l'Institut de Lozanov...

— *Pour Wanga comment tout cela a-t-il commencé ?*

— Dès l'enfance, elle a manifesté une sensibilité extraordinaire. Sa famille était très pauvre et son père qui était ouvrier agricole a dû s'expatrier pour trouver du travail en Grèce. C'est à cette époque, quand elle avait treize ans donc, que la vue de Wanga a commencé à baisser. Son père l'a montrée à un médecin grec qui a recommandé une opération immédiate. Faute d'argent, l'opération ne peut avoir lieu et à dix-neuf ans Wanga est totalement aveugle.

Son regard paranormal se dévoile alors et commencent des prédictions qui ont d'abord trait à la mort d'êtres chers et qui toutes se réalisent. Son pouvoir parapsychique a en effet la lugubre particularité de « sentir » la mort chez ceux qui viennent la consulter. Qu'elle frappe directement l'intéressé ou encore l'entourage. Et il est très rare qu'elle se trompe...

— *Elle devrait peut-être se taire...*

— Peut-être. Mais elle assure que cela est impossible. « Je le regrette, dit-elle, je ne peux rien dire de la vie de ceux qui viennent me voir si je ne peux pas aussi parler de leur mort... »

Heureusement Wanga se trompe parfois. Car, comme c'est le cas pour tous les grands voyants et télépathes, ses pouvoirs se manifestent avec une force très variable dans le temps. Les maladies et les échecs personnels, par exemple, les affectent plus ou moins longtemps. L'Institut de Lozanov a toutefois pu déterminer que sur une période de 14 ans, les prédictions de Wanga et ses voyances portant sur le présent et le passé se sont vérifiées à 80 %.

— *Pour y parvenir, la malheureuse se met à chaque fois dans de drôles d'états...*

— C'est très variable aussi. Elle a parfois instantanément une vision panoramique du passé, du présent et de l'avenir de son « patient ». D'autres fois il lui faut plusieurs heures pour trouver un élément mineur. Georgi Lozanov a aussi constaté qu'il était possible de « bloquer » la voyante. En simulant la confusion mentale, en se mettant dans la peau d'un autre, ou en lui témoignant hostilité ou scepticisme.

— *C'est le fameux élément affectif qui favorise ou perturbe la transmission télépathique...*

— Exactement. La manière dont le visiteur se présente est déterminante pour déclencher le processus de divination. Ensuite il semble que Wanga n'a plus aucun pouvoir de contrôle sur les voix et les images qu'elle assure voir et entendre.

— *Cela n'explique rien...*

— Certes, mais déjà le phénomène peut être décrit. Lozanov, notamment, y est parvenu. Dans l'instant de la transe télépathique et divinatoire, il y a contraction du temps et dilatation de l'espace. Comme dans la fameuse « perception globale » des mourants. Lozanov parle, lui, de « concept du grand présent » et cela pose, bien sûr, des problèmes philosophiques immédiats et, pour l'heure, insolubles. Ceux du déterminisme qui régit notre vie, qu'on l'appelle prédestination, fatum, ou karma, ce qui veut dire, pour ceux qui croient à la transmigration des âmes, la somme des actes des vies antérieures, qui selon le brahmanisme pèse lourdement sur notre destin futur...

— ***Mais que nous portions notre futur en nous sans pouvoir l'infléchir comme semblent l'indiquer ces phénomènes, c'est insoutenable ! Surtout si ce futur vous est en plus révélé...***

— Vous êtes au cœur de la question. Mais pour commencer à y répondre, il faut d'abord changer de point de vue sur un temps qui ne serait que l'addition d'événements fortuits s'enchaînant uniformément. Les physiciens aussi ont dû renoncer à une conception rationnelle prédéterminée de la matière. Nous y reviendrons... Mais je comprends votre trouble. Margaret Mead, la grande anthropologue américaine, qui s'est beaucoup intéressée à la parapsychologie, l'exprime en ces termes : « Il y a peu de raisons de croire que les humains puissent vivre, en ayant connaissance de catastrophes qu'ils seraient incapables de prévenir... »

SOURCES

Hans BENDER, *Étonnante Parapsychologie,* Éd. Retz.

S. OSTRANDER et L. SCHROEDER, *Nouvelles Recherches sur les phénomènes P.S.I.,* Éd. Robert Laffont.

S. OSTRANDER et L. SCHROEDER, *Fantastiques Recherches parapsychiques en U.R.S.S.,* Éd. Robert Laffont.

J.-H. POLLACK, *La Clairvoyance prouvée,* Éd. Retz.

L'affaire de Dieppe

GUY BRETON

LE 19 AOÛT 1942, A L'AUBE, LES DIEPPOIS FURENT RÉVEILLÉS par des avions qui rasaient les toits. Presque aussitôt, les sirènes hurlèrent, tandis que la ville était ébranlée par des explosions et que la D.C.A. allemande entrait en action. Au milieu de ce concert assourdissant, il sembla aux habitants que des détonations venaient du large. Intrigués, quelques intrépides montèrent dans leur grenier et virent avec stupeur une flotte impressionnante devant le port.

Que se passait-il ?

Des forces anglo-canadiennes envoyées par le Haut Commandement allié tentaient de débarquer sur les plages de Dieppe pour tester la défense allemande...

Deux cent cinquante-deux bateaux de la Royal Navy, soixante escadrilles de chasse, plusieurs formations de bombardiers, plus de six mille hommes participaient à ce raid.

Hélas ! les opérations commencées à quatre heures tournèrent rapidement au désastre. Vers huit heures, les commandos anglo-canadiens qui étaient parvenus à prendre pied sur les plages et même à y amener des chars, durent, sous le feu incessant de la Luftwaffe et des batteries côtières allemandes, refluer vers la mer, laissant quatre mille cinq cents hommes tués, blessés ou prisonniers, tout le matériel débarqué, les carcasses de cent six avions abattus et les épaves de trente-quatre navires...

Vers midi, sous une pluie de fer et d'acier, un dernier

convoi chargé d'hommes hébétés mettait le cap sur l'Angleterre.

Ainsi se terminait ce raid qui reste, dans l'histoire de la Seconde Guerre mondiale, l'un des plus grands échecs alliés.

□

Neuf ans plus tard, en 1952, les plages normandes avaient retrouvé leur aspect paisible d'avant-guerre lorsque deux jeunes femmes anglaises arrivèrent à Puys, petite localité voisine de Dieppe, pour y passer quelques jours de vacances.

Elles s'installèrent le 26 juillet au deuxième étage d'un immeuble qui avait été le quartier général des troupes allemandes pendant l'occupation. La fenêtre de la chambre qu'elles partageaient donnait sur la plage.

— Cet endroit est charmant ! avait dit Agnès.

— Idyllique, avait renchéri Dorothy.

Elles ignoraient toutes les deux qu'en août 1941, un commando du Royal Regiment canadien qui participait au raid sur Dieppe, avait débarqué là sous un déluge de bombes et s'y était battu jusqu'au dernier homme.

Qui étaient ces deux jeunes femmes ?

Je leur donnerai les noms qu'elles se sont choisis elles-mêmes pour signer le récit de l'extraordinaire aventure qu'elles vécurent un matin : Dorothy et Agnès Norton. Dorothy avait trente-deux ans, Agnès, sa belle-sœur, trente-trois.

Voici ce qui leur arriva.

Le samedi 4 août, Agnès est réveillée très tôt par des bruits « tout à fait inhabituels » venant de la plage. « Cela ressemblait, écrit-elle, à des cris d'hommes sur fond d'orage ».

Comme il fait encore nuit, elle écoute pendant environ un quart d'heure, sans bouger de son lit. Puis elle secoue sa belle-sœur :

— Tu entends ?

— Oui... C'est un orage !...

Le grondement s'enfle et décroît. Les deux femmes entendent alors distinctement des avions raser les toits, des coups de canon, des tirs de D.C.A. et des crépitements d'armes automatiques.

— Que se passe-t-il ? dit Agnès, on dirait un débarquement.

Elle allume la lampe de chevet. La pendulette indique quatre heures vingt.

Mue par un vieux réflexe du temps de la guerre et de la défense passive, Dorothy s'écrie :

— Éteins vite !

De nouveau, elles restent un long moment dans l'obscurité, terrorisées par les explosions qui semblent se rapprocher.

Bientôt, les vitres blanchissent ; le jour commence à se lever. Le vacarme va-t-il cesser ? Non, au contraire. Les Anglaises entendent un sifflement strident suivi d'un fracas épouvantable. Ce doit être une torpille qui vient d'éclater à quelque cent mètres de leur maison.

Cette fois, Agnès s'affole :

— Il faut descendre à la cave, dit-elle.

Les deux femmes sautent du lit. Mais la curiosité l'emporte sur la peur. Avant de quitter la chambre, elles vont jusqu'au balcon pour voir ce qui se passe et demeurent stupéfaites.

Là où, d'après le bruit infernal qui continue à leur parvenir, elles s'attendent à voir des hommes courir sous les bombardements, des morts déchiquetés par les mines et des tanks en flammes, là où elles sont sûres de découvrir des bateaux de guerre canons pointés sur la ville et des péniches de débarquement pleines de « marines », il n'y a qu'une plage déserte où viennent mourir les petites vagues d'une mer calme.

De quelle hallucination sont-elles victimes ? De quel cauchemar ? Elles se serrent l'une contre l'autre, « s'enfonçant les ongles dans la peau » pour s'assurer qu'elles ne rêvent pas, et en arrivent à penser que les événements dont elles entendent les échos se déroulent en un endroit de la ville que l'on ne peut apercevoir de leur fenêtre.

Pourtant, les détonations et les rumeurs semblent bien venir de la grève. Elles rentrent dans la chambre et se recouchent sans comprendre. Elles remarquent alors que, par moments, les bruits enflent, puis diminuent d'intensité jusqu'à être proprement inaudibles « comme s'il s'agissait, écrit Agnès, d'une émission de radio venant d'Amérique. On aurait cru un phénomène de fading »...

A quatre heures cinquante, subitement, tout cesse et les deux femmes, épuisées, se rendorment. Mais à cinq heures cinq, elles sont réveillées par un nouveau bombardement accompagné de tirs d'artillerie, de fusillades et de hurlements d'hommes. Comme précédemment, les bruits croissent et décroissent suivant le même phénomène de fading, pour s'arrêter brusquement à cinq heures quarante.

Ils reprennent à cinq heures cinquante. Cette fois, les Anglaises, enfouies sous les draps, entendent des avions passer par vagues au-dessus de leur tête. « Nous avions l'impression, écrivent-elles, qu'il s'agissait de bombardiers lourds. » Presque aussitôt, des explosions retentissent, suivies de canonnades. Une nouvelle accalmie se produit à six heures exactement. Comme elle dure assez longtemps, Agnès et Dorothy se lèvent et retournent sur le balcon. La plage est toujours déserte. Les deux femmes vont rentrer lorsqu'elles aperçoivent un boulanger à bicyclette qui passe dans la rue. Elles l'interpellent :

— Est-ce qu'il y a de gros dégâts ?

— Où cela ?

— Mais... en ville.

— Non, pourquoi y aurait-il des dégâts ?

— A cause du bombardement.

— Quel bombardement ?

Les deux femmes restent une seconde interloquées.

— Le bombardement qui vient d'avoir lieu !...

L'homme les regarde avec effarement.

— Je ne vois pas de quoi vous voulez parler...

— Vous avez bien entendu des avions, des bombes, des coups de canon ?

— Non !

— C'est impossible ! Cela faisait un bruit épouvantable. On aurait cru un débarquement...

Le boulanger croit avoir affaire à deux folles.

— Ne vous en faites pas, ce n'est pas grave, dit-il...

Et il s'en va rapidement.

— Serions-nous les seules à entendre ces bruits ? se demandent les Anglaises.

A ce moment — il est six heures vingt-cinq — de nouvelles fusillades éclatent. « On reconnaissait nettement le crépitement des mitrailleuses mêlé à des cris d'hommes et à des gémissements, écrit Dorothy. Mais tout était plus faible qu'auparavant. »

« Comme un poste de radio dont on diminue progressivement la puissance », les tirs et les rumeurs continuent de décroître. A six heures cinquante-cinq, tout cesse définitivement.

Allongées sur leurs lits, les deux femmes attendent encore un moment. Le vacarme va-t-il reprendre ? Non ! Bientôt, ce sont d'autres bruits qui leur parviennent. Familiers et rassurants. Sous leur fenêtre, la rue s'anime ; des commerçants ouvrent leurs boutiques, des estivants préparent bruyamment une partie de pêche, des voitures passent. Soulagées, les Anglaises s'habillent, prennent leur petit déjeuner et descendent vers huit heures trente. Dans l'escalier, des locataires de l'immeuble bavardent. Elles les abordent en souriant et, rendues prudentes par leur conversation avec le boulanger, se contentent de leur demander s'ils ont passé une bonne nuit. Tous affirment qu'ils ont très bien dormi.

Alors, Agnès et Dorothy, très troublées, s'en vont vers la plage, ignorant encore que, par un phénomène inexplicable, elles ont entendu les échos d'une opération militaire qui s'est déroulée neuf ans plus tôt...

RÉPONSES A L'INCRÉDULE

— *Étrange histoire, en vérité. Comment la connaît-on ?*

— Grâce au récit qu'en ont fait les deux Anglaises elles-mêmes. Au cours de l'après-midi du 4 août, alors qu'elles étaient encore sous le choc de ce qu'elles avaient vécu, Agnès et Dorothy ont rédigé — séparément — un récit détaillé de leur extraordinaire matinée en utilisant des notes griffonnées entre quatre heures trente et sept heures.

Le lendemain, elles repartirent pour l'Angleterre où elles racontèrent ce qui leur était arrivé. C'est alors qu'on leur parla du raid de Dieppe, en 1941, événement qu'elles avaient un peu oublié — et qu'on leur apprit que des débarquements avaient eu lieu sur des plages voisines, notamment sur celle de Puys...

Fortement impressionnées, Agnès et Dorothy envoyèrent, le 9 août, leurs deux récits à la Society for Psychical Research en demandant ce qu'on en pensait et s'il existait d'autres cas analogues... M. G. W. Lambert, président de la S.P.R., se pencha lui-même sur le problème et fit une enquête approfondie auprès du ministère de la Guerre pour connaître, minute par minute le déroulement des opérations sur la plage de Puys dans la matinée du 19 août 1941. Grâce au captain Hugues-Hallet, qui avait dirigé le Royal Regiment canadien, il put obtenir des renseignements d'une extrême précision. Il constata alors avec stupeur que les heures indiquées par les deux belles-sœurs pour les différentes phases de leur « débarquement fantôme » : l'arrivée des avions, les bombardements, l'intervention de la flotte, les accalmies, les reprises et la fin des combats, correspondaient exactement à celles qui avaient été notées par les officiers anglo-canadiens en 1941.

— *C'est en effet extraordinaire. Mais ne peut-on pas penser que les deux Anglaises avaient eu connaissance du compte rendu des opérations militaires par une relation quelconque au ministère de la Guerre ?*

— Le captain Hugues-Hallet a assuré que c'était impossible.

— *Ne pouvaient-elles pas avoir lu un guide local où le débarquement aurait été raconté ?*

— Ce n'est pas impossible, bien qu'elles aient certifié le contraire ; mais vous savez que ce genre de publication ne donne que des résumés assez succincts, et il est difficile d'imaginer que les heures précises de chaque phase importante de l'opération y aient figuré.

— *Autre question : n'y avait-il pas tout simplement à Puys un cinéma ayant à son programme un film de guerre ?*

— La question a été posée. Et la réponse est simple : Il n'y avait pas de cinéma à Puys en 1952. D'ailleurs, s'il y en avait eu un, croyez-vous qu'il aurait donné une séance entre quatre heures et sept heures du matin ?

— *Alors ?*

— Le président de la S.P.R., ayant terminé son enquête, a conclu : « A la fois en regard de la forme et de son contenu, nous pensons que l'expérience doit être classée comme un authentique phénomène psychique. »

— *Peut-on l'expliquer ?*

— Les parapsychologues prétendent qu'il s'agit d'une « réverbération du Temps ». Réverbération qui peut être visuelle, comme dans le cas des deux Anglaises à Trianon [1], ou auditive, comme dans le cas qui nous occupe. A la faveur de certaines conditions inconnues, des images ou des sons du passé resurgissent dans notre présent comme s'ils étaient « enregistrés » quelque part ce qui expliquerait le curieux phénomène de fading. En somme, les bruits et les cris qu'Agnès et Dorothy ont entendus avec un décalage de neuf ans ressemblent beaucoup aux fameuses « paroles gelées » dont parle Rabelais...

— *Rappelez-moi ce qu'étaient ces « paroles gelées » ?*

— Rabelais nous conte qu'un jour, aux confins de la mer glaciale, Pantagruel entendit soudain des paroles retentir dans le ciel. Il s'en inquiéta car il n'y avait personne alentour et demanda au pilote du bateau d'où pouvaient venir ces bruits mystérieux. Le marin lui expliqua alors que, pendant l'hiver précédent, deux flottes ennemies s'étaient battues en cet endroit par un temps si froid que les paroles des matelots avaient gelé en l'air. « A cette heure, ajouta-t-il, la rigueur du froid passée, elles flottent et voici que nous les entendons... »

— *Belle histoire qui prouve, une fois de plus, que Rabelais était une sorte de visionnaire, mais qui — c'est le moins que l'on puisse dire — n'apporte pas d'explication scientifique du phénomène... Il reste, en outre, une autre question : pourquoi les bruits ne furent-ils entendus que par les deux Anglaises ?*

— On l'ignore, bien entendu. Einstein, vous le savez, disait des personnes qui vivent ce genre d'expérience « qu'elles trébuchent dans le temps ». Je vous accorde que ce n'est pas, non plus, une explication, mais

1. Voir *Histoires extraordinaires,* des mêmes auteurs.

cela prouve du moins que le plus grand savant de ce temps ne niait pas l'existence de ces phénomènes et qu'il les étudiait même avec intérêt...

SOURCES

Léon DENIS, *Dans l'Invisible.*
Lucile IREMONGER, *The Ghosts of Versailles,* Londres, 1957.
Philippe MASSON, « *Canadiens français à Dieppe* », in *Journal de la France,* n° 138.

La troisième oreille

LOUIS PAUWELS

AU PRINTEMPS 1964, UN COUPLE DE FRANÇAIS VISITE ISRAËL avec leur fils Michel agé de 19 ans. Après avoir fait brûler un cierge au tombeau de David, à Jérusalem, ils se rendent à Tel-Aviv en taxi. Leur chauffeur est jeune, et son visage exprime abattement et inquiétude. Assez longtemps on roule en silence. Soudain, mû par une impulsion qu'il ne peut réprimer, le père de Michel s'adresse au chauffeur :

— Il faut choisir de faire enfin cette opération ! Elle ne mettra pas la vie de votre enfant en danger. Au contraire, elle le guérira !

Violent coup de frein. La voiture s'arrête et le chauffeur se retourne, bouleversé.

— Il y a quatre ans que j'hésite ! dit-il dans un français hésitant. Il y a tellement de risques... Mais qui êtes-vous donc pour savoir ? Vous a-t-on parlé de moi ? dit cet homme qui depuis des années attend un signe.

— Personne ne m'a parlé de vous... répond le Français. Je ne suis qu'un voyageur, *presque* comme les autres. Mais vous savez bien que cette terre a toujours vu se lever des prophètes !

— Alors... supplie le chauffeur. Ne pouvez-vous rien me dire de plus ?

— L'opération aura lieu dans six semaines... Tout se passera bien...

Éperdu, l'Israélien saisit alors la main de son étrange client et y dépose un baiser. On repart...

Ce voyageur « presque comme les autres » ignore alors qu'il possède une autre extraordinaire faculté. Il ne l'apprendra qu'à l'occasion d'un tragique accident.

Quelques jours plus tard, les vacances terminées, le couple rentre en France, tandis que Michel s'engage dans un kibboutz. Il y reste plusieurs mois, puis revient à son tour à Paris où il ne tarde pas à s'occuper, avec succès, d'une maison de mode. Comme il est beau et toujours gai, un essaim de jolies filles volette autour de lui. Mais c'est vers son père qu'il revient toujours. Le père qui le comprend et le conseille et qui l'accompagne même dans ses promenades nocturnes, à toute allure sur les autoroutes d'Ile-de-France.

— Petit papa, viens avec moi... dit ce bon fils à son père qui s'inquiète parfois de le voir aller si vite dans la D.S. qu'il vient de s'acheter.

Mais ces courses sont aussi l'occasion d'échanges profonds où père et fils parlent librement de la vie et de l'avenir. Le père sait que Michel a, comme lui, des dons singuliers.

— Ne te plairait-il pas de me succéder dans quelque temps ? dit-il un soir. Pas tout de suite, mettons... dans une dizaine d'années ?...

— Dans dix ans ! répond Michel soudain grave. Je sais bien que je n'y arriverai jamais... Je mourrai très jeune !

Le père ne prête pas trop d'attention au propos qui est de ceux que les jeunes gens tiennent souvent. Pourtant il ne peut s'empêcher de penser que cette lugubre prophétie trouve un écho dans cette étrange association de mots qu'il entend sans cesse pendant leurs courses solitaires : « D.S. — Détresse, D.S. — Détresse »

□

Voici qu'une nuit d'août, Michel roule seul autour de Paris, comme toujours, à pleine vitesse. À leur domicile parisien ses parents dorment. Soudain, une terrible angoisse tire le père de son sommeil. Mais écoutons-le, puisqu'il raconte lui-même cette nuit-là.

« J'ai dû communiquer cette angoisse à ma femme, car elle se réveille aussitôt et comprend tout de suite ce que je crains.

Pourtant, au même moment Michel roule sur l'autoroute en toute sécurité. Pourtant je sais. Il me semble que tout n'est pas joué, en tout cas pas accompli. Alors je me précipite vers la seule brèche qui reste : l'espoir, la prière. Nous prions ensemble ma femme et moi, avec une ardeur désespérée. Je ne peux pas décrire cette nuit-là. Si l'enfer existe, il a ce visage atroce. C'est l'agonie de l'espoir. Je peux dire que nous avons passé ces quatre heures, entre l'instant où je me suis réveillé et où l'on est venu nous prévenir, à assister notre fils.

« Je suis sûr que quelque chose de ce courant intense qui n'a pas été capable de le sauver, est pourtant passé en lui. Il a dû savoir qu'il n'était pas abandonné... Le coup de sonnette, à six heures du matin, ne pouvait rien nous apprendre que nous ne sachions déjà. »

A quatre heures du matin, pour une cause inexpliquée, la voiture s'est déportée. Michel mettra trois jours à mourir...

Deux ans ont passé. On imagine ce qu'ils furent pour ces parents d'un fils unique et adoré. Mais il nous faut parler du père. On se souvient de ce qui s'est passé dans le taxi de Tel-Aviv. Le père de Michel est un voyant. Il se nomme Marcel Belline. C'est même un voyant professionnel qui a prévu nombre d'événements qui ont marqué l'histoire récente. D'un grand nombre de personnalités célèbres, morales, littéraires et scientifiques, il a reçu toutes sortes de témoignages d'amitié et de respect. Alors on est bien obligé de considérer avec attention et sympathie ce que dit ce voyant exceptionnel.

Et ce qu'il dit est inouï : après deux ans de prières et d'appels pour tenter de se mettre en communication avec son fils mort, il lui apparaît qu'il a réussi. Tôt le matin, et à vingt et une reprises, il assure qu'il a entendu la voix de son fils. Comment cela se passe ? Il se concentre intensément avec toutes les forces psychiques du début de journée, et s'adresse intérieurement à son fils. Il lui paraît alors entendre avec ce qu'il appelle « la troisième oreille », la voix de Michel. Et il l'entend si distinctement qu'il peut noter leurs conversations. Ainsi le 20 mai 1971, après quatre jours de silence du fils, à 5 h 30 du matin :

— Michel, c'est moi Michel... Michel, je sens ta présence... Je t'en prie, réponds-moi !

Un temps de silence, puis le voyant entend très faiblement un petit « papa ».

— Michel, tu es loin ?

— Loin et près, il n'y a pas de distance...

— Un monde sans distance ?

— L'espace est autre.

— J'aimerais savoir... savoir pour comprendre.

— Comprendre quoi ?... Comment te dire, papa... Dans cet « espace » nous sommes des lumières pensantes. Peux-tu imaginer cela ?

— Voilà des jours que je n'ai pu communiquer avec toi...

— Ne demande pas l'impossible...

— Je crains toujours que nos communications ne cessent...

— Je reviendrai pendant ton sommeil !

— Le rêve, est-ce un message pour ceux qui ont perdu leur enfant ?

— Les enfants sont la lumière des parents...

— Mais pour beaucoup elle est éteinte !

— Puissent leurs larmes devenir ondes et lumières !...

Le 10 mai à 6 h 30 après un quart d'heure de concentration :

— Michel, ta mère me demande souvent par quels moyens se font nos communications...

— Dis à maman que tu émets des ondes, et que je les perçois...

— Il y a donc une longueur d'ondes ?

— Si tu veux...

— N'est-ce pas seulement le désir que j'ai de communiquer avec toi qui crée ces réponses ?

— Le désir crée la longueur d'onde. Tu l'as trouvée. Je suis toi et tu es moi... Toutes mes réponses dépendent de tes questions...

Enfin dans la nuit du 11 au 12 avril de l'année suivante, le voyant a, en rêve, une vision de son fils. Ses cheveux sont dorés comme par la lumière du soleil levant.

— Michel, tu te souviens du songe de cette nuit de printemps à Florence ?

— Je me souviens de notre rencontre, papa...

— J'ai d'autres questions à te poser...

— Je les devine.

— Qu'est-ce que la chance, Michel ?

— Une force positive, aimantée par le hasard.

— Est-ce que le mauvais œil existe ?

— Oui. Et la mauvaise oreille aussi ! (Rire de Michel.)

— Que veux-tu dire ?

— Garde-toi de la magie de la parole, des images...

□

Par la suite, Marcel Belline n'a plus tenté de forcer le retour de Michel. Mais depuis il s'interroge. Sa certitude est simple : personne, pense-t-il, ne survivrait à la disparition d'un être cher, d'un enfant surtout, si d'une manière diffuse, et le plus souvent fulgurante, ne surgissait du fond de l'âme humaine la certitude que l'irrémédiable n'existe pas, que les êtres ne sont pas totalement séparés.

— Quelles preuves puis-je donner, se demande le voyant, qu'au cours de ces dizaines d'entretiens, je ne cherchais pas à me duper moi-même ? Aucune. Sinon la certitude intime, absolue, d'un rapprochement, d'un échange, d'un toucher de l'âme, comparable à celui ressenti au cours de mes consultations, mais cent fois plus intense, plus tendre et plus familier. Et puis, ajoute Belline, de cela je suis absolument sûr... *Je reconnaissais la voix de Michel.*

A notre tour de nous interroger. La bonne foi de ce malheureux père de famille ne peut être mise en doute. Mais ce qui lui est arrivé prouve-t-il vraiment la survie après la mort ? Dans un au-delà ? Où s'agit-il de la survie de quelqu'un *en nous-même ?* Est-ce un au-delà de la mort, ou un au-delà de l'amour ? Il entendait distinctement, disait-il, la voix de son fils... Était-ce la voix de son propre cœur ? Les hommes débattent là-dessus depuis des milliers d'années. Et rien, si ce n'est l'amour, ne vient départager celui qui croit au ciel. et celui qui n'y croit pas...

RÉPONSES À L'INCRÉDULE

— *On peut aussi devenir fou de douleur... c'est peut-être ce qui est arrivé à ce pauvre homme...*

— C'est vrai, mais là, ce n'est pas la bonne explication. Belline était et demeure un des voyants les plus réputés de ce temps. « C'est le Prince des voyants », disait de lui le grand philosophe Gabriel Marcel, qui a préfacé le livre qu'il a tiré de cette expérience extraordinaire. Belline a prédit avec précision la mort d'Einstein, le naufrage de l'*Andrea Doria,* l'affaire de Suez, le suicide de Marilyn Monroe, la guerre des Six-Jours et la fin tragique des frères Kennedy...

— *De là à parler avec un mort...*

— Gabriel Marcel était, lui, persuadé qu'il est possible de communiquer avec les morts. Non pas comme opérerait un savant dans son laboratoire, mais d'une manière « existentielle », dit-il, qui est aux antipodes de la démarche scientifique, qui est son et vibration, plus que perception, entre deux êtres qui s'aiment. « Les propos de votre fils sont comme ordonnés par rapport à un certain retentissement dans votre cœur », note Gabriel Marcel. Il rejoint ceux, de plus en plus nombreux dans le monde savant, aussi, qui croient à une sorte de communication, étendue aux limites de l'univers, grâce à la vibration cosmique de la matière...

— *Les Anciens disaient que la pensée était en toute chose, dans l'air, l'eau, le feu...*

— Des intuitions qui, après des siècles de scientisme et de rationalisme absolu, retrouvent toute leur valeur. A l'heure justement où la conception que nous avons de la matière est en train d'être bouleversée...

— *Comment cela ?*

— À mesure qu'ils progressent dans leur exploration, les savants savent de moins en moins ce qu'est la matière. Presque chaque jour, elle délivre au tournant des accélérateurs, des particules nouvelles, dont certaines échappent totalement aux lois qui la régissaient jusqu'ici. Particules étranges, erratiques, « marginales », qui se déplacent en plusieurs endroits à la fois et réfractaires à toute mesure, ce qui remet encore en question notre conception de l'espace-temps...

— *Mais quel rapport avec celui qui entendait parler les morts ?*

— Les grandes lois de l'univers rationnel se transforment et volent en éclats sous nos yeux... Pourquoi croire dès lors que la barrière que notre esprit — nos préjugés ? — a élevée entre le monde des vivants et des morts demeure intangible ? Aujourd'hui, les atomistes n'ont plus guère qu'une seule certitude : toute loi scientifique pourrait être transgressée, aucune n'est immuable. C'est le fameux facteur d'incertitude, le « spin » des savants américains, qui rend plausibles des phénomènes aussi absurdes que de l'eau chauffée, qui au lieu de se mettre à bouillir, se... transforme en glace ! Comme d'autres phénomènes paranormaux, le dialogue avec les morts s'insinue peut-être à travers une faille de ces lois, dont l'apparition et la disparition pourraient coïncider avec les épidémies de faits inexplicables, qu'on constate à certaines époques...

— *C'est là une théorie qui vous est toute personnelle...*

— Certes pas. Et c'est la plus plausible... Expliquer le paranormal par notre ignorance temporaire de désordres passagers de la matière me paraît plus satisfaisant pour l'esprit que d'invoquer à tout bout de champ la divinité. Ou pis, de nier en bloc tout l'inexpliqué, ce qui n'est pas seulement une sottise, mais la négation même de l'infini et du progrès de nos connaissances...

— *Vous vous contredisez. Les découvertes nouvelles, à propos des particules ou autres, si elles secouent un temps l'édifice des lois scientifiques, n'entraînent donc pas son écroulement.*

— C'est plus compliqué que ça. Ces lois sont exactes dans un état donné de la science et se révèlent remises en question quand la science a progressé...

— *Par exemple ?*

— Non seulement la physique d'Einstein est dépassée, mais certaines expériences, réalisées dans les années soixante aux États-Unis, ne peuvent plus être reproduites aujourd'hui. Comme si les lois qui les régissent avaient changé depuis...

— *Permettant aux morts de s'adresser aux vivants...*

— Dans le cas de Belline, il ne manque pas de savants, prix Nobel et chercheurs de toutes disciplines, pour le croire. Plus un certain nombre d'écrivains, d'artistes et de philosophes, dont l'opinion n'est pas tout à fait indifférente. Belline les a interrogés et presque tous ont donné leur avis...

— *Ils y croient ?*

— Pour la plupart. Si certains avouent n'avoir jamais eu d'expériences paranormales, aucun ne les rejette par principe. Le grand historien Arnold Toynbee, dont le fils s'est suicidé, a écrit au voyant pour lui dire qu'il croit absolument à l'authenticité de son témoignage. Sans pour autant en donner une interprétation définitive. Cette expérience, dit-il, prouve que notre conscience normale n'appréhende qu'une modeste part de la réalité. Dans sa réponse, le professeur Kastler estime que cette réalité est soumise à des finalités et pour le prix Nobel français de physique, l'idée d'un univers qui se serait « organisé tout seul » est une « absurdité ». La réponse d'un autre Nobel, lord Edgar D. Adrian, tend aussi à refuser l'idée d'un organisme uniquement descriptible par des processus physiques ou chimiques et cessant à sa mort. Une des réponses les plus intéressantes a été donnée par le professeur Jean de Mutigny, de la faculté de médecine de Paris. Après avoir nié que les réactions chimiques qui engendrent le moi dans le cerveau de l'homme se terminent avec la mort cellulaire, il estime au contraire que « tout vibre autour de nous, l'organique comme le minéral, le vivant comme la matière inerte ».

La chaleur animale, comme les ondes de la pensée, produit des oscillations qui décroissent vers l'infiniment petit, donc vers l'infini, pense Mutigny. Vers ce point oméga où la notion mathématique la plus abstraite rejoint, au voisinage de l'éternité, l'expérience religieuse ou la réflexion philosophique. Ces oscillations ne s'effacent jamais et vont s'intégrer dans le cosmos, réalisant quelque peu le rêve éternel de l'homme : l'immortalité.

Il n'est pas exclu, conclut le biologiste, que ces ondes immatérielles et intemporelles puissent être captées par certains cerveaux aux facultés particulières, et décodées, rendant possible un dialogue qui pourrait ainsi se poursuivre dans un éternel présent.

— *Séduisant, mais vraiment trop entaché de poésie !*

— Vous oubliez que maintenant les grands instituts de recherche américains s'attachent les services de poètes, pour les aider à déchiffrer le chiffre de plus en plus complexe de la matière...

— *Qu'en pensent les correspondants de Belline, autres que scientifiques, justement ?*

— Le voyant a en effet reçu de nombreuses réponses de penseurs et de philosophes, et vous vous en doutiez, de poètes aussi...

Parmi ceux-ci, un autre prix Nobel, le poète-diplomate guatémaltèque Miguel-Angel Asturias, qui exprime en vers sa certitude que « la vraie survie, c'est la continuité et le changement de la matière » :

Où est la mort de ce qui vit ?
Dans la fiction, la mort est celle qui ment,
car tout être revit en un bien plus grand nombre...

Dans sa réponse au questionnaire de Belline, Maurice Druon, qui y croit, lui, estime qu'il est stupide de nier ce que l'on ne peut pas clairement éprouver ou prouver. Il indique qu'il y a des époques de l'humanité où le paranormal est tenu pour important et sacré et que dans les grandes civilisations antiques, qui pour ce qui est de l'art de penser ne nous étaient pas inférieures, les oracles étaient au centre de la vie culturelle et religieuse. Qu'à d'autres époques, telles que la nôtre, tout phénomène de cette nature est précisément considéré comme suspect et dérisoire.

— *Et vous-même, qu'en pensez-vous ?*

— Je pense que Druon a raison de s'étonner que nous admirions tant Aristote et Alexandre, et que sachant que celui-ci était l'élève de celui-là qui a fondé notre logique et profondément inspiré le christianisme, nous ne méditions pas davantage le fait que cet élève, qui est aussi le plus grand conquérant de tous les temps, n'entreprenait rien sans consulter les oracles !

— *Mais votre avis sur une réelle communication avec les morts ?*

— Le nombre et la qualité des témoignages me troublent beaucoup moi-même. Toutefois je n'ai jamais eu de preuve tangible de la survie. N'invoquons pas les esprits, soyons esprit nous-même, serais-je tenté de dire, pour l'instant.

— *Pourquoi alors nous avoir raconté cette histoire ?*

— Mon propre scepticisme ne lui ôte en rien une certaine plausibilité. Corroborée par maints témoignages de qualité...

— *Lesquels vous paraissent les plus convaincants ?*

— Tous ceux que l'Histoire et la chronique rapportent depuis trois mille ans et plus. Ils sont innombrables et je crois comme Camille Flammarion que les considérer tous comme inadmissibles, est effectivement une *stupidité.* Que les hommes de science les aient eux-mêmes recensés n'apporte finalement rien de plus. Je crois néanmoins à l'utilité des travaux de Flammarion, qui au début de ce siècle, et jusqu'en 1920, compila près de 4 800 témoignages et n'en garda que quelques centaines, qui lui paraissaient totalement inattaquables.

Avec Richet, prix Nobel de médecine, il a été parmi les premiers à dire qu'il fallait étudier les phénomènes psychiques comme les phénomènes physiques, *sans nous laisser arrêter par les invraisemblances.* Curieusement, tous les livres sur la survie, qui font florès en ce moment, ne sont guère que des « remakes » des saisissantes visions que Flammarion a répertoriées dans « Après la mort »... L'un d'eux se détache toutefois du flot d'enquêtes et de récits d'expériences personnelles, conduits par des auteurs anglo-saxons surtout, depuis toujours plus ouverts que les Latins au dialogue avec l'invisible. C'est celui d'Isola Pisani, écrit d'une plume experte, et qui nous entraîne en quatre voyages à la Lovecraft, dans une quête fantastique vers les vies antérieures, doublée d'une thérapie mentale absolument véridique. Dans un deuxième livre, publié quelques jours après sa disparition tragique, Isola Pisani opère la première synthèse de tous les travaux scientifiques et rationnels qui ont été consacrés aux preuves de survie. Je sais que la mort n'existe pas, conclut-elle. Pourtant ainsi que chacun, mais autrement, je ressens intensément chaque départ.

— *Était-ce aussi la conclusion de Flammarion ?*

— Absolument. Il affirme avoir établi la preuve scientifique que les morts existent encore après la dissolution de l'organisme matériel et qu'ils peuvent être vus par nous tels que nous les avons connus. Avec leur allure, leurs vêtements et toute leur personnalité. Que leurs apparitions sont relativement fréquentes dans les heures qui suivent immédiatement le décès, mais que leur nombre diminue à mesure que l'on s'en éloigne et s'atténue chaque jour. Qu'au-delà de quatre années, les apparitions sont extrêmement rares.

— *Qu'est-ce qui prouve que ce ne sont pas des hallucinations ?*

— Flammarion insiste sur le fait que ces apparitions sont bel et bien des *réalités.* « L'être invisible devient visible », dit-il, tout en précisant que nos mains ne peuvent les toucher...

— *Quelle est alors leur nature ?*

— Pour l'auteur de *L'Astronomie populaire,* ce sont des *images* qui impressionnent notre cerveau à la manière de celles que produisent les rêves, mais venant de l'extérieur, d'un esprit qui agit sur nous à distance. Il s'agit donc d'une impression cérébrale qui se transforme en image, au moyen d'un mode d'énergie inconnu, qu'à l'époque Flammarion, captivé par la découverte prodigieuse des ondes hertziennes, assimilait à la téléphonie sans fil. Depuis, grâce aux travaux scientifiques sur la télépathie, on sait que les rayonnements qui sont à l'œuvre ne sont pas de nature électro-magnétique, puisqu'ils traversent les plus épais blindages. Flammarion, d'ailleurs, ne pousse pas la comparaison, et parle non pas d'ondes mais de « radiation », de « vibration de l'éther » qui se transmet, parce qu'il n'y a ni rupture ni discontinuité entre cette vie et son prolongement dans « la quatrième dimension » dans « l'hyper-espace », comme il dit. Un des premiers, d'une manière aussi claire, Flammarion en déduit que le temps n'existe pas, car il y a permanence ou simultanéité de tous les phénomènes, dans un espace où règne l'éternité immobile. Qui ne se met en branle que dans notre esprit, pour rythmer les mouvements de la terre, alors que sur Neptune déjà, par exemple, une année équivaut à 146 années terrestres.

— *Votre conclusion ?*

— Il y a sans doute un au-delà. Mais il est dans notre propre cerveau vivant. Je ne sais si les morts vont dans l'infini. Mais pour avoir entendu une nuit dans ma tête mon fils me dire : « Papa, j'étouffe ! » avant que le téléphone ne sonne trois heures plus tard, je sais que l'infini vient en nous, au cours de notre propre vie...

SOURCES

Marcel BELLINE, *La Troisième Oreille,* Éd. Robert Laffont
Camille FLAMMARION, *Après la Mort,* Éd. Flammarion.
Dr. R. MOODY, *La Vie après la vie,* Éd. Robert Laffont.
— *Lumières nouvelles sur la vie après la vie,* Éd. Robert Laffont.
James A. PIKE, *Dialogue avec l'au-delà,* Éd. Robert Laffont.
Isola PISANI, *Mourir n'est pas mourir,* Éd. Robert Laffont.
— *Preuves de Survie,* Éd. Robert Laffont.

Le cas de Lurancy Vennum

GUY BRETON

LES VENNUM ÉTAIENT DES GENS HEUREUX. PROPRIÉTAIRES terriens dans le Wisconsin, aux États-Unis, ils vivaient paisiblement avec leur fillette, Lurancy, dans une grande maison entourée d'un beau parc. Le seul souci de Thomas Vennum était de voir s'effondrer le cours du maïs. La seule préoccupation de Julia Vennum était de réussir son gâteau dominical. Oui, des gens sans problèmes qui ignoraient l'inquiétude et les angoisses métaphysiques. Fidèles paroissiens du temple baptiste, ils croyaient ingénument, pour l'avoir entendu de la bouche même de M. le pasteur, que le Seigneur avait conçu Sa Création selon des règles qui excluaient le désordre et l'irrationnel. Dans ce monde limpide comme de l'eau de roche, un et un faisaient deux, ce qui était blanc ne pouvait être noir et qui était mort avait à tout jamais cessé de vivre.

C'est pourtant chez ces braves gens totalement dénués d'imagination qu'allait se dérouler l'une des histoires les plus fantastiques de tous les temps.

□

Cela commença en 1877, lorsque Lurancy, alors âgée de treize ans, fut brusquement atteinte d'un curieux mal : à certains moments elle semblait s'endormir, son corps devenait rigide et elle tombait comme une masse. Au cours de ces crises qui pouvaient durer quelques minutes ou des heures entières, elle tenait des propos étranges, décrivait des lieux qu'elle n'avait jamais visités et révélait sur les fermiers du voisinage des secrets que Thomas et Julia Vennum, prudes et discrets, étaient tout confus d'apprendre.

Parfois, Lurancy changeait de voix, prenait des accents, et ses parents avaient l'impression que les voisins qu'elle venait d'évoquer parlaient par sa bouche.

Ces phénomènes durèrent pendant quelques semaines sans que les médecins consultés parvinssent à se mettre d'accord sur l'origine du mal étrange dont la fillette était atteinte. L'un parlait de crise de puberté, un autre de surmenage scolaire. Quant à un troisième, plus imaginatif, il prétendit qu'il s'agissait d'un « état de transe cataleptique dû à une piqûre de mouche inconnue... ».

On en était là lorsque, un matin de février 1878, Lurancy, s'étant levée, quitta sa chambre et se rendit dans la cuisine où Mrs Vennum préparait le petit déjeuner. Un instant, la fillette regarda autour d'elle « comme si elle cherchait à savoir où elle se trouvait », puis elle dit à sa mère d'un ton cérémonieux :

— Bonjour, madame. Pourquoi suis-je ici ? Pourquoi n'ai-je pas couché chez mes parents ?

Julia éclata de rire :

— Allons, cesse de jouer, Lurancy, et viens déjeuner.

Lurancy se figea :

— Mais je ne m'appelle pas Lurancy, madame. Mon nom est Mary...

Croyant toujours que sa fille avait imaginé un de ces jeux bizarres qu'inventent parfois les enfants, Mrs Vennum versa du lait dans un bol rempli de flocons d'avoine et dit en riant :

— Eh bien, assieds-toi, Mary, et mange !

Comme Lurancy ne bougeait pas, elle releva la tête et fut frappée par le regard fixe et brillant de sa fille.

— Mais enfin, qu'y a-t-il, Lurancy ?

— Pas Lurancy, madame ; je m'appelle Mary... Mary Roff et je voudrais retourner chez mes parents...

Cette fois, Julia se fâcha. Mary Roff était le nom d'une jeune fille morte treize ans auparavant à Dixville, un village voisin, et elle n'aimait pas qu'on plaisantât avec les défunts.

— Je t'interdis de raconter des histoires aussi stupides. On ne doit pas rire de certaines choses, tu le sais bien ! Tu n'as pas connu Mary Roff, mais tu dois respecter sa mémoire.

— Sa mémoire ? Mais je ne suis pas morte, madame.

— Arrête, je t'en prie !

Lurancy s'approcha alors de sa mère et, d'un ton ferme que celle-ci ne lui connaissait pas, répéta qu'elle s'appelait Mary Roff, qu'elle ne s'expliquait pas pourquoi elle n'était pas chez elle et qu'elle voulait rentrer chez ses parents.

Comme Julia la considérait avec effarement, elle ajouta :

— Vous me reconnaissez bien, Mrs Vennum, vous m'avez rencontrée un jour chez le docteur Simmons où j'étais venue chercher un sirop. Vous aviez un chapeau de paille blanc et moi un grand nœud bleu dans les cheveux. Comme il s'était défait, vous l'avez renoué... Nous étions dans l'encoignure de la fenêtre. Je me souviens même qu'à ce moment, James Oliver est passé dans la rue sur son cheval...

Julia s'assit, incapable de prononcer un mot. Tout cela, en effet, était vrai. Quatorze ans plus tôt elle avait rencontré la jeune Mary Roff dans le salon d'attente du docteur Simmons et avait refait le nœud de l'adolescente. Scène dont personne n'avait été témoin. Elle ne se souvenait même pas d'en avoir parlé à son mari.

Comment Lurancy pouvait-elle connaître ces détails ?

Julia pensa que sa fille traversait encore une de ses crises étranges et décida d'attendre que cela passe.

— Mr et Mrs Roff habitent à plus de cinq milles d'ici, dit-elle. Mon mari va les faire prévenir et ils viendront vous chercher. En attendant, prenez votre petit déjeuner.

La fillette avala docilement son bol de flocons d'avoine et retourna dans sa chambre où elle se plongea dans un livre.

A midi, quand Thomas revint à la maison, Julia lui rapporta en pleurant l'extraordinaire conversation qu'elle avait eue avec Lurancy. Il resta un moment silencieux, puis il dit :

— Je vais la voir. Peut-être la crise est-elle passée...

Mais lorsqu'il entra dans la chambre, Lurancy l'appela « Monsieur » et lui demanda s'il était allé prévenir ses « parents »...

Il la ramena dans la salle à manger et l'on se mit à table. Le repas fut étrange. Sous les yeux des Vennum consternés, la fillette, en effet, ne cessa d'évoquer sur un ton enjoué des souvenirs de son enfance à Dixville...

Après le dessert, Thomas dit à sa femme :

— Nous allons attendre jusqu'à ce soir. Si elle ne va pas mieux, j'irai voir les Roff...

Quand il rentra de son travail en fin d'après-midi, un fait nouveau était intervenu : Lurancy-Mary avait déclaré à Julia qu'elle se souvenait très bien d'être morte treize ans auparavant. Elle s'était même étendue longuement sur son agonie, allant jusqu'à rapporter en détail un incident qui s'était déroulé dans la chambre mortuaire...

Thomas prit alors son cheval et se rendit chez les Roff.

Les fermiers de Dixville apprirent ce qui se passait chez les Vennum avec un mélange de stupeur et d'émotion profonde. Puis ils posèrent des questions et Thomas rapporta le plus fidèlement possible tout ce que Julia lui avait dit. Les parents l'écoutèrent avec recueillement; mais lorsqu'il arriva à l'incident de la chambre mortuaire, Mrs Roff poussa un cri :

— Ce n'est pas possible, monsieur, que Lurancy ait pu raconter cela. A ce moment-là, j'étais seule dans la chambre auprès du corps de ma petite Mary...

Et elle eut une crise de nerfs. Il fallut la porter sur son lit.

Quand elle fut calmée, elle déclara à Thomas qu'elle irait voir Lurancy, mais qu'elle préférait attendre quelques jours pour se préparer à cette rencontre...

Le lendemain et le surlendemain, les Vennum s'efforcèrent de faire patienter Lurancy-Mary qui les suppliait toujours de la ramener chez ses parents.

— Il y a tant d'années que je ne les ai pas vus ! gémissait-elle. Pourquoi ne viennent-ils pas me chercher ?

Son désespoir était si grand que Thomas retourna à Dixville et demanda aux Roff de venir sans tarder.

— Peut-être votre vue la guérira-t-elle, dit-il.

— J'irai demain, promit Mrs Roff.

Le lendemain matin, elle se rendit chez les Vennum en compagnie de sa fille aînée, Minerva. Lorsqu'elles descendirent de carriole, Lurancy était à la fenêtre. Elle bondit de joie et cria :

— C'est maman et ma sœur Nervie !

Ces mots plongèrent Mrs Roff dans un grand trouble. Comment la fillette pouvait-elle reconnaître Minerva *qu'elle n'avait jamais rencontrée* et la désigner par un surnom que seule la petite Mary lui donnait autrefois ?

Lurancy s'était précipitée dans la cour. Elle se jeta en pleurant de joie dans les bras de Mrs Roff.

— Maman ! Maman ! Enfin je te retrouve !

Puis elle embrassa Minerva avec effusion et fit entrer les deux femmes dans la maison où Julia les reçut avec un sourire triste.

Lorsque tout le monde fut assis, Lurancy-Mary, sans paraître se soucier du malaise qui s'établissait dans le salon, se mit à parler avec une joyeuse volubilité. Elle rappela à Mrs Roff des scènes de son enfance à Dixville, parla de son école, demanda des nouvelles d'un chien nommé Pat, parut triste d'apprendre qu'il était mort, puis évoqua l'instant d'après, sur un ton enjoué, les circonstances de sa propre agonie...

— A propos, ajouta-t-elle, as-tu conservé, Maman, la petite boîte pleine de lettres que j'avais reçues de mes amies quelque temps avant ma mort ?

Depuis le début de la conversation, Mrs Roff faisait un effort considérable pour ne pas éclater en sanglots. Elle parvint à répondre que la petite boîte était toujours chez elle ; mais de grosses larmes coulaient sur ses joues. Lurancy courut l'embrasser.

— Ne pleure pas, Maman, puisque je suis là...

Pendant quelques minutes, Mrs Roff considéra avidement cette fillette qui venait d'évoquer tant de faits minuscules connus seulement d'elle et de Mary. Était-il possible que l'esprit de la petite morte se soit glissé dans le corps de Lurancy ? Elle ne pouvait le croire. Jamais personne ne lui avait parlé d'une chose pareille. Mais alors, qui était cette enfant qui savait tant de choses ?

Mrs Roff fut prise soudain d'une telle angoisse qu'il lui

parut impossible de demeurer une minute de plus chez les Vennum. Elle se leva :

— Je dois rentrer, murmura-t-elle, je reviendrai.

Lurancy sursauta :

— Comment, tu ne m'emmènes pas ?

— Pas aujourd'hui, dans quelques jours...

Et, repoussant doucement la fillette qui s'accrochait à elle en pleurant, Mrs Roff salua Julia et remonta en voiture avec Minerva.

□

Le surlendemain, Thomas Vennum retourna voir les Roff. Sa fille refusant maintenant toute nourriture, il venait timidement leur demander s'ils accepteraient de la prendre avec eux pendant quelques jours.

— Nous avons peur qu'elle tombe malade, dit-il. Un petit séjour chez vous lui ferait peut-être retrouver ses esprits...

Après bien des hésitations, les Roff acceptèrent et Lurancy, folle de joie, vint s'installer à Dixville. Tout de suite, ceux qu'elle appelait « ses parents » s'aperçurent avec un étonnement profond qu'elle connaissait non seulement les moindres recoins de leur maison, mais la place des objets dans les placards et dans les tiroirs les plus secrets. Grimpant au grenier, elle alla directement vers un coffre où se trouvait la poupée « Blondie » qui avait été le jouet préféré de Mary. Et lorsque Mrs Roff lui montra la fameuse boîte remplie de lettres, elle l'ouvrit avec émotion et en retira un col « qu'elle avait, dit-elle, porté au cours d'une fête enfantine ». Une fois de plus, les yeux de Mrs Roff s'emplirent de larmes, car Mary, alors âgée de dix ans, avait effectivement porté ce col lors d'un bal costumé...

Le soir, la fillette alla s'asseoir près de la cheminée, dans un petit fauteuil à bascule qui était jadis le siège favori de l'enfant disparue, et continua d'évoquer des souvenirs anciens. Les Roff écoutaient, le cœur serré, finissant par se laisser aller à l'illusion folle d'avoir retrouvé leur petite Mary...

Quand vint l'heure du coucher, Lurancy prit un air grave :

— Je suis heureuse de vous avoir retrouvés, dit-elle ; mais je ne resterai pas très longtemps avec vous. Au mois de mai, je devrai vous quitter à nouveau... C'est pourquoi, jusqu'à ce moment, il faut que tous les quatre nous nous aimions beaucoup et que nous soyons très heureux...

□

Les jours suivants, les Roff, de plus en plus troublés et de plus en plus disposés à croire qu'un miracle leur avait rendu leur enfant, posèrent mille questions à la fillette. Se souvenait-elle de tel détail ? De tel cousin ? De telle promenade ? De telle petite amie de classe ?

Lurancy répondait en donnant de stupéfiantes précisions. On lui montrait aussi des portraits qu'elle identifiait sans hésiter. Elle-même prenait l'initiative d'organiser des jeux de société que la famille avait oubliés. Pendant quelques semaines, on vit ainsi renaître des habitudes et ressusciter des gestes familiers. Au point que, peu à peu, les Roff se réhabituèrent à parler de Mary au présent...

Au mois d'avril ils étaient convaincus que l'esprit de leur fille animait le corps de Lurancy.

Puis vint le moi de mai. Depuis quelques jours, chacun feignait de vivre comme d'habitude... En fait, tout le monde, dans la maison de Dixville, ne pensait qu'à la séparation prochaine et les Roff se demandaient anxieusement comment les choses se passeraient.

Ce fut simple. Un matin, Lurancy-Mary, qui jouait dans le jardin, se précipita tout à coup vers sa « mère » et sa « sœur » et, les serrant très fort contre elle, leur annonça « que son temps était terminé ».

Toutes trois se mirent à sangloter. Soudain, la jeune fille tomba évanouie. Quand elle reprit connaissance quelques minutes plus tard, elle regarda longuement autour d'elle, fixa un instant Minerva, puis se tournant vers Mrs Roff, dit poliment :

— Où suis-je, madame ?

Elle était redevenue Lurancy Vennum...

RÉPONSES À L'INCRÉDULE

— *Cette extraordinaire histoire ressemble à un conte fantastique. Comment la connaît-on ?*

— Par les Roff qui racontèrent abondamment leur aventure. Le cas de Lurancy Vennum fut d'ailleurs étudié par des médecins, des psychiatres, des parapsychologues qui lui consacrèrent de nombreux ouvrages.

— *Qu'est-elle devenue par la suite ?*

— Elle rentra chez ses parents et — fait remarquable — n'eut plus jamais de crises de catalepsie. A dix-huit ans, elle épousa un fermier du Kansas, George Binning, auquel elle donna onze enfants. Elle mourut au début de la Seconde Guerre mondiale, à quatre-vingts ans passés. Interrogée fréquemment par des psychologues et des journalistes, elle déclara toujours qu'elle n'avait aucun souvenir de son extraordinaire aventure.

— *Peut-on émettre l'hypothèse d'une supercherie ?*

— Certainement pas. Lurancy ignorait tout de la vie de Mary Roff qui était morte avant sa naissance. De plus, elle relata souvent des faits dont seules Minerva ou Mrs Roff avaient été témoins.

— *Les Roff crurent-ils vraiment que l'esprit de leur fille habitait le corps de Lurancy ?*

— Ils l'affirmèrent en tout cas jusqu'à la fin de leurs jours, déclarant textuellement : « A partir du mois de mars, nous fûmes convaincus que notre fille était revenue chez nous et que c'était avec elle que nous parlions. Tout, d'ailleurs, nous le prouvait ! »

— *Quelle fut l'attitude des malheureux parents de Lurancy pendant le séjour de celle-ci chez les Roff ?*

— Les pauvres vécurent un véritable calvaire. A plusieurs reprises, ils se rendirent à Dixville, mais la fillette leur parla comme à des étrangers.

— *Connaît-on d'autres cas semblables ?*

— Oui. Georges Langelaan, qui s'est penché sur l'histoire de Lurancy et la relate brièvement dans ses *Faits maudits,* cite, par exemple, le cas du jeune John Juergens qui, pendant quelque temps, fut véritablement « possédé » par l'esprit d'un adolescent de ses amis, nommé Toby, mort à la suite d'un accident de chasse. Mais John Juergens était, si j'ose dire, « possédé par intermittence ». Tantôt il était Toby, tantôt il était John. Et, fait curieux, le chien des Juergens percevait le changement. Lorsqu'il sentait « l'arrivée » de Toby en John, son poil se hérissait et il ne se laissait plus toucher par l'adolescent qu'il considérait comme un étranger... [1]

Il existe un autre cas que l'on peut classer dans la même catégorie, bien qu'il soit un peu différent. C'est celui d'Iris Farczady. Iris était une jeune Hongroise, fille d'un ingénieur et d'une institutrice de Budapest. En 1935, alors qu'elle était âgée de quinze ans, elle tomba gravement malade à la suite d'un refroidissement qui dégénéra en pneumonie. On l'hospitalisa. Quelques jours plus tard, le 28 mai, elle mourait. Or, au moment précis où le médecin qui la veillait constatait le décès, les yeux de la jeune fille s'ouvrirent et son corps reprit vie. Le lendemain matin, son état s'était à ce point amélioré qu'elle commença à parler. Les infirmières constatèrent alors avec stupéfaction qu'elle s'exprimait dans une langue étrangère. Interrogée — en hongrois, bien entendu — Iris fit signe qu'elle ne comprenait pas ce qu'on lui disait. Comme elle avait prononcé à plusieurs reprises le mot « señora », on alla chercher un interprète natif de Madrid à qui elle expliqua avec volubilité, mais dans un espagnol parfait, qu'elle s'appelait Altarez de Salvio, qu'elle était la femme d'un employé communal de Madrid, qu'elle avait quarante ans et quatorze enfants (huit filles et six garçons). Elle ajouta qu'elle venait d'être hospitalisée pour un cancer de l'utérus et que le médecin ne lui avait pas caché que son état était très alarmant. « Or, tout à l'heure, dit-elle, je me suis sentie très fatiguée ; j'ai fermé les yeux et j'ai dû m'assoupir. Et voilà que je me réveille dans un autre lit, entourée de gens inconnus qui ne parlent pas ma langue. Expliquez-moi ce qui se passe ! »

Personne, naturellement, ne put lui fournir d'explication.

Par la suite, complètement guérie, Iris retourna chez ses parents et dut apprendre le hongrois qu'elle parla désormais avec un fort accent

1. Voir *Nouvelles Histoires magiques :* « La fabuleuse aventure de Rose-Mary Adrian ».

espagnol. Elle n'avait aucun souvenir de sa vie en Hongrie ; en revanche, elle ne tarissait pas sur ses enfants, dont elle donna les prénoms, sur son mari, Manuel, dont elle expliqua les fonctions qu'il occupait à la mairie, et sur Madrid, dont elle décrivit les rues et les monuments. En outre, elle se mit à confectionner de succulentes paellas et à jouer de la guitare...

Finalement, l'ambassadeur d'Espagne fut informé de ce qui se passait chez les Farczady. Intrigué par les déclarations de la jeune fille, il fit faire une enquête à Madrid et apprit bientôt que la señora Altarez de Salvio, femme d'un employé communal et mère de quatorze enfants, était morte à l'hôpital d'un cancer à l'utérus le 28 mai, à cinq heures du matin, c'est-à-dire, en tenant compte du décalage horaire, à l'heure même où Iris s'était éteinte dans la clinique de Budapest. Par ailleurs, tous les détails que la jeune fille avait donnés sur la vie et sur la famille de la señora furent reconnus exacts...

— *Comment connaît-on cette histoire ?*

— Par un médecin anglais, le docteur Arnall Bloxham, de Cardiff, qui se pencha personnellement sur le cas d'Iris Farczady et publia à son sujet de nombreux articles dans des revues scientifiques britanniques et américaines.

— *Et, bien entendu, il n'existe, de ces phénomènes, aucune explication ?*

— Aucune. Mais je vous citerai une réflexion d'un psychiatre américain, Warren Butler, auteur d'un livre sur les « changements de personnalité » : « Il semble qu'à certains moments, notre corps, dont on ne connaît rien des liens subtils qui l'unissent à notre esprit, puisse être « possédé » par de mystérieuses entités dotées de mémoire et capables de le faire s'exprimer dans des langues non apprises, ou de le pousser à agir de façon paradoxale. Après quoi, ces entités disparaissent comme elles sont venues. Mais d'où viennent-elles ? Où vont-elles ? Pourquoi « occupent »-elles certains corps ? Comment ces corps sont-ils choisis par elles ? Autant de questions sans réponse... » Comme disait Maurice Maeterlinck : « Quand saurons-nous enfin qui nous sommes ? »

SOURCES

Thomas FORSTER : *The Extraordinary Adventure of Lurancy Vennum.* New York.
Georges LANGELAAN : *Les Faits maudits.*

La momie de Bussy-Rabutin

LOUIS PAUWELS

« IL NE FAUT JAMAIS FAIRE DE LA DENTELLE AVEC UN LINCEUL », pourrait être l'autre titre de cette histoire. Attendez un peu, vous allez comprendre…

Nous sommes sur les bords d'un fleuve qui serpente à travers un paysage aride. Un fleuve, si l'on peut dire ! En ce début du mois de juin, le Segre, qui arrose la Catalogne, ne charrie déjà plus qu'un peu d'eau jaune et boueuse… Tout est jaune d'ailleurs dans cette austère province : le ciel brûlé de l'aube, l'herbe desséchée, la colline, les remparts et les hauts murs de Lérida, aujourd'hui ville assiégée. Une fois de plus. Car, à travers cette ville martyre, c'est un fleuve de sang qui ne cesse de couler depuis des siècles. Depuis que Pompée la livre à César et que Maures et chrétiens s'y entr'égorgent sans compter les Français qui ne passent jamais la marche d'Espagne sans l'investir…

Une fois de plus elle a été prise et pillée. Et ces Français que le peuple de Lérida a combattus farouchement et finalement chassés, les voilà qui reviennent à l'assaut, innombrables. Et qui conduit les assiégeants dont les tentes et les feux de bivouac s'étagent sur tout l'horizon ? Le Grand Condé lui-même, le plus grand chef de guerre de son siècle, celui-là même qui mit fin, à la bataille de Rocroi, à des siècles d'invincibilité de l'infanterie espagnole…

Sa victoire est là aussi, assurée. Lérida, cernée, manque d'eau, de pain, de poudre et de balles. Alors, à l'intérieur des murs, on s'apprête pour l'assaut final et les hommes, mais aussi les femmes, essayent de ne pas penser aux horreurs qui vont leur tomber.

Certes, entre chefs d'armée, on se fait force révérences, politesses et ronds de jambes. Mais ces magnifiques courtoisies ne changent rien au sort du pauvre peuple et de la piétaille. Pour eux, « la guerre en dentelles » s'accompagne de mitraille, de boue, de faim. De massacres toujours et de viols.

Devant Lérida l'ouvrage le plus exposé au feu catalan, c'est la tranchée du Prince. A cause même des dangers qu'on y encourt c'est un suprême honneur que de la commander. C'est à Roger de Bussy, comte de Rabutin, que cet honneur est échu. Pour sa fantastique bravoure et aussi parce qu'il est bien en cour.

Le 2 juin au matin, il est de garde dans cette chausse-trape, exposée au feu des assiégés, et surtout à leurs tentatives de sortie, encore fréquentes et meurtrières. Le jour se lève à peine, qu'un émissaire du chevalier de La Vallière se présente devant la casemate de Bussy-Rabutin. Il est porteur d'une bien plaisante dépêche : pour rompre la monotonie du siège, La Vallière organise pour le jour même un déjeuner auquel sont également conviés Barbantane, lieutenant de la garde de Condé et Jumeaux son « maréchal de bataille », titre qui sonnait autrement bien qu' « officier d'état-major » qu'il est devenu par la suite.

A l'heure dite, Bussy-Rabutin tout joyeux, se met en grande toilette, avec rubans, dentelles et chapeau à plumes, puis, au trot de son cheval, suivi de tous ses valets de pied, file vers le quartier général, installé à l'abri des couleuvrines, dans les ruines d'une vieille église. Quand il paraît, fringant, superbe, fusent des cris d'allégresse. Les plumets tourbillonnent et on s'embrasse, longuement, comme c'est la mode. Bientôt, sans qu'il soit besoin d'interroger, notre cavalier sait tout et davantage des cocuages et des polissonneries de Chantilly, de Paris et de Saint-Germain...

Potiner donne soif, et la jeunesse et toutes ces rumeurs galantes, grand-faim. Surprise ! Derrière un bosquet une large table est dressée... Elle croule sous les bouteilles et les provisions de bouche, tout ce que les gardes d'Enghien ont pu rafler à vingt lieues à la ronde. Les vins surtout abondent. Clairettes mousseuses du Midi, mais aussi bourgognes profonds et pour ne pas dépayser, crus d'Alicante, de Chypre et marsalas. Sur des dessertes, à l'abri du soleil, s'empilent couques, gaufrettes et blancs-mangers.

Mais qu'elle est soudain cette musique à ravir, qui nous vient des buissons ? Ah ! la délicate attention ! Monsieur le Prince, chef de nos armées, a dépêché ses violons...

— Ohé !... Par ma fiquette ! On allait se griser sans moi les amis ! C'est un cinquième brave compagnon, La Bretèche, sous-lieutenant de la garde de Monsieur le Prince. Franc bâfreur, bretteur et godailleur, toujours le premier à faire carousse et à trousser, bref, le plus effronté des libertins. A rendre jaloux Bussy soi-même !

Sous les ombrages, quelle perfection ! D'un trait, on sèche les flacons, on s'en donne, on se gorge et quand la fringale retombe, le vin, le soleil et les chansons, ont tôt fait de la réveiller. Tout est parfait en cette belle journée, tout, sauf... sauf l'amour, Messieurs !

— Bernique ! mais que ça manque de femmes ! lance soudain La Bretèche...

Monsieur le Prince ferait tout pour obliger ses officiers. Mais comment trouver ce gibier-là, à l'heure ? Il ne reste même plus une fillette à violer dans toute la province. Les dernières d'ailleurs, il a d'abord fallu leur faire sauter le poignard de la main... Barbantane s'est levé de table. Il vacille un peu et crie sa faim de chair fraîche vers le ciel. « Par Saint-Foutu ! Dieu ou diable, fais-nous pleuvoir des filles. »

Barbentane, c'est vraiment un gai luron ! Le voici qui court répéter sa prière à l'intérieur de l'église... Tous ces hardis compagnons s'esclaffent quand ils l'entendent brailler : « Hélas ! notre Père, si vous avez aussi une fille, par ici !... on est preneurs ! »

Nos fiers gentilshommes reprennent l'invocation en chœur, et la fièvre amoureuse monte d'un cran...

« Saprelotte ! crie soudain Barbentane du fond de l'église. Messieurs ! Et une jolie femme, une ! Mais Dieu ! qu'elle est mignonne ! »

Nos dîneurs se précipitent, le chapeau à la main, pour violer en toute urbanité. Ils restent figés d'horreur.

D'un grand coup de talon, Barbentane a défoncé un cercueil, abandonné, depuis combien de temps ? dans le dépositoire, le « pourrissoir » comme on dit en Catalogne. Par les planches du couvercle disjoint, on aperçoit une femme, en effet. Ou plutôt ce qui reste d'une femme. Un visage jaunâtre de cuir bouilli, les orbites béantes, le rictus des dents privées de lèvres.

Barbentane, complètement gris, finit de défoncer le couvercle. Le cadavre apparaît en entier. Il est vêtu de velours noir, pailleté d'or, un collier de Tolède brille à son cou décharné, des bagues à ses mains jointes, pareilles à des serres d'oiseau... Quelque noble dame, sans doute que l'on embauma, et que la sécheresse extrême de l'air a momifiée.

— Messieurs ! Messieurs ! implore Rabutin que l'épouvante a d'un coup dessaoulé. Ne profanez pas cette...

La Vallière, que ces agapes n'avaient pourtant pas trop égaré jusqu'ici, est maintenant le plus fou :

— Crénom ! lance-t-il. Voilà notre Bussy qui a la trouille. Et la trouille de quoi ? D'une charogne !...

Ulcéré, Bussy-Rabutin se redresse, prêt au duel.

— Peur, moi ? foi de gentilhomme ! Je ne crains ni les vivants ni les morts !

Tout à sa besogne sacrilège, Barbentane tire maintenant la momie hors du cercueil. Il remet en place une pauvre touffe de cheveux, rajuste un corsage crevassé, lui fait mille grâces. Enfin, il l'enserre dans ses bras amoureux, pose la tête de la morte sur son épaule. Les bras pendouillent, le corps s'arque en grinçant. Tendre abandon...

Ces messieurs s'esclaffent et disent :

— Pas toi tout seul ! passe-la-nous aussi...

— Mais il faut la distraire, messieurs ! Voyez à sa mine comme elle s'ennuie, la jolie !...

Alors on envoie quérir les violons. Ils arrivent. Les voici. Jumeaux leur ordonne de jouer une courante à la mode. Ils obéissent. Et voilà donc Barbentane, Jumeaux et La Vallière qui font cascader gaiement la dépouille, dont les membres raidis résistent, dont la tête dodeline. Tous ces braves rient à ventre déboutonné. Ah ! Messieurs ! Messieurs ! Ce qu'on s'amuse !...

Les meilleurs choses ont une fin. Comme ils sont bons garçons ils finissent par ranger la morte dans sa bière, comme une poupée de son qui n'amuse plus.

Que se passa-t-il ensuite ? Ils sont tous tellement ivres et hors du monde, que les souvenirs deviennent flous et que Bussy, les relatant dans ses Mémoires, hésite, reste vague...

Ils reviennent à table. Déjà le soleil décline sur l'horizon brouillé de chaleur. Un officier supérieur, le marquis de La Trousse, vient chercher La Vallière pour une question de service. Les deux hommes font quelques pas. La Vallière s'écroule, la tête fracassée par un coup de mousquet.

Personne n'a entendu la détonation. Personne n'a vu le tireur. Ce fut là, d'ailleurs, l'unique coup de feu de la journée.

Quelques jours plus tard, Barbentane, Jumeaux et La Bretèche meurent asphyxiés par des convulsions et une fièvre mystérieuse. Bussy lui-même est atteint. Il en réchappe de justesse. C'est alors une épidémie foudroyante qui s'abat sur le camp français. Les rangs de l'armée s'éclaircissent avec une terrifiante rapidité. Épouvantés, ceux qui restent valides, désertent, se ruent dans la montagne où les Espagnols les massacrent jusqu'au dernier.

Derrière ses remparts ocres, Lérida, cette fois, restait imprenable. Sauvée par une morte profanée.

La guerre en dentelles ? Elle a existé réellement. Aussi hideuse que toutes les autres. Et la fin de cette terrible histoire est encore plus cruelle. Voici ce que Michelet en dit : « Désespéré, Condé fut obligé de s'en aller. Et, pour se soulager le cœur, il égorgea toute une petite ville qu'il prit sur son passage. »

RÉPONSES A L'INCRÉDULE

— *Votre histoire c'est un conte, une allégorie… Il ne faut pas remuer la cendre des morts…*

— Elle est au contraire authentique. C'est Roger de Rabutin, comte de Bussy, plus connu sous le nom de Bussy-Rabutin, qui la raconte dans ses *Mémoires.* Excellent général, meilleur écrivain encore, le cousin de Mme Sévigné, dont il était très épris, avait eu une jeunesse des plus tumultueuses. Homme d'esprit et de cour, il avait participé activement à la Fronde et, disgracié par Louis XIV, écrit des chansons et des épigrammes sur les amours du jeune Roi-Soleil qui lui valurent un an de Bastille et l'exil définitif dans ses terres. Mais cette histoire se passe quelque vingt ans auparavant, à l'orée du règne, quand le duc d'Enghien, appelé le « Grand Condé » écarte définitivement la menace espagnole sur la France, en reprenant Dunkerque.

— *Et la ville de Lérida n'a pas été prise à cause de cette « courante sacrilège ? »*

— Peut-être. Cette antique et noble cité — son université rayonne depuis l'an 1300 — savait certes se défendre. Depuis 49 av. J.-C. elle est le verrou qui barre l'accès vers le cœur de l'Espagne. Après la reddition qu'elle doit offrir à César, ce sont les Maures qui l'assiègent pendant quatre siècles, la conquièrent et la reperdent face aux chrétiens. Si elle résiste victorieusement au Grand Condé, elle succombe quelques années plus tard devant le duc d'Orléans, le futur Régent, dont les qualités d'hommes de guerre sont moins connues que le relâchement des mœurs. Suchet la met au pillage en 1810 et en 1836, franquistes et républicains la ruinent une nouvelle fois de fond en comble… Ceci dit, des fléaux plus naturels que la malédiction de la momie ont pu venir à la rescousse des bons bourgeois de Lérida. La peste peut-être, ou une autre épidémie galopante. Ce qui me trouble, c'est que la peste, qui depuis le milieu du XIIIe siècle, — où elle tue vingt-cinq millions de personnes en Europe, — est endémique sur le continent, n'est pas signalée dans ces parages à l'époque où se situe cette histoire…

— *Alors le choléra ?*

— On ne peut pas déterminer la nature exacte de ces terribles pandémies qui au fil des siècles et jusqu'au XIXe siècle proviennent pour la plupart des Indes. Elles recouvrent sûrement des maladies très diverses. Je pense surtout que les assiégés avec l'expérience unique de leur état, ont su rompre l'étau, en alliant toutes les ficelles de l'art défensif, aux ressources du surnaturel.

— *Comment cela ?*

— Disons tout d'abord que de part et d'autre des murailles, le sort des combattants était aussi peu enviable. Ceux qui campaient au-dehors, dans leurs tranchées et leurs abris de toile, étaient même plus rudoyés que ceux de l'intérieur. Outre les intempéries et le soleil, il y a la chaleur, la lune aussi. On sait qu'il est dangereux de dormir dehors la nuit. Les heures nocturnes semblent en effet accentuer l'effet nocif de certains rayonnements cosmiques. Un médecin américain de l'armée Patton a pu vérifier à la fin de la dernière guerre que de dormir à la belle étoile, pouvait constituer un grave danger. Sur vingt-trois blessés qu'il avait dû laisser sans abri dans les faubourgs de Pfortzheim, plus de la moitié moururent, alors que ceux, plus grièvement atteints, mais qui avaient bénéficié de la simple protection d'un drap, survécurent à 95 p. cent. A l'époque qui nous intéresse, les troupes de mercenaires, notamment, dormaient à la belle étoile, en campagne du moins.

— *Les joyeux danseurs nécrophiles ne sont pas morts de rayonnements cosmiques...*

— Non, mais dans la troupe, le taux des blessés ayant succombé de ce fait, a pu être un premier élément de démoralisation...

— *Cet élément n'est pas propre à Lérida...*

— Non. La maladie épidémique a sans doute été déterminante. Tout commence par la mort de La Vallière, vraisemblablement tué par un de ces francs-tireurs, qui se lèvent en Espagne dès que le pays risque de tomber sous le joug étranger. En 1808, ils décimeront les armées napoléoniennes. La Vallière, proche du commandement en chef, n'a-t-il pas été enterré suffisamment vite, par les chaleurs du mois de juin ? Semant ainsi la contagion dans l'armée ? Plus sûrement, les assiégés ont pu déclencher à partir de cette opération de guérilla réussie, une offensive soutenue par... les armes bactériologiques de l'époque, charognes d'animaux abandonnées près des lieux de ravitaillement, fontaines, rivières et puits empoisonnés. Comme faisait Catalina Fiosela, cinquante ans auparavant. Cette Catalane — pur hasard — s'était répandue en Provence, Franche-Comté et Flandre, empoisonnant gens et bêtes à la commande. Elle fut brûlée vive avec trois de ses compagnons, à Bordeaux, le 1er mars 1610. On connaissait fort bien à l'époque la fabrication et le maniement de poisons redoutables, que des bandes d' « engraisseurs » recueillaient dans les hospices, en prélevant... la graisse des pestiférés vivants ou morts ! Il existe dès le XVe siècle de véritables confréries d'empoisonneurs, qui échangent leurs incantations magiques, leurs recettes et leurs antidotes au nez et à la barbe de la prévôté. Jean Le François, à l'époque du siège de Lérida, est arrêté, porteur de fioles, de belladone, de camphre, d'antimoine et de baume du Pérou. Torturé, il avoue que ses confrères et consœurs répandent la peste en enduisant les murs, les portes et les serrures d'une pommade empoisonnée. Au mois d'août 1628, les voleurs de Lyon réussissent à l'intérieur de leur ville l'opération que les assiégés de Lérida ont vraisemblablement lancée contre les Français. Ils « engraissent » les portes des habitants et comme la peste est déjà déclarée, ceux-ci s'enfuient, abandonnant leurs maisons au pillage…

— *Difficile donc de soutenir que la momie est directement à l'origine des malheurs des Français…*

— Elle a pu donner la pichenette initiale qui a déclenché le désastre. Si toutefois, vous croyez… au mauvais œil !

— *Ses orbites étaient vides !*

— … Rien à voir ! Il est probable qu'une fois dégrisés, les jeunes officiers ont regretté leur conduite inqualifiable. Dans ses *Mémoires* Bussy écrit : « Cela me fit horreur et je leur témoignai tant de fois de trouver ce plaisir-là ridicule, qu'enfin ils remirent le cadavre dans son cercueil. »

Bussy veut peut-être se donner le beau rôle, car c'était loin d'être un tendre, mais il semble suggérer que la fin de La Vallière a pu apparaître à ses compagnons comme l'effet du doigt divin foudroyant l'impie. Ou comme ils ne croyaient ni en Dieu ni dans le diable, comme un effet de la justice immanente, tombée de l'empire des morts. N'oublions pas que le XVIIe est un siècle totalement livré aux superstitions, à la croyance aux sorts, aux *jettatura,* comme disent les Napolitains. Le mauvais œil, comme les charmes et les maléfices des morts, frappe en premier lieu les malades, les blessés, les esprits faibles ou fragiles. Comme l'étaient sans doute ceux de nos joyeux drilles, tourmentés par la peur et le remords. Et quel effet a le mauvais œil, sur ceux qui en sont victimes ? Pour ceux qui y croient, il suscite le « vieil homme », c'est-à-dire… des convulsions et des fièvres presque toujours mortelles !

SOURCES

Roger de BUSSY-RABUTIN, *Mémoires.*
Roland VILLENEUVE, *L'Univers diabolique,* Albin Michel.
Corps à Prodiges, Tchou.

La nonne et le fantôme de Toulouse-Lautrec

LOUIS PAUWELS

AU BOUT DU DÉFILÉ PROFOND ET TORTUEUX, UNE DERNIÈRE montée encore plus raide et voici que du plateau aride surgit une fantastique concentration de tours et de murailles... Nous sommes à Boussagues, en pays cévenol, terre ancienne de passage et de combats, où Jules César déjà faisait creuser chaque roche d'un « vigilaire » où s'embusquaient ses centurions. Sur la lande, alentour, quelques châtaigneraies rompent la rudesse du site où courent encore les ombres des camisards, martyrisés par le Roi-Soleil. Mais là où d'entre les tours du nid d'aigle, un donjon dépasse, recouvert d'ardoises grossières, un charmant manoir fut élevé sous la Renaissance. On l'appelle depuis toujours « la maison du Bailly ». Après bien des vicissitudes, il devint la propriété, sous Napoléon, du baron de Senegra, Grand Maître de Hollande. Ce haut personnage était le mécène et l'ami de beaucoup de grands peintres de l'époque, d'Ingres, notamment. A la fin du siècle dernier le manoir fut acquis par un riche aristocrate descendant des comtes de Toulouse, peintre lui aussi, et parmi les plus grands : Henry de Toulouse-Lautrec-Monfa, « père » de la goulue et d'Yvette Guilbert.

Comme on le sait cet artiste de génie était aussi un viveur désespéré. Sa brève existence se passa à rôtir le balai dans les lieux de plaisir parisiens qu'il fouillait avec un trait aussi cruel que le fut son destin. Parfois il s'échappait vers Londres, Bruxelles ou Madrid à l'affût de nouveaux divertissements qu'il fixait sur son calepin avec une intensité de vie incroyable, la sienne. Car, en dépit de son infirmité, séquelle de deux chutes qu'il fit étant petit, ce nain est un géant du crayon interlope, le plus grand de son siècle, et de loin.

Accaparé par son art et ses passions, c'est à peine si le comte se souvient de sa terre de Boussagues dont il a confié dès l'origine la gestion à sa mère, née Tapie de Celeyran. Celle-ci a mis la propriété à la disposition des sœurs de la Sainte-Famille, ordre rigoureux dont les religieuses se vouent à des tâches d'éducation. Vers la fin du siècle, deux de ses représentantes s'installent au manoir. Elles sont notamment chargées du jardin d'enfants, du catéchisme et du « chœur des grandes adolescentes ». C'est l'abbé Blanc qui dessert la paroisse à l'époque. Il revient des Indes où il a été missionnaire et connaît huit ou neuf langues dont le grec, le sanscrit et le tamoul. Pour rien au monde ce prêtre d'exception ne voudrait quitter Boussagues dont le site étrange et désolé favorise ses méditations.

Pour autant cet érudit n'administre pas sa paroisse en contemplatif : après avoir entendu ses édifiantes formules traduites dans le texte de la Bible des Hébreux, ses ouailles le voient grimper à l'échelle et pousser les tuiles de la tour, de toute la force de son long corps d'ascète, puis corriger avec une angélique patience les devoirs des petits écoliers pauvres de ce désert... Pourtant sa bienveillance ne va pas jusqu'à faire preuve de complaisance quand on lui rapporte que des jeunes gens sont allés visiter les châtaigneraies en compagnie... En fait, ce bon prêtre est un homme de grand caractère qui sait ce qu'il veut, d'autant que c'est peu de chose : demeurer avant tout dans cette retraite tant qu'il pourra assumer les charges de son ministère et s'y dévouer loin des tumultes de la ville.

Mgr de Cabrières, le cardinal de Montpellier, en sait quelque chose : quand il veut nommer pour la troisième fois le curé Blanc à un poste plus important, il lui dépêche un successeur qui reçoit l'ordre de décharger ses meubles devant le presbytère et de n'en plus bouger. Le curé le reçoit avec flegme et cordialité, mais après lui avoir fait les honneurs de sa cure il le prie de prendre congé sans tarder ! Une fois de plus Mgr de Cabrières doit céder...

Quelles sont à présent les relations entre le curé et les deux religieuses qui habitent une aile de la demeure ? L'une d'elles, sœur Delphine, est un caractère aussi. Bien nécessaire, là-haut, sans doute, où les hivers sont terribles et la vie, entre les pierres de l'enceinte séculaire, le plus souvent mélancolique. Sa compagne, sœur Saint-Jean, de santé plus fragile, meurt dès 1890 dans la grande salle du Nord au deuxième étage du manoir... Entre le curé Blanc et la sœur il arrive donc que l'atmosphère se tende... Quand la nonne a garni le maître-autel de trop de cierges au gré de son vicaire, qui voudrait consacrer davantage aux démarches de charité, ou quand le savant prêtre s'irrite de la voir limiter ses frais de culture au *Pèlerin* ou aux seuls ouvrages de piété. Ou encore, quand elle lui fait part, timidement, de bien étranges visions qui lui adviennent parfois, la nuit...

Voici, planté pour l'essentiel, le décor d'une thébaïde si sereine qu'à côté, un couvent du mont Athos eût pu paraître dissipé...

Si sereine ? Sans doute. N'eût été l'inquiétude que la sœur manifestait à propos de tout ce qui touchait aux trépassés et à l'existence d'un au-delà. De son vivant la sœur Saint-Jean partageait ce genre de préoccupations et toutes deux parlaient souvent des chances de la survie. Celle qui mourrait la première s'était même engagée à donner un signe à l'autre lorsqu'elle aurait définitivement gagné son paradis. C'est deux ans après la mort de la sœur Saint-Jean que ce signal parvint à la survivante. Alors qu'un soir de novembre, ses dévotions faites, sœur Delphine allait prendre son infusion vespérale, elle entendit grincer une porte du donjon et aussitôt un formidable coup de vent s'y engouffrer. Il lui sembla que la tour venait de se changer en un gigantesque tuyau d'orgue rugissant toutes les affres du purgatoire... Mais, couvrant le vacarme, elle entendit bientôt distinctement sœur Saint-Jean l'appeler d'une voix tendre et plaintive.

Ravie et terrifiée, la nonne vit dans cette manifestation une preuve tangible de l'immortalité de l'âme et se fit un devoir d'en informer certains habitants de Boussagues. Elle avait dans le pays une telle réputation de bonté, de finesse et de bon sens que tous la crurent sur parole. Le curé l'apprit à son tour et se fâcha, lui, la première fois pour de bon. Il reprocha à la sœur d'exciter ses paroissiens à la superstition, et la menaça d'un exorcisme. Cela ne troubla guère la religieuse qui rétorqua que sa bonne foi et sa conscience répondaient de ses dires.

Quelques mois plus tard une autre rumeur se répand dans la ville : sœur Delphine n'entend pas seulement des voix, elle a des visions aussi, qui lui tombent généralement quand elle dit son chapelet, agenouillée sur son prie-Dieu. Et que voit-elle ? La Vierge Marie vêtue d'azur et d'or ou l'Enfant Jésus, étreignant des lis ? Pas du tout. C'est une sorte d'enfant de chœur qui lui apparaît à chaque fois, mais d'une apparence si bizarre qu'on ne risque pas d'en rencontrer jamais un pareil dans Boussagues... Il porte certes la petite calotte et par-dessus ses habits de ville un surplis blanc avec une ceinture d'étoffe rouge. S'il a bien la taille d'un enfant aussi, il arbore par contre des besicles et... un collier de barbe très fourni et du plus beau noir ! A voix basse on ajoute que le singulier servant de messe est affligé d'un tic qui lui fait passer continuellement la langue sur ses lèvres violacées, comme s'il mourait de soif...

C'est dans une pièce, qu'on appelle le « bureau », que le fantôme officie, selon un rite immuable. Quand la bonne sœur entend des frôlements et des soupirs, elle ouvre la porte de cette chambre, voisine de la sienne, et braque une lampe à pétrole munie d'un réflecteur : le spectre est généralement déjà juché sur une chaise en train de régler avec soin la pendule comtoise. Sœur Delphine le voit ensuite descendre avec difficulté et s'approcher d'elle. Elle s'efface et le laisse entrer dans sa chambre. Il marche en claudiquant jusqu'à la fenêtre où il s'immobilise. La sœur prie à haute voix et il arrive que l'apparition récite avec elle un ou deux Ave avant de disparaître brusquement, en poussant à chaque fois un cri suraigu...

Le curé Blanc est bien sûr au courant aussi. Il exhorte, il tempête, mais se refuse à faire de lui-même la preuve du phénomène. C'est bien pis quand quelque temps plus tard, la sœur s'avise d'écrire à un proche parent du peintre, pour l'avertir « qu'il se passe des choses bien étranges au château » et de lui décrire en détail le fantôme et jusqu'à « la chemise bien empesée et qui bombait sous sa relevée de poitrine »...

Nous sommes en 1914 et bientôt d'autres histoires, sentant bien plus la poudre que le soufre, vont nourrir la chronique à Boussagues. C'est curieusement à cette époque aussi que se situe la dernière intrusion nocturne du petit homme aux jambes torses, apparition marquée d'un coup de théâtre extraordinaire. Cette nuit-là, il paraissait plus altéré que jamais et en proie à une agitation inhabituelle aussi. La sœur le vit grimper sur sa chaise et tenter de se grandir sur ses jambes atrophiées. Un rictus douloureux lui barrait la face tandis qu'il réclamait véhémentement... une absinthe ! La chère nonne avait maintenant l'habitude de cette présence qui ne la dérangeait guère plus que le vol d'un papillon nocturne autour de sa lampe. A cette demande inusitée elle ne put répondre que par des excuses... Soudain le fantôme se mit dans une colère folle, sauta de la chaise et se rua sur la comtoise. Il brisa tout d'abord le verre qui protégeait le cadran puis arracha avec une force surnaturelle tout le mouvement du pendule qui passa, y compris les lourds poids de fonte, par la niche supérieure du meuble ! Entouré cette fois d'un halo bleuté, il s'acharna sur le balancier qu'il avait jeté par terre après avoir cassé les câbles qui retenaient les poids.

L'ultime vision de sœur Delphine fit encore plus de bruit au-dehors que dans sa chambrette et relégua même un temps au second plan les rumeurs de guerre. Tant et si bien que les propriétaires du manoir demandèrent au curé Blanc une enquête poussée sur ces singuliers événements. Le bon prêtre en fut très affecté. Mais à quel point son doute initial avait fait place à de la perplexité se lit dans la lettre qu'il envoya à la mère du peintre décédé. Parlant des voix et des visions répétées de la nonne, il conclut en disant : « Cela et bien d'autres choses qui arrivèrent après ne montraient pas l'intervention des anges et des saints... »

RÉPONSES A L'INCRÉDULE

— *Je savais que « Monsieur Toulouse » aimait à se déguiser en clown et jusque dans le salon de Mme Natanson... J'ignorais qu'il se produisait aussi en fantôme, costumé en enfant de chœur... Si c'est du moins de lui qu'il s'agit !*

— Oui, ces faits sont peu connus. Ils ont été révélés bien après la mort du peintre, par sa petite cousine, la comtesse Atems née Tapie de Celeyran. Il s'agit là d'un cas de hantise exceptionnellement complet et convaincant...

— *Pourquoi ?*

— Convaincant à cause de la qualité des témoins et des protagonistes de l'histoire. Quel intérêt pour la sœur Delphine, morte en 1919, presque en odeur de sainteté d'inventer une histoire pareille ?

— *Prouver la survie, justement...*

— C'est assez invraisemblable. Par son apparence loufoque et son comportement pour le moins inquiétant sur la fin, le fantôme donnait une image vraiment peu édifiante d'un au-delà à la réalité duquel la sœur aurait voulu intéresser les consciences...

— *Il n'existe vraisemblablement aucune photo du fantôme. Comment sait-on que c'est celui du célèbre peintre de la vie parisienne ?*

— C'est le plus troublant de l'histoire : la sœur Delphine a toujours affirmé qu'à chacune de ses apparitions le fantôme était déguisé en enfant de chœur. Elle en a fait une description très détaillée à l'abbé Blanc qui a dû convenir que l'apparition ressemblait d'une manière frappante au fils des propriétaires du manoir, Henry de Toulouse-Lautrec-Monfa.

— *Tout simplement parce qu'elle avait vu le peintre lors d'une de ses visites au château...*

— On sait avec certitude que la sœur n'a jamais rencontré Henry de Toulouse-Lautrec. On sait aussi qu'elle ignorait jusqu'à son existence : les Toulouse-Lautrec, de vieille et haute noblesse, vivaient dans le Bordelais, et cachaient à tout le monde la vie de bohème qu'Henry menait à Montmartre. Le comte Alphonse de Toulouse-Lautrec avait d'ailleurs complètement rompu avec son fils.

— *Comment pouvait-elle alors le décrire et pourquoi déguisé en enfant de chœur ?*

— Tout simplement parce qu'elle voyait le fantôme du peintre et déguisé de cette manière.

— *Pourquoi en enfant de chœur ?*

— Parce que c'était un des déguisements préférés de l'artiste que ses contemporains ont pu voir à plusieurs reprises ainsi costumé, lors de fêtes religieuses ou profanes. La description de la chemise blanche empesée est également conforme aux habitudes de l'artiste qui était très coquet.

— *Mais pourquoi le fantôme s'amusait-il à régler les pendules ?*

— Ce comportement est très troublant aussi et correspond à un trait réel de la personnalité du peintre. A la fin de sa vie surtout, Toulouse-Lautrec, qui est mort à trente-sept ans, oubliait tous ses rendez-vous... Il en était très désolé et passait son temps à demander l'heure et à remonter ses montres. Cet insomniaque souffrait beaucoup de sa solitude aussi et confiait à ses propres amis qu'il s'ennuyait dans la vie et que tuer le temps était pour lui une obsession. Il y a un rapport évident entre ce trait de caractère et la destruction finale de la pendule..

— *Et l'absinthe ?*

— Toulouse-Lautrec est sans doute mort alcoolique, encore qu'on n'en soit pas sûr. Mais la demande qu'il fait à la sœur est conforme à la réalité, sa colère aussi, ainsi que le rictus du buveur. Quand Victor, le garçon de l'Apollo-Bar, ne lui portait pas assez vite sa liqueur verte, il faisait des scandales terribles...

— *Tout cela n'explique pas pourquoi il se manifestait dans un endroit où il n'était jamais venu...*

— Il n'est pas certain qu'il n'y soit jamais venu. Toulouse-Lautrec est né en 1864 et les sœurs ne s'installèrent au château que vers 1888. Il connaissait en tout cas la tour et ses occupants puisqu'il écrivait à sa mère : « Je peux bien m'amuser et tout me permettre puisque maman entretient dans notre vieille tour de Boussagues des nonnes dont la principale fonction est de prier pour le salut de mon âme et qui montent et descendent dans leur donjon comme grenouilles dans un bocal !... »

— *Quelle est alors l'explication ?*

— Comme dans tous les cas de hantise, trois explications sont possibles. Ou bien la sœur, qui était certainement un médium, avait donné naissance au fantôme et agissait inconsciemment sur lui en lui dictant un comportement qu'elle lui connaissait de son vivant. Mais dans le cas présent l'explication par une « hantise hallucinatoire » est à exclure. Restent deux autres explications : soit que la sœur ait joué le rôle d'un intermédiaire, de catalyseur d'une force extérieure, l'esprit de Toulouse-Lautrec, ou encore qu'elle ait pu recueillir une imprégnation dont les murs de la tour étaient chargés. C'est le cas typique du fantôme que Chateaubriand a pu voir dans son adolescence, et dont l'image imbibait depuis des siècles les murs du château de Combourg...

— *C'est à croire que ces murs-là étaient en éponge...*

— Votre formule est excellente ! Nombre d'auteurs qui ont étudié la question pensent que les murs ne sont inertes qu'en apparence. Qu'ils s'imprègnent en se gorgeant de toutes les joies, souffrances, cris de haine, d'agonie ou d'amour dont ils sont les témoins. Qu'ils sont aussi capables de les restituer sous la forme de radiations à partir desquelles certaines personnes peuvent reconstituer, « réincorporer » les souvenirs qu'ils ont accumulés. Pour Roger de Lafforest, tout ce qui se déroule ainsi entre quatre murs crée une atmosphère composée d'innombrables microvibrations qui « criblent le décor inerte de l'existence quotidienne, y laissant des cicatrices d'autant plus profondes que l'impact a été plus violent et plus répété »...

— *Ce n'est pas le cas dans votre histoire, car le peintre n'était pas un familier des lieux.*

— Non. Mais la vitalité de Toulouse-Lautrec, son « vouloir-vivre », qui étaient prodigieux (dans sa brève vie il a accumulé une quantité de dessins et de peintures invraisemblable) ont pu laisser leur trace dans les lieux sans qu'il y soit revenu souvent. A cause de son infirmité, Toulouse-Lautrec éprouvait des frustrations terribles que les audaces et l'agressivité de sa peinture traduisent bien. D'une de ses maîtresses, Marie, il dit : « Je l'ai haïe comme jamais depuis le premier instant, mais je ne puis me passer d'elle. » Rien de surprenant alors qu'un tel tempérament ait pu laisser dans Boussagues des rémanences que la situation particulière du château contribuait d'ailleurs à fixer...

— *Comment cela ?*

— On sait depuis longtemps que la situation de certaines maisons favorise les phénomènes paranormaux. Comme il y a des maisons à cancer (certaines forces telluriques, sources souterraines au puits semblent produire des ondes nocives pour les cellules) il y a des demeures hantées ou maléfiques parce qu'elles sont implantées par exemple sur des failles de l'écorce terrestre. C'est le cas à Boussagues qui est construit sur une série d'effondrements d'origine volcanique, et avec des matériaux anciens, notamment des pierres des fortifications du passé. Celles-ci ont pu transmettre comme le feraient des accumulateurs et des échangeurs perpétuels, cette « mémoire des murs » que les influences de la physique microvibratoire dans notre vie quotidienne expliqueront sans doute un jour. Mais dont il est d'ores et déjà certain qu'elle conserve nos pensées, nos actions et nos paroles, pour l'éternité...

SOURCES

Comtesse Mary ATTEMS, *Notre Oncle Lautrec,* Éd. Pierre Cailles, Genève.
Pierre LA MURE, *Moulin-Rouge.*
Roger de LAFFOREST, *Ces maisons qui tuent,* Éd. Robert Laffont.
Miroir de l'Histoire, 1963/9.

Précédemment parus :

HISTOIRES MAGIQUES DE L'HISTOIRE DE FRANCE

PAR LOUIS PAUWELS ET GUY BRETON

Tome I

Préface : Histoire des histoires. — La Sainte Ampoule. — Croyez-vous aux sirènes ? — Une reine de France meurt, envoûtée par un évêque. — Le procès de Gilles de Rais ou le mystère du pardon. — Un village féerique. — Le diable dans Arras. — L'extraordinaire vision de Catherine de Médicis. — La femme-loup d'Apchon. — Le Grand Veneur. — Trois songes à l'origine d'une philosophie. — L'envoûtement de Blaise Pascal. — Une découverte sur Balsamo-Cagliostro. — Le fantôme du marquis de Pisani. — Les Illuminés de Bavière. — La gloire et l'effacement du Dr Mesmer. — Le fantôme de Valmy. — Napoléon n'a pas existé ! — Le bon roi et le brave laboureur. — Victor Hugo et les tables parlantes de Jersey. — L'amour fou du positiviste. — Mlle Couedon, la voyante de la rue de Paradis. — Un régiment disparaît dans un nuage. — L'étrange concert. — Des fantômes au laboratoire.

Tome II

1. Les prodiges du corps : *Un professeur en partie double : Émilie Sagée. — La fille électrique. — La marche sur le feu. — Saint Joseph de Copertino. — Corps incorruptibles. — Voyage hors du corps. — Le fantôme de Terre-Neuve.* — 2. Sorcellerie et possession : *Quand les saints vont en enfer. — Henri III fut-il ensorcelé ? — Les possédés de Morzine. — Philippe Auguste eut-il l'aiguillette nouée ? — Procès d'animaux. — Le curé d'Ars.* — 3. Les grandes figures : *Nicolas Flamel. — La baronne de Beausoleil. — Casanova. — Le comte de Saint-Germain et maître Dumas. — Le véritable abbé Faria. — Allan Kardec. — La prophétie de Cazotte. — Daniel Dunglas Home.* — 4. Grandes énigmes : *La guérison des écrouelles. — Le miracle de saint Janvier. — Le visionnaire de Salon. — Voyance chez le duc d'Orléans. — Un chevalier venu du passé. — L'étrange vision du juge Bérard. — Roland de Jouvenel. — Charles Dickens dicte de l'au-delà. — Le mystère des êtres qui s'enflamment spontanément.*

NOUVELLES HISTOIRES MAGIQUES

PAR GUY BRETON ET LOUIS PAUWELS

1. Les prodiges de l'esprit : *Nostradamus, prophète et voyant. — André Malraux et la voyante. — Un cercueil dans le magasin. — Eusapia Palladino, le plus grand des médiums. — L'étrange vision de Denis Saurat. — Croiset, le Hollandais voyant. — Les voyants sont-ils des « primitifs » vivant parmi nous ?* — 2. Possession et sorcellerie : *Élisabeth de Ranfaing, la sainte possédée. — Le procès de la dernière sorcière. — Les deux visages de Harry Witecliffe.* — 3. Contacts avec l'au-delà : *Frédéric II et le fantôme de la bonne du curé. — Les manifestations de Jean Quélavoine. — Un soldat mort au Mexique apparaît dans un salon parisien. — Une châtelaine venue de l'au-delà. — Augustin Lesage ou le peintre médium. — Les fantômes et le Tout-Paris. — Mademoiselle Clairon poursuivie par un amoureux défunt.* — 4. Les grands bizarres : *Raspoutine fut-il un mage noir ? — Le curé Bonjour ou la crucifixion d'Étiennette. — Maître Philippe, thaumaturge du tsar. — Léon Taxil, le diable franc-maçon. — Le baron de Géramb. — Casanova et Madame d'Urfé.* — 5. Les grandes énigmes : *La fabuleuse aventure de Rose-Mary Adrian. — Les pas du Diable dans le Devonshire. — Rosette Tamisier ou le tableau qui saigne. — Quand le zéphyr engrossait les dames. — Un fantôme à bord. — Robespierre ou la religion qui dura un jour. — Gustav Meyrink reçut-il un message du roi du monde ?*

HISTOIRES EXTRAORDINAIRES

PAR GUY BRETON ET LOUIS PAUWELS

1. Des fantômes parmi nous : *L'impératrice Eugénie chez les Zoulous. — La Dame blanche de Baden-Baden. — Les fantômes de Trianon. — Des musiques venues du ciel.* — 2. Vision du futur : *Quand le voile se déchire. — L'aviatrice sauvée par le médium. — La prophétie de saint Malachie. — Napoléon et le merveilleux. — Les extraordinaires précognitions de Pascal Fortuny.* — 3. Possession et sorcellerie : *La fin mystérieuse de Charles d'Amboise. — L'assassinat de l'archevêque de Paris. — Le lévrier de Jeanne de Bretagne. — L'abominable histoire du premier prêtre marié. — Vintras, l'aventurier du mystère. — Charlemagne et l'anneau magique.* — 4. Des êtres venus d'ailleurs : *Mystérieux objets dans le ciel d'autrefois. — Maupassant et les soucoupes volantes. — Voyage en Ovni au IXe siècle.* — 5. Les grands mystères : *La réincarnation existe-t-elle ? — Le masque de Cavendish. — L'orphelin de l'Europe. — L'alchimiste malgré lui. — L'arbre du marquis de Puységur. — La magie des nombres. — L'homme qui échappa à l'Histoire. — La Révolution ?... connais pas ! — Les quatre bons cousins de la Rochelle. — Les coïncidences exagérées.*

La composition de ce livre
a été effectuée par Bussière à Saint-Amand,
l'impression et le brochage ont été effectués
sur presse CAMERON
dans les ateliers de la S.E.P.C. à Saint-Amand-Montrond (Cher)
pour les éditions Albin Michel

AM

Achevé d'imprimer le 15 mars 1982
N° d'édition 7518. N° d'impression 469.
Dépôt légal : mars 1982

Imprimé en France